中国高等学校信息管理
与信息系统专业规划教材

企业经营决策模拟实践教程
——基于ERP与"多组织"沙盘模拟

池丽华　主　编
华君敏　副主编

清华大学出版社
北　京

内 容 简 介

本教材以企业经营决策过程为基础,以模拟企业经营决策全过程为主线,通过由学生组建公司,在对市场环境进行分析的基础上制定各种决策,包括公司组建过程、公司市场信息收集与分析、企业经营资源的输入、市场的判断、生产组织、产品推广、经营活动分析等经营活动,让学生在课堂知识之外对企业经营全过程有一个了解,为今后的职业发展打下扎实的基础。

本书可作为高职或本科院校开设企业经营管理模拟实验相关课程的参考教材。

本书封面贴有清华大学出版社防伪标签,无标签者不得销售。
版权所有,侵权必究。举报:010-62782989,beiqinquan@tup.tsinghua.edu.cn。

图书在版编目(CIP)数据

企业经营决策模拟实践教程:基于 ERP 与"多组织"沙盘模拟/池丽华主编.—北京:清华大学出版社,2016(2024.8重印)
中国高等学校信息管理与信息系统专业规划教材
ISBN 978-7-302-43200-5

Ⅰ.①企… Ⅱ.①池… Ⅲ.①企业管理—经营决策—教材 Ⅳ.①F272.3

中国版本图书馆 CIP 数据核字(2016)第 034759 号

责任编辑:黄　芝
封面设计:谜底书装
责任校对:梁　毅
责任印制:杨　艳

出版发行:清华大学出版社
　　　　网　　址:https://www.tup.com.cn,https://www.wqxuetang.com
　　　　地　　址:北京清华大学学研大厦 A 座　　　　邮　　编:100084
　　　　社 总 机:010-83470000　　　　　　　　　　邮　　购:010-62786544
　　　　投稿与读者服务:010-62776969,c-service@tup.tsinghua.edu.cn
　　　　质量反馈:010-62772015,zhiliang@tup.tsinghua.edu.cn
　　　　课件下载:https://www.tup.com.cn,010-83470236
印 装 者:天津鑫丰华印务有限公司
经　　销:全国新华书店
开　　本:185mm×260mm　　　印　　张:13.5　　　字　　数:332 千字
版　　次:2016 年 6 月第 1 版　　　　　　　　　　　印　　次:2024 年 8 月第 6 次印刷
印　　数:3601~4400
定　　价:39.80元

产品编号:062992-02

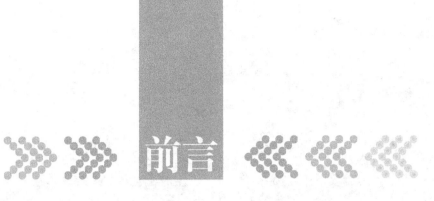

前言

2012年8月,教育部发布了《普通本科学校创业教育教学基本要求(试行)》,明确了普通本科学校创业教育教学的目标是:"通过创业教育教学,使学生掌握创业的基础知识和基本理论,熟悉创业的基本流程和基本方法,了解创业的法律法规和相关政策,激发学生的创业意识,提高学生的社会责任感、创新精神和创业能力,促进学生创业就业和全面发展。"并强调普通高等学校创业教育教学内容"以教授创业知识为基础,以锻炼创业能力为关键,以培养创业精神为核心"。

实践教学是锻炼与培养学生创业能力的重要途径,在各种实践活动中,沙盘模拟实践是近年来应用十分普遍的校内实践项目。通过形象直观的沙盘教具,建立企业经营活动的模拟实战演练场景,让学生扮演企业经营管理活动中的不同角色,通过建立团队、分工协作、数据分析、决策判断、模拟竞争,分时期完成企业经营活动不同阶段的任务,从经营得失中感悟企业生产经营活动全过程战略、策略与技巧,从而培养学生分析判断、统筹规划、决策计划、组织协调、领导统御、创新创业等方面的实战能力。

本教材是基于ERP沙盘模拟与多组织沙盘模拟相关课程的配套用书,共分为5章。第1章企业创建,介绍经济组织的类型、企业创建的条件、企业组织结构以及创业者的素质要求;第2章基于沙盘的企业经营模拟课程设计,介绍企业ERP功能、沙盘模拟课程特点、沙盘模拟课程设计以及多组织企业集团沙盘模拟课程设计;第3章企业经营管理基础,介绍市场分析、战略决策、营销战略、生产运作、财务决策等方面的基本原理与方法;第4章沙盘模拟实战,介绍企业经营决策模拟实战演练步骤以及具体操作规则和方法;第5章企业经营中的问题分析,介绍企业经营过程中面临的一系列决策问题以及解决办法,如企业盈亏、资金来源、目标顾客、市场竞争、生产能力、团队合作等。本教程可作为高职或本科院校开设企业经营管理模拟实验相关课程的参考教材。

本教材由上海商学院池丽华主编,华君敏为副主编,张瑞琪参与编写。在教材编写过程中,得到了用友新道科技有限公司上海分公司、瑞智汇达科技(北京)有限公司的大力支持,周勇教授、朱文敏副教授对本教程提出了修改建议,本书编写时参考了其他相关教材,在此一并致谢!由于作者水平所限,书中难免有疏漏之处,敬请读者指正。希望与有关专家、学者以及本书读者建立广泛联系,共同探讨如何更好地培养学生创新、创业能力。

编 者

2016.1

Chilihua99@sina.com

目录

第 1 章 企业创建	1
1.1 公司与企业	1
1.1.1 公司制企业	1
1.1.2 企业法人	3
1.1.3 其他各类经济组织	3
1.2 企业组建的条件	5
1.2.1 企业核名	5
1.2.2 企业标识	6
1.2.3 企业经营范围	6
1.2.4 企业资金	9
1.2.5 工商登记	10
1.2.6 税务登记	10
1.3 企业组织结构	11
1.3.1 组织结构概述	11
1.3.2 组织结构类型	12
1.3.3 基于 ERP 企业经营模拟组织架构	16
1.3.4 基于供应链的多组织企业经营模拟组织架构	17
1.4 能力与素养	19
1.4.1 商业服务人才基本素养	19
1.4.2 创业者素质与能力	23

第 2 章 基于沙盘的企业经营模拟课程设计	33
2.1 企业 ERP 认知与学习	33
2.1.1 企业 ERP 的发展历程	33
2.1.2 企业 ERP 功能	35
2.2 ERP 沙盘模拟	37
2.2.1 沙盘	37
2.2.2 模拟	38
2.2.3 ERP 沙盘模拟设计	39
2.2.4 ERP 沙盘模拟课程特点	40
2.3 沙盘模拟课程设计	41
2.3.1 ERP 沙盘教具	41
2.3.2 ERP 沙盘课程准备	43
2.3.3 ERP 课程阶段设计	45
2.4 多组织企业集团沙盘模拟课程设计	55
2.4.1 多组织企业集团电子沙盘介绍	55
2.4.2 多组织企业集团沙盘模拟课程准备	57
2.4.3 多组织企业集团电子沙盘模拟课程阶段设计	58

第 3 章 企业经营管理基础	81
3.1 决策	81
3.1.1 决策概念	81
3.1.2 决策制定过程	82
3.1.3 抓住决策重点	83
3.1.4 决策的方法	84
3.2 管理和领导	86
3.2.1 管理内涵	86
3.2.2 管理者	86
3.2.3 领导	87
3.2.4 团队建设	88
3.3 企业战略管理	91
3.3.1 企业战略概念与特征	91
3.3.2 战略定位	91
3.3.3 企业战略管理	92

3.4 市场分析与营销决策 〔97〕
- 3.4.1 市场分析 〔97〕
- 3.4.2 市场细分 〔98〕
- 3.4.3 市场与产品决策的常用工具 〔99〕
- 3.4.4 全方位营销 〔101〕
- 3.4.5 市场营销4P策略 〔102〕

3.5 生产运作决策 〔106〕
- 3.5.1 对生产的理解 〔106〕
- 3.5.2 企业生产运作系统 〔107〕
- 3.5.3 生产管理 〔107〕
- 3.5.4 生产计划的制订 〔107〕
- 3.5.5 资源的合理配置 〔109〕
- 3.5.6 生产能力与效率 〔109〕

3.6 财务决策 〔110〕
- 3.6.1 融资决策 〔110〕
- 3.6.2 折旧 〔112〕
- 3.6.3 税收 〔113〕
- 3.6.4 运用财务指标诊断、分析企业状况 〔113〕

第4章 沙盘模拟实战 〔118〕

4.1 模拟企业初始状况 〔118〕
- 4.1.1 企业结构情况 〔118〕
- 4.1.2 企业财务与经营状况 〔119〕
- 4.1.3 摆盘 〔121〕

4.2 多组织企业集团初始状态 〔123〕
- 4.2.1 流动资产 〔123〕
- 4.2.2 固定资产 〔125〕
- 4.2.3 负债 〔126〕

4.3 ERP沙盘起始年运营 〔128〕
- 4.3.1 起始年运营流程 〔128〕
- 4.3.2 起始年运营 〔134〕
- 4.3.3 财务报表的编制 〔138〕

4.4 ERP沙盘模拟实战 〔140〕
- 4.4.1 企业战略目标制定 〔140〕
- 4.4.2 企业年度经营计划 〔141〕
- 4.4.3 企业经营流程控制与管理工具 〔143〕
- 4.4.4 企业经营结果反思 〔147〕

4.5 多组织企业集团经营流程 〔147〕
- 4.5.1 集团公司经营流程 〔147〕
- 4.5.2 销售公司经营流程 〔149〕
- 4.5.3 组装公司经营流程 〔154〕
- 4.5.4 原料公司经营流程 〔160〕

第5章 企业经营中的问题分析 〔168〕

5.1 对企业经营的理解 〔168〕
- 5.1.1 如何理解企业经营 〔168〕
- 5.1.2 如何评价企业经营绩效 〔171〕

5.2 决策与盈利 〔173〕
- 5.2.1 如何决策 〔173〕
- 5.2.2 如何分析企业盈亏 〔174〕

5.3 资金的管理 〔176〕
- 5.3.1 企业为何要贷款 〔176〕
- 5.3.2 企业怎样融资 〔177〕
- 5.3.3 怎样做财务预算 〔177〕

5.4 信息与市场 〔179〕
- 5.4.1 市场在哪里 〔180〕
- 5.4.2 竞争对手在哪里 〔181〕

5.5 企业生产能力分析 〔183〕

5.5.1	如何计算产能	183	
5.5.2	如何计算采购提前期	184	
5.6	**团队合作**	**185**	
5.6.1	怎样融入团队	185	
5.6.2	如何规划自己的学习与职业发展	187	
附件 1	**市场预测图**	**190**	

实验报告 1　ERP 企业经营决策沙盘模拟　192

实验报告 2　多组织企业模拟经营沙盘　198

参考文献　205

第1章 企业创建

本章学习目标
1. 了解公司与企业
2. 了解企业创建一般流程
3. 熟悉企业组织架构
4. 了解大学生创业政策
5. 创业者具备的素养与能力

企业经营,需要确定经营目标,而实现目标需要一定的资源,并将这些资源组合在一起,相互协调,最终实现经营目标。企业资源中人力资源是一种最重要的资源,需要通过一定的组织架构将不同的人组合在一起。企业发展时期不同,组织结构也不同,从最初创业期小型组织成长发展到大型企业,组织架构也在发生变化。企业模拟经营,需要了解企业性质及组织架构,使每位学生清楚了解自己所扮演的角色在企业组织中发挥的作用。如果学生希望将来成为一名创业者,也需要清楚组建一个怎样的企业,设计什么样的组织架构来实现创业的经营目标。

1.1 公司与企业

在我国,公司和企业是两个不同的概念。企业是指依法设立的以营利为目的、从事商品的生产经营和服务活动的独立核算经济实体,既可以是法人组织也可以不是法人组织,再进一步可划分为公司制企业和非公司制企业,前者即为我国《公司法》规定的公司形态,是企业的一种法律组织形态,后者则是指合伙制企业、个人独资企业、个体工商户等。

1.1.1 公司制企业

我国《公司法》已明确公司组织存在的基本形式有:有限责任公司和股份有限责任公司两种组织形态。任何发起人设立公司,都必须在我国法律规定的法律形态中,选择一种适合的形态。

不同法律形态的公司,有其共同之处,也有其不同之处,共同之处在于:第一,作为独立的企业法人、投资者负有限责任的性质上是相同的;第二,两类公司在公司财务会计、合并分立、解散清算等方面也基本相同。两类公司差异之处表现在:第一,公司在属性上有差异,股份公司被认为是典型的"资合"属性的公司,股东之间是一种资本结合的关系,无须相互认识和建立相互信任关系,适用于股东人数较多的大中型企业;而有限公司兼具了"人合"和"资合"的特点，"人合"是指股东之间具有很强的信任关系，公司对外的信用与股东个人的信誉有很大关系，适用于股东人数较少的中小型企业。第二，股份公司更多显示出组织的特征，规范大多是强制性规范；有限公司显示出近于合同的特征，其规范大多是任意性规范。第三，股份公司的股东分散，具有集资迅速、企业规模大、管理专业化程度高、股份转让方便等特点，但也往往会出现内部人控制的现象，且生产经营受证券市场影响大；而有限公司的股东集中，设立条件和程序较为简便，不易受证券市场影响。第四，股份公司由于面向社会集资将股份等额化可以使资本构成的单位小额化，使更多的公众能够具有购买股份的承载力，即股份公司的股份表现为股票，其发起至少两人以上，而有限公司的股票表现为股单，有限公司除法律法规规定需要由有关部门审批之外，其余都实行准则登记制。

根据《公司法》，公司组建过程需要注意几点：①必须按法定程序设立，一是明确设立的条件，二是设立步骤，相对于其他非公司制企业，其设立的条件和程序要复杂。②在工商行政管理机关注册的公司都具有法人资格。③公司应由两个及以上的股东共同出资，这其中的"人"既可以是法人也可以是自然人。这里有一个特例，即国有独资公司。国有独资公司是指国家单独出资、由国务院或者地方人民政府授权本级人民政府国有资产监督管理机构履行出资人职责的有限责任公司。它符合有限责任公司的一般特征：股东以其出资额为限对公司承担责任，公司以其全部法人财产对公司的债务承担责任。但同时国有独资公司是一种特殊的有限责任公司，其特殊表现为该有限责任公司的股东只有一个——国家。这是《公司法》为适应建立现代企业制度的需要，结合我国的实际情况而制定的。

2013年年底，十二届全国人大常委会第六次会议审议并通过了公司法修正案草案，修改了《公司法》的12个条款，主要涉及三个方面：

第一，是将注册资本实缴登记制改为认缴登记制。即除法律、行政法规以及国务院决定对公司注册资本实缴另有规定的外，取消了关于公司股东（发起人）应当自公司成立之日起两年内缴足出资，投资公司可以在五年内缴足出资的规定；取消了一人有限责任公司股东应当一次足额缴纳出资的规定。公司股东（发起人）自主约定认缴出资额、出资方式、出资期限等，并记载于公司章程。

第二，是放宽注册资本登记条件。即除法律、行政法规以及国务院决定对公司注册资本最低限额另有规定的外，取消了有限责任公司最低注册资本3万元、一人有限责任公司最低注册资本10万元、股份有限公司最低注册资本500万元的限制；不再限制公司设立时股东（发起人）的首次出资比例；不再限制股东（发起人）的货币出资比例。

第三，新《公司法》修改还简化了登记事项和登记文件。有限责任公司股东认缴出资额、公司实收资本不再作为公司登记事项。公司登记时，不需要提交验资报告。

换句话说，从2014年3月1日起，拿一元钱就可以办公司了。新《公司法》的颁布，更适合大学生创业，也更为灵活。新《公司法》中不仅取消了最低注册资本数额的规定、首期20%出资额的限制和货币出资30%的限制，改为由股东自主约定，即注册时可以由股东自主约定出资方式和货币出资比例。这种改变使得高科技、文化创意、现代服务业等创新型企业可以灵活出资，提高知识产权、实物、土地使用权等财产形式的出资比例，克服货币资金不足的困难。另外，国家同时规定，注册资本登记制度改革也于2014年3月1日全面实施，同时国家工商总局也将形成新的《国家工商行政管理总局关于修改〈企业法人登记管理条例施行细则〉、〈外商投资合伙企业登记管理规定〉、〈个人独资企业登记管理办法〉、〈个体工商户登记管理办法〉等规章的决定(草案)》。

1.1.2 企业法人

企业法人是指依据《中华人民共和国企业法人登记管理条例》、《中华人民共和国公司登记管理条例》等,经各级工商行政管理机关登记注册的企业法人。指具有符合国家法律规定的资金数额、企业名称、组织章程、组织机构、住所等法定条件,能够独立承担民事责任,经主管机关核准登记取得法人资格的社会经济组织。

法人是世界各国规范经济秩序以及整个社会秩序的一项重要法律制度,是社会组织作为民事法律关系的主体即法律上的人格化,是与自然人相对称的。

法人必须具备条件是:

(1) 依法成立。即依照现行法律规定成立,包括在成立程序上的合法性和在成立后组织的合法性。

(2) 有必要的财产和经费。法人企业拥有独立的财产,是它作为民事主体参与经济活动,享有民事权利和承担民事责任的物质基础。法人企业应具有与其经营范围、经营规模相一致的财产总额。

(3) 有自己的名称、组织机构和场所。法人的名字是法人的字号,是区别于其他法人的标志。企业法人是一个经济组织,组织必须有一个有序的组织机构,组织的功能才能发挥。企业法人的场所是企业生产经营活动的地方,也是企业作为民事主体的住所。企业法人必须有场所,一是生产经营活动的需要,二是有利于国家对企业的监督和管理。

(4) 能够独立承担民事责任。这一条件包括三层含义:一是必须承担民事责任;二是只能由它自己承担;三是有能力承担。企业能否独立承担民事责任是以其是否拥有独立财产为基础的。

企业法人按照企业资产的所有制性质,可划分为:全民所有制企业法人、集体所有制企业法人、中外合资经营企业法人、中外合作经营企业法人、外商独资企业法人以及它们之间成立的具有法人资格的联营企业和其他各种具有法人资格的企业或者公司。前提是这些企业只有具备了法人条件的,才可以进行法人登记,并领取企业法人执照,如图1-1所示,而并不等于说上述类型的企业都属于中国企业法人的构成。

图 1-1 企业法人营业执照

1.1.3 其他各类经济组织

1. 城乡个体工商户

城乡个体工商户是指由个人或家庭经营,并以个人或家庭全部财产承担民事责任,雇工或学徒不超过7人的经济组织。任何有经营能力的城镇待业人员、农村村民以及国家政策允许的其他人员,都可以申请从事个体工商业经营,依法经核准登记后成为个体工商户。城乡个体工商户的申请登记与管理,主要依据是1987年国务院颁布的《城乡个体工商户管理暂行条例》(1987年8月5日)、《城乡个体工商户管理暂行条例实施细则》(1987年9月5日,1998年12月3日进行了修订)。个体工商户申请登记后领取营业执照,如图1-2所示,并按规定向管理机构缴纳登记费和管理费,也可凭借营业执照在银行或其他金融机构按有关规定开立账户,申请贷款。

2. 个人独资企业

个人独资企业是指一个自然人投资,财产为投资人个人所有,投资人以其个人财产对企业债务承担无限责任的经营实体。我国在1999年8月30日在全国人大会议上通过了《个人独资企业法》,为确认个人独资企业的经营资格,规范个人独资企业登记行为,国家工商行政管理局于2000年1月13日颁布了《个人独资企业登记管理办法》。其营业执照如图1-3所示。

这里需要说明的是,个体工商户与个人独资企业的异同。

两者的共同点:①两者的投资主体基本相同,均为自然人非法人;②两者均实行申报制,无须经过法定机构的验资;③两者均承担无限责任;④作为一种经济组织,两者均须有必要的资金、场所、从业人员及生产经营条件,这也是两者成为市场主体进入市场的必要条件。

两者的不同点:①个人独资企业必须有固定的生产经营场所和合法的企业名称,而个体工商户可以不起名称字号,也可以没有固定的生产经营场所而流动经营;②个体工商户的投资者和经营者是同一人,而个人独资企业的投资人和经营人可以不是同一人,即所有权与经营权是可以分离的;③个人独资企业可以设立分支机构,也可委派他人作为个人独资的企业分支机构的负责人,而个体工商户是不能设立分支机构的,但随着经济的发展,这一概念正在逐渐淡化;④个人独资企业是经营实体,是一种企业组织形态,性质上属于非法人组织,具有团体人格的组织体属性,而个体工商户不采用企业形式,不具有组织体的属性;⑤两者的法律依据不同,个人独资企业依据《个人独资企业法》,而个体工商户依据《城乡个体工商户管理暂行条例实施细则》。

图1-2 个体工商户营业执照

图1-3 营业执照

3. 合伙企业

合伙企业是指由两人或两人以上按协议投资组建的经济组织。公司财产归合伙人所有,并由合伙人共同经营、共负盈亏。我国1997年2月23日在全国人大会议上通过《中华人民共和国合伙企业法》,为确认合伙企业登记行为,国务院于1997年11月19日颁布并实施《合伙企业登记管理办法》,合伙企业营业执照如图1-4所示。合伙企业比较容易设立和解散,合伙人签订了合伙协议,就宣告合伙企业的成立,而新合伙人的加入,旧合伙人的退伙、死亡、自愿清算、破产清算等均可造成原合伙企业的解散以及新合伙企业的成立。另外,合伙企业对债权人承担无限责任,可分为普通合伙和有限合伙。普通合伙的合伙人均为普通合伙人,对合伙企业的债务承担无限连带责任。有限责任合伙企业由一个或几个普通合伙人和一个或几个责任有限的合伙人组成,即合伙人中至少有一个人要对企业的经营活动负无限责任,而其他合伙人只依其出资额为限对债务承担偿债责任,因而这类合伙人一般不直接参与企业经营管理活动。合伙企业的经营活动,由合伙人共同决定,也由全体合伙人承担民事责任,因此合伙人之间较易发生纠纷。

图 1-4　合伙企业营业执照

1.2　企业组建的条件

1.2.1　企业核名

企业成立需要有自己的名称,如果是公司企业,必须在公司名称中标明有限责任公司或股份有限公司字样。作为企业,其名称要符合《企业名称登记管理实施办法》(2004 年 7 月 1 日起施行)。该办法适用于工商行政管理机关登记注册的企业法人和不具有法人资格的企业的名称。我国企业名称实行的是分级登记管理,如冠以"中国"、"中华"、"全国"、"国家"、"国际"等字样的或名称中含有上述字样,由国家工商行政管理总局负责名称登记与核准工作,其他则由地方工商行政管理局负责登记核准。企业名称应当由行政区划、字号、行业、组织形式依次组成,如上海晢中电器有限公司、国美电器有限公司等。

该规定还指出:企业名称应当使用符合国家规范的汉字,不得使用汉语拼音字母、阿拉伯数字。企业名称需译成外文使用的,由企业依据文字翻译原则自行翻译使用,不需报工商行政管理机关核准登记。在实际教学操作中,学生很喜欢使用拼音或英文字母作为公司名称,若进行工商登记则不符合规定和要求,所以这里也需要特别提示。另外,企业营业执照上只准标明一个企业名称,并实行申请名称预先核准,即一家企业只准使用一个名称,在登记机关管理的区域内不得与已登记的同行企业名称相同或相近,如果出现这类情况,登记机关依照申请在先原则核定。此外,还要注意公司核名有其基本程序:①取名并明确登记管辖机关;②整理准备公司核名材料;③签署指定代表证明或指定委托书;④填写企业名称预先核准申报表;⑤登记机关审批后,取回通知书,工商行政管理机关受理之日起 10 个工作日内给予回复。

公司核名的应该遵循下列基本原则：

（1）识别性。这是本企业区别于其他企业的标志，要求具有独创意义，容易记忆，避免雷同，让人一目了然。

（2）统一性。企业名称与企业其他形象应具有一致性，不能自相矛盾。

（3）传播性。企业名称应简明、清晰、易写、易记，这是传播的必要条件，如百度公司的"百度"可传播性就很好。

（4）专有性。企业名称是企业拥有的专有概念。

1.2.2 企业标识

在企业模拟经营课程中，同学们以分组形式组建不同的模拟公司。第一项实验内容，即对这家公司进行命名和企业标识设计。根据教师指定的行业，各小组协商确定公司名称，并取得大家认同，通过标识设计，将模拟企业的文化精神传递给大家。企业标识要与企业名称统一起来，更便于人们的识别与记忆。

企业标识是通过造型简单、意义明确的统一标准的视觉符号，将经营理念、企业文化、经营内容、企业规模、产品特性等要素，传递给社会公众，使之识别和认同企业的图案和文字。如图1-5所示是一些企业标识图案。

图1-5 企业标识

标识是一个事物的特征，一种让人识别的标记，其最重要的意义在于让人们"知道"、"注意"、"识别"，以示和他人的不同，便于与人们的沟通。它不但可以用一种形式来帮助记忆，也可以张扬自身的形象。企业的标识是视觉形象的核心，它构成企业形象的基本特征，体现企业内在素质。企业标识不仅是调动所有视觉要素的主导力量，也是整合所有视觉要素的中心，更是社会大众认同企业品牌的代表。因此，企业标识设计，在整个视觉识别系统设计中，具有重要的意义。本课程实践的第一个环节就是企业命名和标识设计。

1.2.3 企业经营范围

经营范围是指国家允许企业法人生产和经营的商品类别、品种及服务项目，反映企业法人业务活动的内容和生产经营方向，是企业法人业务活动范围的法律界限，体现企业法人民事权利能力和行为能力的核心内容。我国《民法通则》规定：企业法人应当在核准登记的经营范围内从事经营。这就从法律上规定了企业法人经营活动的范围。经营范围一经核准登记，企业就具有了在这个范围内的权利能力，企业同时承担不得超越范围经营的义务，一旦超越,不仅不受法律保护,而且要受到处罚。核定的企业经营范围是区分企业合法经营与非法经营的法律界限。另外,经营范围所确定的经营项目,也决定了企业应缴纳的税种。如从事制造加工销售等经营项目,则要缴纳增值税;而从事餐饮娱乐服务等经营项目则要缴纳营业税。不同税种其税率也不同。

对于要致力于创办企业的同学,首先要明确自己所从事的行业。这里,我们给出一般原则,帮助同学们进行行业的选择。

(1) 选择热门行业。如餐饮业、信息业、零售业、职业培训、中介业、旅游业、休闲服务业等。

(2) 选择新兴行业。如"信息传输、计算机服务和软件业"、"租赁和商务服务业"、"休闲服务业"等。

(3) 选择自己喜欢的感兴趣的行业。创办企业就是为了实现自己的理想,如果能够和自己的兴趣爱好结合起来,更能够发挥自己的创造力,也更容易带来经济效益。

(4) 选择自己最熟悉的行业。所谓最熟悉行业就是自己对这个行业的市场情况、技术情况以及国家对这个行业的政策等比较了解,这样做起来较为顺手。很多创办企业的人员都是从做产品销售开始慢慢对市场了解熟悉然后起家的。因为熟悉市场,相对而言对市场的消费趋势和顾客心理也较为容易把握。

(5) 选择投资少、见效快的行业。特别针对大学生创业而言,启动资金都较少,想创业除了需要了解国家扶持政策之外,最直接的方式是选择具有一定经营实力的公司进行加盟。

需要注意的是,不是每一行业都可创业,也不是每一种行业都具有创业的时机,创业之前一定要做详细的可行性分析。

【阅读资料 1】独辟蹊径的设计师

宠物服装设计师

现在走在都市街头,时常会看到一些穿"奇装异服"的宠物跟着主人在街头漫步:婀娜女郎带着身穿粉色纱裙的吉娃娃,老两口牵着一袭火红长裙的博美,西服革履的主人后面跟着只披挂绿色迷彩服的米格鲁……在一些宠物用品专卖店里,各式各样的宠物时装琳琅满目,款式繁多,而且价格一点不比儿童时装便宜。

宠物服装的首要作用是使宠物保持卫生,因此宠物连脚服、戴帽子的棉衣等就比那些中看不中用的服装受欢迎得多,其次才是它的美观作用。宠物服装尽管制作相对简单,但对于用料却有着比较高的要求,由于这些服装与宠物的毛皮直接接触,因此要让宠物觉得舒服,又要不易弄脏,需要更为环保的面料。

由于宠物服装款式比较简单,因此对于设计师来说要有更多的创意才能占领市场。一套风格独特的宠物服装可以轻松地卖到 100 多元,在"宠物经济"中可以算是低风险、高收益的行当了。

喜糖包装喜气洋洋

结婚是人生中的一件大事,喜糖更是不可或缺的。包装喜糖,创意无限。店家需要善于观察,捕捉商机,多收集一些糖果类的信息,了解最新的糖果品种、口味和价位,然后根据顾客的要求寻找口味好、品质高、搭配合理的喜糖,并进行新颖的包装设计,突出新人的品位和爱好,以达到与众不同的效果。如果客人选择的糖果本身的包装就很漂亮、也够档次,可以选择透明玻璃纸包装,让糖果一目了然;如果客人选择的糖果很一般,则可以用漂亮的包装纸把它衬托起来;如果客人是准备给老人的金婚之喜,那么可以搭配一些无糖型糖果,以防老人可能有糖尿病、高血压等。

善用创意,还可以把喜糖的范围扩大,比如:结婚之喜、乔迁之喜、荣升之喜、金榜之喜、得子之喜、评上职称、孩子出国……这些都是值得庆贺的喜事,主人买包喜糖与朋友分享,你便有了赚钱的机会。

专卖装修植物

目前房地产和装修业十分红火,装修产生的有害气体问题也越来越受重视,绝大多数家庭在做完家装后都会采取一些有效手段来改善室内环境。由于利润较低、市场容量有限,目前花店太多,而植物商店太少,因此投资一家装修植物专卖店大有市场。根据测试,一间8~10平方米的房间放上一盆吊兰,相当于一个空气净化器,在24小时内可灭除80%的有害物质,吸取80%的甲醛;两盆虎尾兰可完全净化8~10平方米房间的空气。此外,芦荟、常青藤等植物对净化室内空气都有奇效。

资料来源:http://www.sina.com.cn 2006年12月16日09:00 解放日报

【阅读资料2】大学生创业开网店 擅自超经营范围被查处

来自重庆晨报报道(2009年2月8日),大学生网上卖奶粉,属于超范围经营,被工商局查处。

渝中区工商分局电子商务监督所负责对辖区内从事电子商务的企业进行监管,所长介绍,近日,执法人员在某知名论坛上发现了一家重庆本地网站的推荐信息。"在论坛发广告会被删除,而这家网站发的信息是让大家去这家网站看看,并提出意见,当时就觉得这是变相广告,便进入这家网站进行查看。"所长介绍,执法人员发现这家网站属于一家科技公司,但却从事销售奶粉、辅食等食品的网上经营活动。

这家科技有限公司从2008年11月13日在自建的网站上从事奶粉、辅食等食品的销售,但该公司营业执照核准登记的经营范围中并无食品销售,随即执法人员与这家公司取得联系。之后,执法人员赶到这家公司所在地的办公室,发现该公司未取得卫生许可证,但却在一个月之内销售了总金额为2141元的"生命阳光纯牛初乳"、"金装多美滋多领加金盾延续配方奶粉"、"金装多美滋多乐加金盾婴儿配方奶粉"等各类乳制品。

所长表示,该公司属超出核准登记经营范围擅自从事应当取得许可证的违法经营行为。

所长说,这家公司是几名大学生一起开的,负责人态度很好,他们并不知道违法。由于态度好,便对其依法从轻处罚,罚款2000元并责令改正。"这几名大学生把网站做得很漂亮,但却不知道销售奶粉需要卫生许可证,这说明他们对从事电子商务的相关法律不熟悉,从而导致违法。"

而这样的情况并不是偶然。该电子商务监督所还查获一起类似的案例。几名大学生一起创业,从事网站建设服务,直到工商执法人员找到他们,他们才知道,从事网站建设服务需要办理电信相关增值服务的许可。

工商部门提醒大学生创业要熟悉相关法律,否则容易导致违法。

资料来源:http://news.qq.com/a/20090208/000663.htm

1.2.4 企业资金

企业创办需要启动资金,但由于过去注册公司的一个基本条件是注册有最低资本额限制,这样大大限制了很多创新型企业的开办注册。新《公司法》取消了最低注册资本,而且明确规定了由股东自主约定出资情况,实物出资、工业产权出资、非专利技术出资、土地使用权作价出资等均有股东自主约定。

企业运作离不开资金。企业资金来源有两种:自筹资金和借入资金。自筹资金为创办者个人资产出资;借入资金则可以包括以下几种方式:

(1) 从朋友处寻求资金。目前很多小企业采用这种方式,利用朋友关系借入资金,但数额不会太大,投资一旦出问题易伤朋友感情。

(2) 商业信用。采用赊购商品或预收货款方式获取信用资金。但在对方无法出具发票的情况下,公司亦无法取得验资证明,并将此作为自己的注册资金。

(3) 争取国家银行贷款。尽管手续复杂,这仍不失为大多数企业采用的筹资方式。

(4) 利用"三来一补"业务。"三来一补"指来料加工、来样加工、来件装配和补偿贸易。这些方式均是对方提供材料、样件等,一定程度上解决了公司部分资金问题。

(5) 引入风险投资。风险投资(venture capital)简称是VC。根据美国全美风险投资协会的定义,风险投资是由职业金融家投入到新兴的、迅速发展的、具有巨大竞争潜力的企业中的一种权益资本,风险资本通过购买股权、提供贷款或既购买股权又提供贷款的方式进入这些企业。广义的风险投资泛指一切具有高风险、高潜在收益的投资;狭义的风险投资是指以高新技术为基础,生产与经营技术密集型产品的投资。要想吸引风险投资,就需要有好的项目和良好的信誉。

(6) 创新基金。我国在1999年5月21日由科技部和财政部联合制定了《关于科技型中小企业技术创新基金的暂行规定》,并于1999年6月25日宣布正式启动。见本章附件1。

(7) 大学生创业基金。为支持大学生创业,国家和各级政府出台了许多优惠政策,涉及融资、开业、税收、创业培训、创业指导等诸多方面。对打算创业的大学生来说,了解这些政策,才能走好创业的第一步。

中国大学生创业基金是中国社会福利教育基金会公益型专项基金。其宗旨是"关心、扶持、资助大学生自主创业、成就梦想"。该基金借助全社会的力量来扶持大学生创业。上海市大学生科技创新基金在2010年推出全新的创业基金资助模式——"雏鹰计划"和"雄鹰计划",其资助范围已扩大到在沪开设企业的全国高校大学生和毕业生,以鼓励更多"有目标、有激情、有能力、有准备"的青年学子实现创业梦想。"雏鹰计划"是指基金会通过委托银行向创业企业发放小额信用贷款的资助方式,所资助项目的特点为所需金额较小、申请简便快捷、能快速实现收益并偿还贷款,此称为股权资助。"雄鹰计划"是指由基金会或其委托的孵化机构与申请人等共同出资设立创业企业并持有创业企业股份的资助模式,所资助项目的特点为符合国家及上海市产业发展方向、有较大成长潜力的早期科技创业项目,此称为债权资助。以下为大学生创业基金网及上海市大学生科技创业基金会网址。

大学生创业基金网：http://www.dfund.org/index.html

上海市大学生科技创业基金会：http://www.stefg.org/

创业是一种集思考、推理和行动于一体的冒险行为，不仅受到商机与机遇的制约，还要求创业者要有完整缜密的创业计划和实施方案，并具有卓越的领导艺术。创业不仅能为创业者，也能为所有的参与者和利益相关者创造、提高和实现价值，或使价值再生。在创业的过程中，不仅创业者要有甘愿冒险的精神，还需要创业者倾注其想象力、动机、承诺、激情、执着、正直、团队合作与洞察力。大学生创业有激情，但往往缺少持之以恒的精神，遇到挫折容易打退堂鼓，所以我们鼓励有能力有激情的同学创业，并更希望看到他们百折不挠的创新精神。

1.2.5 工商登记

根据我国有关法律、法规的规定，开办新公司必须到工商行政管理部门办理相关手续，需要进行工商登记。工商登记依据的相关法律主要有：《中华人民共和国公司法》、《中华人民共和国合伙企业法》、《中华人民共和国个人独资企业法》、《中华人民共和国全民所有制工业企业法》等；依据的法规主要有：《个人独资企业登记管理办法》、《合伙企业登记管理办法》、《中华人民共和国公司登记管理条例》、《公司登记管理若干问题的规定》、《中华人民共和国企业法人登记管理条例》等；相关的规范性文件，如国家统计局、国家工商行政管理局《关于印发〈关于划分企业登记注册类型的规定〉的通知》、国家工商行政管理局《关于企业登记管理若干问题的执行意见》等，可通过登录中华人民共和国国家工商行政管理总局网站（http://www.saic.gov.cn）直接在"法律法规"中查询。

工商登记的一般程序如图 1-6 所示。

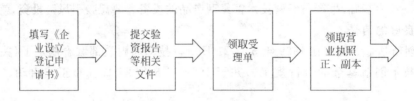

图 1-6　工商登记程序

工商登记是在各地市、县（区）政务中心工商分局窗口或各级工商局投资服务大厅办理，在提交《企业名称预先核准通知书》后领取《企业设立登记申请书》，然后提交验资报告及有关文件，在材料受理 5 个工作日后领取营业执照。《中华人民共和国公司登记管理条例》第 46 条规定："公司办理设立登记、变更登记，应当按照规定向公司登记机关缴纳登记费。领取《企业法人营业执照》的，设立登记费按注册资本总额的 1‰缴纳；注册资本超过 1000 万元的，超过部分按 0.5‰缴纳；注册资本超过 1 亿元的，超过部分不再缴纳。领取《营业执照》的，设立登记费为 300 元。变更登记事项的，变更登记费为 100 元。"

1.2.6 税务登记

税务登记又称纳税登记，其目的体现在：①税务登记是税务机关对纳税人实施税务管理的首要环节和基础工作，便于税务机关的管理；②税务登记是纳税人必须履行的义务，为下一步的纳税申报、依法纳税奠定基础。因此,税务登记可以说是税务机关对纳税人的经济活动进行登记并据此对纳税人进行税务管理的一种法定制度。

税务登记涉及到开业登记、变更登记、注销登记和停业复业登记四大内容。一般来讲,从事生产、经营的纳税人在领取营业执照之日起 30 日内需要主动依法向国家税务机关申报办理登记。在税务机关批准予以登记后,企业应在规定期限内到国家税务机关领取税务登记证或者注册税务登记证及其副本。

税务登记依据的基本法律法规主要有几类:①征收管理类,如《中华人民共和国税收征收管理办法》、《中华人民共和国税务登记管理办法》、《中华人民共和国发票管理办法》等;②流转税类,如《中华人民共和国增值税暂行条例》、《中华人民共和国消费税暂行条例》等;③所得税类,如《中华人民共和国所得税法》、《中华人民共和国企业所得税暂行条例》等;④资源、财产税类,如《中华人民共和国资源税暂行条例》、《中华人民共和国房产税暂行条例》等;⑤目的、行为税类,如《中华人民共和国城市维护建设税暂行条例》等;⑥农业税类,如《中华人民共和国农业税条例》等;⑦进出口关税类,如《中华人民共和国进出口关税条例》等。可通过国家税务总局网站(网址:http://www.chinatax.gov.cn)的"基本法规"查询。

1.3 企业组织结构

1.3.1 组织结构概述

组织结构是指组织内部分工协作的基本形式或框架,就像人类是由骨骼确定体型一样,组织也是由结构来决定其形状的。任何组织要实现其经营目标必须建立相对稳定的组织结构。

如何进行企业组织的结构设计呢?首先要明确企业有哪些工作,然后确定内部分工,并分配相应任务,最后确定职权关系,形成上下左右的部门联系和上下的职位结构,通过各方的协作共同完成组织任务实现组织目标。创业初期或再小的企业也需要相应的人员分工,只是组织的结构不是那么正规,公司的各项决策往往是公司的创办者自己做决定,很多其他工作则可能大家一起商量着完成。但是,当企业规模越来越大时,组织的结构变得越来越正规,各部门之间的分工越来越细化,界限也越来越明显,组织的管理层级和管理幅度通过管理制度进行规范,塔形的组织结构出现。这种结构由于创办者对权力的看法不同而可能形成集权的组织(高耸型组织)或分权的组织(扁平型组织)。

【阅读资料3】组织结构设计

天地公司的结构有问题吗

天地公司是某市一家中型企业,主要业务是为企业用户设计和制作商品目录手册。公司在东开发区设有一个业务中心A,总部和B业务中心设在市中心。

A中心设有采购部和目录部。

采购部:负责接受客户定单,选购制作材料;

目录部：负责设计用户定制的商品目录。

要求：采购员独立开展工作，设计人员必须服从采购员提出要求。

B中心专门负责商品目录制作。

王先生是该公司负责业务经营的主管，他经常听到设计人员的抱怨，无法产生更好的创意实现艺术上的完美。最近他在听取有关人员意见后，根据公司业务发展的需要，决定在B中心成立一个市场部，专门负责市场需求和挖掘市场潜力，并向采购员提出建议。不久，他听到各种不同意见。如采购员和设计员强烈反映，公司成立市场部不但多余，而且干涉了他们的工作。而市场部的人员则认为，采购员和设计员太过墨守成规、缺乏远见。王先生做了大量的说服与协调工作，甚至调换了有关人员，但效果仍然不理想。

你知道问题出在什么地方吗？

丰田公司工作团队

拥有6.8万名职工的丰田汽车公司于1989年进行了一次组织结构方面的重大变动，废除了处、科体制，而实行以重视工作能力、以工作成绩为中心的工作小组制，把企业建成具有"客户至上"形象的组织。

原各技术、事务部门的部、处、科等金字塔式的纵向组织结构，经过改革，成为没有层次的扁平组织，即工作室制。具体做法：把原来部中的2个或3个处合并建立工作室，各工作室之间根据各个时期任务不同，临时组建各种相应的工作小组。即原来的部长、处长、科长的各种工作，根据任务的不同情况而临时选人担任，取消了原有的各种等级职务，在新组建的工作小组中大家地位是相同的，而当代表公司对外处理问题时，仍然保留原来的头衔。通过这种灵活的组织结构，实现了繁重工作所要求的高效率，取得理想效果。

1.3.2 组织结构类型

当企业初创时，相对而言，人员少，规模小，组织结构简单；当企业发展到一定程度，由于部门及分工较多，组织结构变得较为复杂。而随着网络技术和信息技术的发展，组织结构借助于这种技术手段可以变成网状结构，许多业务并不需要自己承担，采用"借"的策略，将部分业务外包，企业只保留关键的技术或核心资源。可见，企业组织结构是为实现企业目标，对企业全体员工进行的分工协作，在职务范围、责任、权力等方面所形成的结构体系。

下面介绍几种典型的组织结构类型。

1. 直线制组织结构

直线制组织结构又称简单结构，是企业最早使用的，也是企业初创时经常采用的一种组织结构。

在这样的组织中，职权关系简单，从最高层到基层一线人员，通过一条纵向的直接的指挥链连接起来，上下级之间是直线关系。其特点是：组织中各种职位是按垂直系统直线排列，各级行政领导执行统一指挥和管理的职能，不设专门的职能机构。结构图如图1-7所示。

图1-7 直线制组织结构

这种结构组织关系简明，集中管理，组织灵活，管理成本低。不足之处是随着组织规模扩大，高层管理幅度会过宽，易出现决策失误；权力过分集中,易造成滥用职权现象。这种组织结构适合在组织刚成立,生产和管理工作都在较为简单的情况下使用。

2. 直线职能制组织结构

直线职能制组织结构,又称"U"形组织。它是以工作方法和技能作为部门划分的依据,最初是由泰罗的职能工长制演变而成的。现代企业中许多业务活动都需要专门的知识和能力,通过将专业技能紧密联系的业务活动归为一个部门,更为有效地开发和使用技能,提高工作效率。其基本结构形式如图1-8所示。

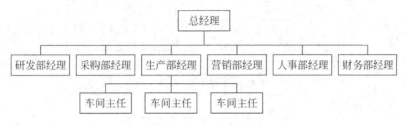

图1-8 直线职能制组织结构

这种结构表现为职能部门任务的专业化,如生产部专门负责生产环节的所有工作,营销部负责市场调研、市场开发、市场推广、销售与回款等工作,这样设置便于发挥各专业职能人员的专长,对职能人员也具有激励作用,同时能够降低企业整体的管理费用,避免资源的浪费。目前绝大部分的企业内部都采取这种组织结构形式。

在企业模拟经营过程中,各小组的人员的分工也采取这种组织结构形式。一般一个小组为5人,设一个总经理、一个财务总监、一个生产总监、一个营销总监和一个研发总监。也可以根据选课人数的多少,每个小组的人数也可适当增加,如再设一个人事总监和采购总监等。每个学员根据扮演的角色进行分工,写出自己的工作职责及工作要求,最终大家共同完成经营任务。

这种结构也有其不足的地方,就是进行职能严格划分,容易形成各部门领导者只看到部门利益,视野狭窄,不利于满足迅速变化的顾客需要;一个部门难以理解另一个部门的目标和要求;部门间的协调性差;各部门间的协同往往需要通过上级召开协调会议来解决问题。因此,扯皮、推诿的现象较为普遍。

3. 事业部制组织结构

当企业发展越来越大,业务范围越来越广,甚至市场出现跨国经营,上述两者结构均不能满足企业发展的要求,因此需要建立能够适应企业发展的组织结构,出现事业部制结构。

事业部制结构有时也称为产品部制结构或战略经营单位。通过这种结构可以针对单个产品、服务、产品组合、主要工程或项目、地理分布、商务或利润中心来组建事业部。它以生产目标和结果为基础进行部门的划分和组合。

事业部结构鼓励灵活性和变革,因为每个战略经营单位变小,能够快速适应市场环境的变化。例如GE公司在全球由16个事业部组成;惠普公司由测量系统、计算机产品和计算机系统三个事业部组成,中心职能部门为财务和行政治理部门。事业部式结构最大的优势是能适应不稳定环境所带来的高速变化,这是因为在事业部内,每种产品都是一个独立的分部,顾客能够与确切的分部联系并获得满足,即各事业部能确切地判定做哪些事情是客户需要的,其产品/服务能更好地满足客户需求。因而,事业部制结构特别适用于经营多种产品或服务、拥有众多的人力资源提供给各个独立的职能单位的公司。每个事业部可以很小，容易实现快速的自我调整，对市场的变化作出迅速反应。这种结构同样存在一些问题，如运用这种结构也会导致组织失去规模经济；这种结构容易导致各事业部之间、事业部与总部之间的协调障碍，甚至各事业部内的职能部门会重复设置。图1-9是一家商业公司的事业部制结构图。

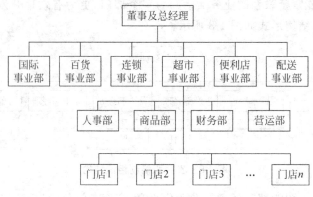

图1-9 事业部制结构

4. 混合制组织结构

当一家公司成长为大公司，拥有多个产品或市场时，通常将会组成若干种自主经营的单位，如上述的事业部制结构。由于事业部制的一些弊端，有些企业组织将组织中的某些职能进行集中，控制在总部。总部的职能通常是相对固定的，当某种产品需要深度专门化和规模经济时，通过整合职能制和区域制结构，而形成混合制组织结构。应该说，混合制结构通常比直线职能制或单纯事业部制结构要好，它将两种结构进行了很好的整合，既避免了一些劣势，也实现了它们的一些优势。图1-10为日本电气公司（NEC）采用的混合组织结构图。

5. 矩阵制组织结构

矩阵制组织结构，是由纵横两套管理系统组成的组织结构：一套是纵向的职能领导系统，另一套是为完成某一任务而组成的横向项目系统。这是因为前述组织的结构均表现为纵向结构，是自上而下的体系，横向联系少，部门之间的协调较为困难。而矩阵结构较好地弥补了这一缺陷，横向交流更便于企业的新产品开发或新项目的研制。矩阵制组织结构如图1-11所示。

6. 网络型组织结构

在20世纪90年代，信息技术、网络技术的发展使很多公司决定只从事自己最擅长的经营活动，而将剩余部分，如制造、分销、仓储、运输等交由外部专业机构或专家来处理（称为"资源外取"），从而出现网络型的组织结构。网络型组织结构，有时也称集成式公司，特别是在一些快速发展的行业，如服装业或电子行业，尤为兴盛。即使在钢铁、化工等传统工业领域，一些公司也在向这种类型的组织结构转变。网络型组织结构以自由市场模式组合替代传统的纵向层级组织，通过承包合同的方式交给不同的专门企业去完成，而公司总部只保留为数有限的员工。公司总部的主要工作是制定战略计划、政策以及协调公司与承包企业的关系，如NIKE公司。该公司在中国境内有大量的合作生产企业，产品95%返销到美国。

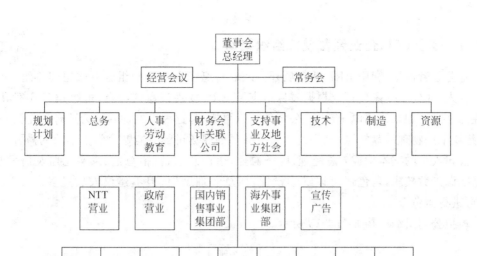

图1-10 日本电气公司(NEC)的组织结构图

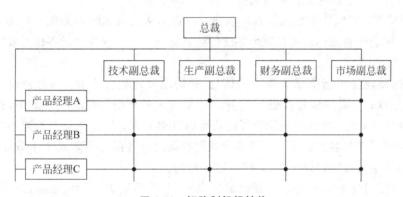

图1-11 矩阵制组织结构

在中国采取代理制进行销售，道吉、瑞纳，跨世、先探公司等均为NIKE的代理公司。NIKE在中国运输方式主要是公路运输，还有少部分涉及航空运输，不论海外还是国内，均委托第三方物流公司完成。网络型组织结构如图1-12所示。

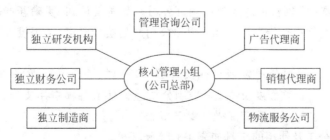

图1-12 网络型组织结构

1.3.3 基于 ERP 企业经营模拟组织架构

企业经营模拟，利用 ERP 沙盘展开。采取自愿组合与分配组合方式组建小组，每个小组 5、6 人，并代表一家公司。根据授课地点及 ERP 物理沙盘的特点，可组建 7、8 家具有竞争性的公司。如果采用电子沙盘，公司数可以再增加，这种形式比赛更为适合。作为一门课程，建议采用物理沙盘授课，学生的体验及教师的现场讲解更能贴合学生学习的需要。

公司人员的基本构成：总经理、财务总监、生产总监、营销总监、采购总监及研发总监。如果授课人数较多，角色还可以继续设置，如总经理助理（但不建议人数过多）；如人数过少，可进行角色合并。

模拟公司组织结构如图 1-13 所示。

图 1-13 模拟公司组织结构

各部门管理者承担的工作职责与任务说明如下：

（1）总经理：带领整个团队朝目标前进；负责团队成员的学习态度与学习纪律；制定公司每个年度的经营目标；做好每个年度的经营运营表；负责并协助各位总监完成好自己的工作。

（2）营销总监：分析市场所提供的信息，帮助总经理进行决策；确定公司可以进入市场，并提出建议；与研发总监沟通研发新产品要进入的市场；制定广告策略，提供给总经理；对竞争对手关注；与总经理协商可能获得的订单方案；与生产总监沟通不同订单的生产能力是否可以满足客户需求；当订单出现问题如何与各部门协商或与外部公司合作；对各环节可能发生的费用做好预算，并提交财务总监。

（3）生产总监：根据市场总监提供的信息，以及公司制定的发展目标，制订生产计划；确定公司可能的生产产能，并对产能不足及过剩情况提出建议；提出设备购置计划；与采购总监协商原材料采购提前期，做好库存管理；明确各环节所需费用，并提供给财务总监。

（4）采购总监：根据生产总监要求，做好原材料储备；分析公司各种产品组合的零部件结构；计算各种零部件所需提前期，做好采购计划。

（5）研发总监：根据营销总监建议制订公司产品研发计划，明确新产品进入市场时间；做好资金使用计划并提交给财务总监；提出公司产品质量要求，是否投入 ISO 认证，并做好资金预算。

（6）财务总监：根据公司发展目标及各部门所做的资金预算做好公司各年度资金预算；帮助总经理确定贷款额度及方式；控制公司经营环节各项费用支出；帮助总经理做好年度经营运营表；各年度经营完成做好财务报表。

各部门具体分工及使用的工具如表 1-1 所示。

表 1-1　管理层分工

角色	职	责	使用表单
总经理	• 制定发展战略 • 竞争格局分析 • 经营指标确定 • 业务策略制定 • 全面预算管理	• 管理团队协同 • 企业绩效分析 • 业绩考评管理 • 管理授权与总结	经营流程表
财务总监	• 日常财务记账和登账 • 向税务部门报税 • 提供财务报表 • 日常现金管理 • 企业融资策略制定	• 成本费用控制 • 资金调度与风险管理 • 财务制度与风险管理 • 财务分析与协助决策	经营流程表 财务报表 现金预算表
营销总监	• 市场调查分析 • 市场进入策略 • 品种发展策略 • 广告宣传策略 • 制订销售计划	• 争取定单与谈判 • 签订合同与过程控制 • 按时发货应收款管理 • 销售绩效分析	市场预测 订单登记表 产品核算统计表
生产总监	• 管理体系认证 • 固定资产投资 • 编制生产计划 • 平衡生产能力	• 生产车间管理 • 产品质量保证 • 成品库存管理 • 产品外协管理	生产计划及采购计划编制表 开工计划表
采购总监	• 编制采购计划 • 供应商谈判 • 签订采购合同 • 监控采购过程 • 到货验收	• 仓储管理 • 采购支付抉择 • 与财务部协调 • 与生产部协同	生产计划及采购计划编制表 采购及材料付款计划表
研发总监	• 新产品研发 • 新产品进入市场时间	• 产品研发资金预算 • 管理体系认证	协助各部门完成相应表单

1.3.4　基于供应链的多组织企业经营模拟组织架构

1. 多组织企业经营优势

随着全球一体化的趋势不断加速以及网络化和信息管理技术的飞速发展,企业商业模式的创新就一直没有停止过。商业模式创新催生了新的企业组织形式和业务架构,这些新的企业组织方式称为多组织企业,有人也将之称为动态网络化的企业组织形式。

多组织企业之所以成为趋势,是因为符合全球经济一体化发展的需要,顺应了网络时代的发展潮流。市场的竞争,促使企业选择更有效率、更节约成本的组织方式进行经营。跟以往的企业业务架构相比,多组织企业很显然具有以下显著优势:

(1)业务专业化分工。专业化是生产力发展的必然产物,专业化作为提高效率的重要途径,无论是从社会分工还是企业内部分工来说,都必然会受到推崇。在多组织业务架构中,生产工厂和销售公司各自独立运作,专业化经营,无疑顺应了这种专业化分工的要求。

(2)实现资源的集中与共享。在保证各业务单元灵活性的情况下,实现企业资源的共享，有效地节约成本，一直是企业组织设计者追求的梦想。而现实中，往往是灵活性和资源共享难以兼顾，企业内部集权与分权的争论一直难以平息。而在多组织业务架构下，通过事业部到业务结构设计，使灵活性和资源共享成为现实。

（3）实现核算与评价的多维度和精细化。网络化的多组织业务架构，支撑企业管理部门既可以按照行政的角度，又可以按照地区或事业部的角度，甚至可以按照产品或行业的角度进行核算与评价。

（4）快速响应市场。可以根据市场的需要随时产生新的业务组织。

2. 多组织企业经营模拟组织架构

基于供应链的多组织企业经营模拟实践平台，模拟的企业场景是横跨制造与流通两大行业的多组织独立法人的集团公司，包括流程制造、离散制造、外贸出口、市场批发、专卖店、物流管理等多种复杂制造流程模式与营销管理模式，生产制造3大类9个品种产品，面对15个销售市场、18种销售模式、32个竞争对手。

基于供应链的多组织企业经营模拟实践平台采用沙盘授课，提供集团公司、原料公司、组装公司、销售公司多个岗位，每个小组5、6人，并代表一家集团公司。每个团队成员可以得到多个岗位训练机会，担任多种不同责任要求的角色，以体验换位思考，熟悉不同的职位工作要求与业务流程。团队成员多时可以多分配岗位，团队成员少时可以身兼多职。

基于供应链的多组织企业经营模拟组织结构包括：

（1）集团公司，负责管理集团所属的各子公司。

（2）原料公司，是流程制造型企业，企业为独立法人，公司经营性质为产品制造与产品销售，计划资源包括厂房、设备、物料、资金、采购、结算、仓储、运输、批发、零售、研发、市场开拓等。其系列产品是组装公司的原料，通过协同管理向组装公司供货，同时向其他市场出售产品。企业销售部与多个竞争对手在期货市场、南方市场、北方市场、国际市场展开竞争对抗。

（3）组装公司，是混合制造型企业，企业为独立法人，包括两个分厂：一分厂（为离散制造形式）、二分厂（为流程制造形式）。计划资源包括厂房、设备、物料、资金、采购、结算、仓储、运输、批发、零售、研发、市场开拓等。公司经营性质为产品制造与产品销售，其高端系列产品由销售公司统一销售，其一款创新型专利产品可以自主销售，企业销售部与多个竞争对手在期货市场、南方市场、北方市场、国际市场展开竞争对抗。

（4）销售公司，是流通类企业，独立法人资格，经营性质是产品销售，主营销售高端产品，计划资源包括物流中心、专卖店、产品、资金、采购、结算、仓储、运输、批发、市场开拓等。企业销售部与多个竞争对手在国内市场、亚非市场、欧美市场展开竞争对抗，销售模式为批发与专卖。销售公司是集团系列产品的销售主体，经营产品销售与专卖业务，市场包括国内市场、亚非市场、欧美市场。

参与者将学会用整体协同战略的眼光看待多组织和各分支机构的业务和经营，保证各组织机构业务与战略的一致，体验竞争环境中机遇与战略关系；经营模拟始终在动态环境中进行市场竞争对抗，参与者将学会如何分析市场环境、关注国内外市场变化、关注电子商务、关注竞争对手、洞察创新研发与销售关系、把握客户需求、制订营销战略、定位目标市场、定位各级市场经营策略。集团和各分支机构制订并有效实施销售计划，完成企业总体战略目标；多组织间的协同生产、内部产品库存与结算、新产品研发、生产设备采购、物资采购分配、生产运作管理、车间建设、物流管理等一系列经营管理问题及协同决策问题需要统一纳入到协同管理领域;集团企业下属三个独立法人机构拥有各自的财务系统,由于生产经营的性质不同将产生四种内容不同的财务管理与财务报表。经营过程中团队成员将准确掌握各自企业的资产负债表、利润表结构与编制过程,通过分析偿债能力、营运能力、盈利能力和各种财务管理指标,使参与者理解并掌握生产经营与资本流转如何影响损益。通过运用"杜邦分析模型"等经营管理模型解读分析集团与分支机构经营状态,统筹预估长短期资金需求,以最优化方式筹资,科学规划投资方向,控制融资成本,降低经营风险,提高资金使用效率,充分理解现金流对企业经营的影响;多组织企业经营模拟过程中,各分支机构间的沟通协作、企业各级岗位分工与协作、团队成员岗位流程的梳理、人力资源管理及对股东的贡献评价等企业经营问题,将使每个团队成员经历企业初期组建、岗位分工、团队磨合、协同合作、逐步形成默契,并最终进入协作状态,共同完成企业目标。

1.4 能力与素养

1.4.1 商业服务人才基本素养

通过《商业服务专业群人才基本素质问卷调查》项目的研究,我们对大量商业服务企业进行调查,对于商科院校的学生需要具备什么样的基本素养,从职业修养、基本知识、管理技能、业务技能、情商修养五个内容进行详细调研,得到如下结论。

1. "职业修养与情商修养"比"知识与技能"更重要

在五项基本素质中,每个项目要求被调查者按照重要性程度进行选择,经加权统计分析后显示:"职业修养"排名第一位,占 23.77%;"情商修养"排第二位,占 22.56%,"管理技能"排第三位,占 18.85%,"业务技能"排第四位,占 17.46%,"基本知识"排最后一位,占 17.36%,如表1-2所示。因此,从用人单位的角度来看,"职业修养与情商修养"比"技能与知识"更重要。值得关注的一个问题是:"基本知识"居然排名最后,这表明以传授知识为本的传统教育模式也面临极大的挑战。大学教学应该做什么?如何才能适应社会需要?这是必须持续探讨的问题。

表1-2 基本素质重要性排序

序号	项目	重要性百分比	重要性排序
1	职业修养	23.77%	1
2	基本知识	17.36%	5
3	管理技能	18.85%	3
4	业务技能	17.46%	4
5	情商修养	22.56%	2
	汇总	100.00%	

2. "营销、文书与法律知识"是最重要的基本知识

尽管在上述分析中"基本知识"排名最后,但仍然需要了解企业对哪些方面的知识更看重。我们分别设计了15项内容,如表1-3所示。在15项"基本知识"中,各项按照重要性程度进行统计分析后显示:"顾客与个人服务知识"排名第一,占 9.07%,这是有关市场服务方面的知识;"文书知识"排名第二,占 8.02%;"销售与市场知识"排名第三,占 7.85%;"心理学知识"排名第四,占 7.22%;"法律与政府知识"排名第五,占 7.18%。这些数据显示:

(1)"营销、文书与法律知识"是最重要的基本知识。排名前五项素质可以归为三类,即营销知识、文书知识与法律知识,销售、服务、心理学等都可以归为营销知识。这是企事业单位从实际需要出发所提出的五项素质要求。

(2)语言文字表达方面的知识受到用人单位的普遍重视。表 1-3 中还显示:排名第六、第七、第八位的分别是外语知识、汉语知识与媒体知识,其中媒体知识是指"有关媒体制作、通信、传播技术和方法的知识,包括通过书面、口头、可视媒体等替代方法进行的信息发布与娱乐",这三项都是有关语言文字表达方面的知识。在大学学习中,学生应注重"跨文化、跨地域、跨年龄"的语言文字表达与沟通能力培养。互联网时代成长起来的新生代大学生,更应该注意面对面沟通培养,否则可能会存在某些沟通障碍。

(3)"管理知识"并没有如大学教学所期望的那样重要。表 1-3 显示:"管理知识"排名第十,大学教学过程中所给学生的"管理知识"与用人单位的要求存在较大的差距。管理源于实践,没有实践的管理可能就是"纸上谈兵",所以大学应该注重如何有效地培养大学生的管理技能,如何在管理知识与管理实践之间、经典理论与特定文化之间实现融合,企业模拟经营训练可能是一种比较好的教学方法。

表 1-3 "基本知识"重要性排序

序号	项目	定义或解释	重要性百分比	重要性排序
1	管理知识	商业管理相关的知识,如战略计划、资源分配、人力资源管理、领导艺术、生产方法等方面	6.34%	10
2	文书知识	与办公室工作相关的知识,如文字处理、文件资料管理、速记、设计表格等	8.02%	2
3	经济与会计知识	经济与会计方面的原理与实务、金融市场、银行及金融数据的分析与报告等知识	6.38%	9
4	销售与市场知识	展示、促进与销售产品或服务的原则与方法,包括市场战略与方法、产品说明、销售技巧及销售控制系统的知识	7.85%	3
5	顾客与个人服务知识	关于提供给顾客或个人服务的原则与过程的知识,包括评价顾客需求、达到服务质量标准及评估顾客满意度	9.07%	1
6	人力资源知识	关于人员招募、选拔、培训、薪酬与福利、劳动关系与协商、人事信息系统等方面的原则与程序知识	6.09%	11
7	心理学知识	关于人类的行为和表现的知识,如在能力、人格、兴趣上的个体差异,学习与动机,心理研究方法,以及评估和处理行为或情感障碍	7.22%	4
8	社会学与人类学知识	群体行为与动力学、社会趋势与影响、人类迁徙、种族、文化和他们的历史与起源的知识	5.12%	14
9	汉语知识	关于汉语结构与内容的知识,包括字和词的意义和拼写、写作规则与语法	6.76%	7

续表

序号	项目	定义或解释	重要性百分比	重要性排序
10	外语知识	关于某一门语言(除汉语外)的结构与内容的知识,包括字和词的意义和拼写、写作规则与语法	6.97%	6
11	哲学与宗教知识	关于不同的哲学体系和宗教的知识,包括它们的基本原则、价值观、道德、思维方式、习俗、惯例及其对人类文化的影响	5.63%	13
12	公共安全与安保知识	与实施有效的地方(或全国)安保行动相关的设施、政策、手续和策略的知识,目的在于保护人民、数据资料、财产和组织机构的安全	5.88%	12
13	法律与政府知识	有关法律、法规、司法程序、先例、行政命令、部门法规和民主的政治进程等方面的知识	7.18%	5
14	通信和媒体知识	有关媒体制作、通信、传播技术和方法的知识,包括通过书面、口头、可视媒体等替代方法进行的信息发布与娱乐	6.47%	8
15	运输知识	通过航空、铁路、海运或道路运输方式运送人与货物的方法与原则的知识,包括相对成本和收益	5.04%	15
		汇总	100.00%	

3. "理解表达与创新能力"是最重要的管理技能

在"管理技能"调查中设计有6项能力,各项按照重要性程度进行统计分析后显示:"口头理解与表达能力"排名第一,占18.44%;"创新能力"排名第二,占17.44%;"书面理解与表达能力"排名第三,占17.15%,如表1-4所示。这些数据显示:口头和书面的理解表达能力与创新能力是用人单位最看重的"管理技能"。"连贯构思能力",即"围绕某一话题能迅速构想出一些主意,不管正确与否"的能力,排名第四,用人单位对此也有较高的重视度。这一点与前述的"基本知识"中重视"文书知识"与"语言知识"的调查结果是一致的。

企业把大学生定位于一个"被管理者"而非大学生自己认为的"管理者",作为"被管理者",首要的素质就是"在与人交往中,能够听取对方所传递的信息并理解对方观点;与他人沟通时,能够准确地传递相关信息并使他人理解"。

我们将"创新能力"定义为"围绕某一话题或面临的情况能够迅速地构想出一些不同寻常的想法、独特的创意来解决问题的能力",这一解释使"创新"变成了一种实践的应变能力,也就是企业需要有想法有见解的学生。"连贯构思能力",即"围绕某一话题能迅速构想出一些主意,不管正确与否"的能力,获得企业的重视,即用人单位要求大学生具有逻辑判断力,能从全局和整体思考问题,并就此提出"构想",这些构想也含有"创新"的含义。

表 1-4 "管理技能"重要性排序

序号	项目	定义或解释	重要性百分比	重要性排序
1	口头理解与表达能力	与他人口头沟通时,能够听取对方所传递的信息并理解对方观点;与他人口头沟通时,能够准确地传递相关信息并使他人理解	18.44%	1
2	书面理解与表达能力	当阅读书面信息时,能够读取书面信息并理解其观点;与他人书面沟通时,能够准确地传递相关信息并使他人理解	17.15%	3
3	连贯构思能力	围绕某一话题能迅速构想出一些主意,不管正确与否	16.07%	4
4	创新能力	围绕某一话题或面临的情况能够迅速地构想出一些不同寻常的想法、独特的创意来解决问题的能力	17.44%	2
5	感知问题能力	当错误发生时能够及时提出来,或者能够预示事情在未来某一时间段有可能出错的能力。这并不涉及具体问题的解决,只是敏感地意识到问题的存在	15.53%	5
6	演绎与归纳推理能力	能够应用一般性规则对问题进行详细的解剖与推理,并提出解决方案的能力;运用各种片段信息归纳出一般性规则或结论(包括看似不相关事件之间的相关性)的能力	15.37%	6
	汇总		100.00%	

4. "自我平衡与人际关系"是最重要的情商修养

对于"情商修养",我们设计了 5 项调研内容,各项按照其重要性程度进行统计分析后显示:"自我激励"排名第一,占 20.78%;"情绪控制"排名第二,占 20.60%;"人际关系"排名第三,占 20.16%。这三项虽然有前后之分,但占比非常接近,可以视为"同等重要",如表 1-5 所示。其实,这是三个相互关联的素养,到任何企业,做任何工作,在任何时候,都需要有激情,有自信,能够自我激励。但激情与自信往往是受"欲望"的支配,"欲望"有点像"水蒸汽",没有蒸汽,就没有动力,但如果蒸汽过量,就会发生锅炉爆炸。所以,两者的平衡最为重要。这是对个体行为的要求。

表 1-5 "情商修养"重要性排序

序号	项目	定义或解释	重要性百分比	重要性排序
1	自身认识	随时随地认知自身感觉的能力	19.01%	5
2	情绪控制	能控制情绪低落、不良情绪或情绪激动的能力	20.60%	2
3	自我激励	自我鞭策保持对学习和工作的高度热忱,通过自我约束以克制冲动和延迟满足的能力	20.78%	1
4	理解他人	同情、关怀与利他,能从细微处体察他人需求的能力	19.45%	4
5	人际关系	人际关系和谐,适于从事组织领导工作的能力	20.16%	3
	汇总		100.00%	

从企业团队合作的角度来分析,人际关系尤其重要,保持和谐与适度的人际关系,是具有领导能力的重要前提。所以,技术出众可以成为一名工程师,但善于处理人际关系者即使不懂技术也能够成为一个优秀的领导者。可见,兵工厂的厂长不一定是武器专家。所以,实践给大学开了一个不大不小的"玩笑",很多真正的"专家"都经历了一条"非专业化"的成长道路,比如,我国著名的十大媒体人,他们有几个是学新闻专业的?由此也可以再统计一下企业家的"第一专业背景",也许也符合媒体人的成长轨迹。

这并不是说专业不重要,这只能说明:大学所提供的专业知识、专业技能与管理技能,与实践需求相比较,永远是杯水车薪,一个真正的管理者、工程师、专家,如果能具有众多"非专业经历",也许就达到"真正专业"的境界。如学经济学的人,做金融投机的人,仅仅懂得经济学与金融学是远远不够的,如果他能精通"心理学",同时还有机会经历各种惨痛的失败,他便更有资格说自己是一位"投资理财专家"。

上述调查仅为《商业服务专业群人才基本素质问卷调查》项目中的部分内容与结论。这有助于商科院校学生了解企业对人才素质要求,能够让自己在大学期间有意识去培养这些方面的能力与素养。而企业模拟经营课程学习,也有助于培养学生这方面的能力与素养。

1.4.2 创业者素质与能力

大学生创业是当下一个热门话题。大学生创业者也树立了很多成功的榜样,但也不乏失败的例子。创业只是经营企业前期的一个过程,创业就是创业者与创业者团队利用已有的资源或通过努力所拥有的资源进行整合,即投资组建公司,以提供新产品或服务,有意识地创造价值的过程。企业模拟经营课程可以说就是一个创业模拟过程,即利用给定资源或经努力获取的资源,通过市场分析发现机会,并向市场提供产品,从而获得盈利并实现经营目标的过程。而对于有志于创业的同学而言,需要了解创业者应该具备的创业素质与能力。

1. 创业者素质

创业是极具挑战性的社会活动,也是一项极端艰苦的活动,是对创业者自身智慧、能力、气魄、胆识的全方位考验。香港长江实业集团董事局主席李嘉诚说过一段成功感言:"成功实际上是相对的。创业的过程,实际上就是恒心和毅力坚持不懈的发展过程,这其中并没有什么发达秘密,但要真正做到中国古老的格言所说的勤和俭也不太容易。而且,从创立之初开始,还要不断地学习,把握时间。我自己从创立开始到1963年这一二十年来,平均每天工作16个小时,而且每星期至少有一天是通宵达旦的。"一个人要想获得创业的成功,必须具备一定的创业素质,而最基本的创业素质,应包括创业者具有强烈的创业意识和激情、超强的心理承受能力与忍耐力、敢于冒险与勇于创新的精神、敏锐的商业嗅觉、良好的人际关系与善于分享的性格特质等。

(1) 强烈的创业意识和激情。创业者要具备自我实现、追求成功的强烈的创业意识和激情。一个真正的创业者一定是强烈的欲望者,他们想拥有财富,想出人头地,想获得社会地位,想得到别人的尊重。这种强烈的欲望更加促成其创业的意识,并会帮助创业者克服创业道路上的各种艰难险阻,形成强大的行动力和牺牲精神,将创业目标作为自己的人生奋斗目标。一个有趣的现象是,《科学投资》通过对大量创业者的研究发现,成功创业者的欲望,许多来自于现实生活的刺激,是在外力的作用下产生的,而且往往不是正面的鼓励型的。刺激的发出者经常让承受者感到屈辱、痛苦。这种刺激经常在被刺激者心中激起一种强烈的愤懑、愤恨与反抗精神,从而使他们做出一些"超常规"的行动,焕发起"超常规"的能力,这大概就是孟子说的"知耻而后勇"。一些创业者在创业成功后往往会说:"我自己也没有想到自己竟然还有这两下子。"因为想得到,而凭自己现在的身份、地位、财富得不到,所以要去创业,要靠创业改变身份,提高地位,积累财富,这构成了许多创业者的人生"三部曲"。

(2) 超强的心理承受能力与忍耐力。创业过程始终是艰险与曲折的,创业就等于是一个人去面对变化莫测的激烈竞争以及随时出现的需要迅速正确解决的问题和矛盾,难免会遇到诸多的挫折、压力甚至失败,这需要创业者具有非常强的心理承受能力与耐力,能够持续保持一种积极、沉稳、自信、坚强、坚韧的心态。如北京江民科技有限公司(江民杀毒软件)创始人兼总裁、中国著名的反病毒专家王江民40多岁到中关村创业,靠卖杀毒软件,几乎一夜间就变成了百万富翁,几年后又变成了亿万富翁,他曾被称为中关村百万富翁第一人。王江民的成功也是经历了常人无法想象的磨难换来的。王江民是小儿麻痹症患者,从未进过正规大学学习,20多岁是一个街道小厂的技术员,38岁前不知电脑为何物。在创业后还一次被人骗走500万,但他都坚持一路走来。他的成功,在于他对痛苦的忍受力,从上中学起,他就开始有意识地磨炼意志:"比如说爬山。我经常去爬山,五百米高很快就爬上去了,慢慢地爬上去也就不感觉得累。再一个就是下海游泳,从不会游泳到喝海水,最后到会游泳,一直到很冷的天也要下水游泳,去锻炼自己在冰冻的海水里提高忍受力。比如别人要游到一千米、二千米,那么我也要游到一千米、二千米,游到二三千米以后再上岸的时候都不会走路了,累得站不起来了。就这样锻炼自己,来磨炼自己的意志。"当他40多岁辞职来到中关村,面对欺骗,面对商业对手不择手段、不遗余力的打击,都能够坦然面对。所以,中关村能人虽多,倒让这样一个外来的残疾人拔了百万富翁的头筹。对创业来说,肉体上的折磨算不得什么,精神上的折磨才是致命的,如果自己有心创业,一定要先在心里问自己,是否具有这种心理承受力与忍耐力。如果没有,对有些人来说,做一个打工仔,可能是一个更合适的选择。

(3) 敢于冒险与勇于创新的精神。网易创始人丁磊在回忆自己当初的决定和选择时说:"我自己对当时这个选择的看法是,Internet刚进入中国,我周围的许多同事和我一样,都看到了机会的存在,但是到今天为止,只有我一个人出来做互联网。我认为这一点值得思考。在你的一生中,你会面对许多这样的'机会',但你能否认定它就是真正的机会,并且为了这个机会作出百分之百的努力,甚至不惜改变自己原有的、较好的、稳定的生活状态?选择冒险,确实需要魄力。但同时,你要知道,你或许已给自己选择了一条成功之路。要记住,创业需要冒险!"但冒险不等于冒进,更不等于蛮干,创业也需要理性,需要对市场冷静的观察与分析,对自身是否具备足够心理准备、承受力、忍耐力、行动力等要有足够的认识,还需要对形势有清醒全面的认识。创业者勇于打破常规,创新活动常伴其中。有人问:"是什么使微软从小公司一跃而起?"比尔·盖茨的解释是:"我们拥有当时巨人没想到的点子,我们总是在思考,曾经遗漏过什么可以使我们保持胜利的东西?如何才能成为一个成功的创业者?"崔普·霍金斯这样回答:"要成为一名企业家,一定要记住,真正的企业家要富有创意,创意人创业不是为了赚钱,而是因为他们无从选择,必须完成它。"

(4) 敏锐的商业嗅觉,即商业敏感性。创业者具有敏锐的观察力与嗅觉,能够在外界多变的环境中捕捉到可能的商业机会,并能够做出快速反应。如潘石屹的"一言八亿"的传奇故事,就是餐桌上某人的一句话,潘石屹听出了其中的商机。有些人的商业感觉是天生的,如胡雪岩,更多人的商业感觉则依靠后天培养。如果你有心做一名商人,你就应该像训练猎犬一样训练自己的商业感觉。大学生可以从很多方面锻炼自己的商业感觉,如学会从细小出发现问题,从身边发现问题,始终关注自己感兴趣的行业,将每个发现做好记录做好分析,一点点积累,不仅可以培养良好的商业感觉,而且也使自己具备了创业者成功的根本保证。

(5) 良好的人际关系与善于分享的性格特质。创业的过程有时候需要"天时、地利、人和",而"人和"往往又是关键资源。创业者的人脉资源反映了创业者构建其人际网络或社会网络的一种能力。一名创业者不能在短时间内建立自己最广泛的人际网络,他的创业就会非常艰难,即使其初期能够依靠领先技术或者自身素质,获得某种程度上的成功,但是可以断言他的事业一定做不大。作为创业者,一定要懂得与他人分享。有舍才有得,创业者舍得付出,舍得与员工分享,了解员工的各种需求,企业才能形成凝聚力,形成良好氛围。分享不仅仅限于企业或团队内部,对创业者来说,对外部的分享有时候同样重要。在南存辉的发家史上,曾经进行过4次大规模的股权分流,从最初持股100%,到后来只持有正泰股权的28%,每一次当南存辉将自己的股权稀释,将自己的股权拿出来,分流到别人口袋里去的时候,都伴随着企业的高速成长。但是南存辉觉得自己并没有吃亏,因为蛋糕做大了,自己的相对收益虽然少了,但是绝对收益却大大地提高了。

2. 创业者能力

创业者不仅需要具备创业者素质,同样需要具备一定的创业能力。从大量创业者案例来看,我们认为应该具备以下几种基本能力。

(1) 判断与决策能力。源于创业者对商业敏锐的嗅觉,但是如果没有果断的判断能力与决策能力,一个商业机会可能就会错过。判断与决策能力还表现在对创业组织内外部资源整合与利用的能力上。在瞬息万变的市场竞争中,果断做出判断与决策,这是创业者们智慧与谋略及胆量的结晶。

(2) 社会交往能力。社交能力是人类生存的重要能力。创业者人际关系的形成离不开良好的人际沟通与交往能力。大学生要创业,就需要广交朋友,现在社会上成功的企业家多数是50后、60后的人,他们已渡过了创业、企业经营的原始阶段,有学历、有经验、有资源,要与他们交朋友,融入他们的圈子,从内至外不断改变自己的言谈举止、内涵等。

(3) 商务谈判能力。商场如战场,创业者要在市场竞争中获取更多对自己有利的资源,争取更多的机会,就需要具备超强的商务谈判能力。谈判行为是一项复杂的人类交际行为,它伴随着谈判者的言语互动、行为互动和心理互动等多方面、多维度的错综交往。很多创业者都认为通过商务谈判所获得的效益,是企业的纯利润,谈判是企业经营管理中重要的一个利润区。

(4) 管理能力。管理能力包括计划与控制能力、组织能力、协调能力、领导能力。创业者需要利用个人魅力去影响整个创业团队或与其一起工作的员工,能够对他们进行规划、分工、协调以形成强有力的凝聚力。作为创业者,不仅对自己行动的方向与行动方案有清晰的目标与计划,更能够做出对实际情况的判断与反馈,如果判断失误或反馈失灵,就会导致整个创业团队偏离目标。创业者敏感的商业嗅觉,发现的商业机会,都需要通过灵活的组织来完成。

(5) 信息处理能力。当今是一个信息爆炸的时代,每天经过人们的大脑或者可能接触到的信息成千上万。从这些信息中获取商业机会,不仅需要敏锐的商业嗅觉,更需要快速捕捉商业信息，并对商业信息进行分析处理的能力。而在企业经营过程中，更需要借助现代计算机信息系统去获取信息、筛选信息。

（6）危机处理能力。当企业发生各类危机事件时，是不是能够及时处理，而在处理危机事件时所采取的不同态度和决策，都将会直接影响到企业未来的发展。企业经营运作中的一个小小的意外或者事故就会迅速被扩大到全国，甚至更大的范围内，产生掩耳不及迅雷的恶化后果。因此，出现危机不可怕，危机也就是转机的出现，将危机转化为转机，唯有依靠创业者自身的智慧，冷静、果断、迅速响应。

【阅读资料4】大学生创业案例

从校园"小买卖"起家

谢玲万，是某大学一名大四学生。大一刚进校时，谢玲万带的钱还不够交学费，那时，他就决定以后要自己挣钱交学费，养活自己。"很多人都想创业，只是很多人不知道从何入手。"谢玲万说，他的创业是从校园中的"小买卖"做起的。谢玲万发现学生喜欢看《英语周报》，他就通过努力当上了校园代理，最终做了700份左右，挣了六七千元，淘到自己的第一桶金。后来，一个偶然机会，谢玲万看到教务处贴的征订下学年教材的通知，学生可自愿购买，他从中发现了商机。他就跑到书城、旧书市场联系资源。由于自己卖的教材便宜，很受学生欢迎，"做得最好时，一年能挣八九万元"。

用"头脑"让别人投资

大学时，何先声组织班上同学出去旅游时认识了旅行社的经理，从此何先声做起了旅行社的校园代理业务。事后，他组织了60人游世纪欢乐园，每人5块钱提成，这300块钱是他赚得的第一桶金，如今他已是郑州一家照明工程公司的总经理。大一暑假，何先声进入河南一家网络公司打工。后来，何先声自己想开家网络公司，但要投入十几万，还要有懂技术的人。可当时，这两样他都没有。何先声说，他把自己的创业想法告诉了在网站打工时认识的一位老总，希望他能投资，然后又找了位技术人员，两人都答应了。就这样，公司就开起来了。他认为，大学生要用自己的头脑赚取第一笔原始资金，而不是盲目投资，"投资不是我们干的事，我们要做的是让别人给我们投资"。

资料来源于：阳光巴士创业网 http://www.sunbus.cn

要想上路快就做自己喜欢的

骆宇轩7年前是杭州大学外语系的一名大学生，如今已是一家网络公司的老板。白手起家的他，说起曾经的"创业"经历，仍然记忆犹新。"我们可以说是网吧业的'前辈'了，当初我们那间没有招牌没有店名的小屋，的确是杭州最早的网吧之一。"

在游戏界，那还是一个单机流行的时代，电脑还是个新鲜事物，刚刚有了MMX（多媒体芯片），刚刚有了鼠标，刚刚有了Windows。出于对电脑的共同爱好，骆宇轩和几个要好的同学在外面租了个房间，七拼八凑买了一台电脑，开始了彻夜不归的生活。"c&c的出现是有划时代意义的，一个偶然的机会，我们发现这个即时战略游戏有联机模式。于是，好奇心促使我们购买了第二台电脑，并用最原始的联机线完成了两台电脑的联机。很爽，终于可以不用与电脑进行程式化的对抗,终于可以跟朋友一起玩棋牌以外的游戏。"骆宇轩说起当初的创业非常兴奋。"当时,我就想为什么不尝试着用这个办法赚钱?这个想法得到了'合伙人'的支持,倾尽所有,我们又添置了两台电脑,并开始分头找'客户'光顾。"

很快,一些熟人去小屋玩游戏了;很快,两台电脑已无法满足需要;很快,小屋变得拥挤不堪;很快,他们赚到了第一桶金。"没有可以借鉴的经验,我们不知道到底该如何经营,我们甚至不知道我们所经营的,该称其为何物。最初的时候,我们根本不知道该用怎样的收费标准,第一个月结束了,我们欣喜地数着收进的钱,本以为大赚了一票,结果发现我们没有把电脑的折旧费和房租水电计算在内——结果是我们亏本了。但渐渐地,我们找到了经营的套路——如何计时,如何提高收费,如何给常客貌似优惠的价格,如何精打细算节约成本……在一个学期快要结束的时候,我们赚回了四台电脑的钱。"

骆宇轩和几个"合伙人"并没有满足于现状,他们考虑到每个在玩的人后面都站了几个人在看,是不是意味着可以将容量扩大几倍?但事实证明,这个想法错了。在添置了另外八台电脑后,他们发现,每个在玩的人后面依然会站着几个人。然而,这并没有使他们灰心,因为这让他们意识到,他们开创的,是一个众人都感兴趣的事物,总有一天,它会成为一种流行。

当然,创业的过程并不是一帆风顺的。"我们碰到的第一个麻烦是房东。由于往来的人多了,她开始嫌我们吵。不得已,我们搬了一次家,这一搬使我们损失了不少客户。另外,好在我们有先见之明,装的全是正版软件,而且坚决抵制了一些人看**光碟,才没被查出有什么问题。这才明白,坚持原则有时很重要。"说起第三个麻烦,骆宇轩有些无奈,"第三个麻烦是时间。终于有一天要毕业了,我们低价变卖了所有家当,正式散伙。学校周围已有不下十家网吧,电脑从586到MMX再到奔三,游戏从c&c到红色警戒到星际争霸,就连联机模式也从原来的联机线发展到了有服务器局域网,上网手段则从最初的拨号上网到了专线又到了宽带。我们的生意虽然是小打小闹,赚得也不多,但有这样一个经历,使我们学到了不少东西。更重要的是,这个网吧的'雏形'使我们树立了信心。原来,我们并不缺乏发现商机的眼光。"

身兼三条线,就要会用人

边立帆是浙江大学城市学院信电系的学生,作为优秀学生被学校选派到新加坡进行三个半月的交流学习。已是大四的他还承担着很多学生工作。大三时在和两个朋友聊天时,一拍即合决定在身山东路上开一家酒吧,取名为"万声"。

万事开头难。首先是来自父母的压力。在父母看来,他还是个学生,应该以学业为重,更何况家里并不缺钱,花大量的精力在酒吧上,一定会影响学业,不同意借钱给他做启动资金。"为了说通父母,我费了好大的劲,光是口头上担保还不够,还特意带他们来这里看过店面,跟我的合伙人了解了情况,使他们完全信任我。"边立帆说。

开业初期,酒吧的生意不是很好,经过一番悉心经营,渐渐有了收益。"在学校附近开酒吧,顾客群定位就是附近学校的学生,所以,我们的酒吧和外面的那些有很大的区别,顾客除喝酒外,还可以免费K歌。当然,价格也比外面的酒吧便宜。"边立帆说。

从酒吧开业到现在已将近一年,边立帆一面在学校忙着学生工作,一面照看酒吧,学习成绩也一直名列前茅。边立帆说,不影响学习是不可能的,但无论是学校的工作,还是自己的生意，他首先考虑的是交给什么人去做最合适。一个人的精力有限，有时候根本不可能分身料理三方面的事情，所以，平时他把一部分学校工作交给其他同学做，酒吧的生意交给营业员负责，他留出足够时间放在学习上。

毕业在即，边立帆说将会把酒吧转让。"酒吧是我们几个一手经营起来的，有今天的成绩很不容易。但我们都有自己的理想，毕业后会全身心投入到自己的事业中去，不会再有精力料理酒吧的事情。虽然舍不得，但转让或者关门是我们必然的决定，相信我们今后会做得更加出色。"

资料来源：深圳大学创业协会 http://suec.szu.edu.cn

思考题
1. 你认为大学生创业活动应该在校内实施吗？你有什么好的建议？
2. 在大学期间如何才能很好地了解企业呢？
3. 你思考过你大学四年的规划吗？
4. 在你所学的专业中，有哪些课程与企业的经营最直接相关？

附件1：《关于科技型中小企业技术创新基金的暂行规定》

为了扶持、促进科技型中小企业技术创新，经国务院批准，设立用于支持科技型中小企业（以下简称"中小企业"）技术创新项目的政府专项基金（以下简称"创新基金"）。为了加强创新基金管理，提高创新基金使用效益，特作如下规定：

一、创新基金是一种引导性资金，通过吸引地方、企业、科技创业投资机构和金融机构对中小企业技术创新的投资，逐步建立起符合社会主义市场经济客观规律、支持中小企业技术创新的新型投资机制。

二、创新基金不以营利为目的，通过对中小企业技术创新项目的支持，增强其创新能力。

三、创新基金的使用和管理必须遵守国家有关法律、行政法规和财务规章制度，遵循诚实申请、公正受理、科学管理、择优支持、公开透明、专款专用的原则。

四、创新基金的资金来源为中央财政拨款及其银行存款利息。

五、创新基金面向在中国境内注册的各类中小企业，其支持的项目及承担项目的企业应当具备下列条件：

（一）创新基金支持的项目应当是符合国家产业技术政策、有较高创新水平和较强市场竞争力、有较好的潜在经济效益和社会效益、有望形成新兴产业的高新技术成果转化的项目。

（二）企业已在所在地工商行政管理机关依法登记注册，具备企业法人资格，具有健全的财务管理制度；职工人数原则上不超过500人，其中具有大专以上学历的科技人员占职工总数的比例不低于30%。经省级以上人民政府科技主管部门认定的高新技术企业进行技术创新项目的规模化生产，其企业人数和科技人员所占比例条件可适当放宽。

（三）企业应当主要从事高新技术产品的研制、开发、生产和服务业务，企业负责人应当具有较强的创新意识、较高的市场开拓能力和经营管理水平。企业每年用于高新技术产品研究开发的经费不低于销售额的3%，直接从事研究开发的科技人员应占职工总数的10%

以上。对于已有主导产品并将逐步形成批量和已形成规模化生产的企业，必须有良好的经营业绩。

六、创新基金鼓励并优先支持产、学、研的联合创新，优先支持具有自主知识产权、高技术、高附加值、能大量吸纳就业、节能降耗、有利环境保护以及出口创汇的各类项目。

七、创新基金不得支持低水平的重复建设、单纯的基本建设、技术引进和一般加工工业项目。

八、根据中小企业和项目的不同特点，创新基金分别以贷款贴息、无偿资助、资本金投入等不同的方式给予支持：

（一）贷款贴息：对已具有一定水平、规模和效益的创新项目，原则上采取贴息方式支持其使用银行贷款，以扩大生产规模。一般按贷款额年利息的50％～100％给予补贴，贴息总额一般不超过100万元，个别重大项目最高不超过200万元。

（二）无偿资助：主要用于中小企业技术创新中产品研究开发及中试阶段的必要补助、科研人员携带科技成果创办企业进行成果转化的补助。资助数额一般不超过100万元，个别重大项目最高不超过200万元，且企业须有等额以上的自有匹配资金。

（三）资本金投入：对少数起点高、具有较广创新内涵、较高创新水平并有后续创新潜力、预计投产后具有较大市场需求、有望形成新兴产业的项目，采取资本金投入方式，资本金投入以引导其他资本投入为主要目的，数额一般不超过企业注册资本的20％，原则上可以依法转让，或者采取合作经营的方式在规定期限内依法收回投资，具体办法另行制定。

九、科学技术部是创新基金的主管部门，负责审议和发布创新基金年度支持重点和工作指南，审议创新基金运作中的重大事项，批准创新基金的年度工作计划，并会同财政部审批创新基金支持项目，向国务院提交年度执行情况报告等。

十、财政部是创新基金的监管部门，参与审议创新基金年度支持重点和工作指南，并根据创新基金年度工作计划，每年分两批将创新基金经科学技术部拨入创新基金管理中心专用账户，同时对基金运作和使用情况进行监督、检查。

十一、由具有一定权威的技术、经济、管理专家和企业家组成创新基金专家咨询委员会，负责研究创新基金年度优先支持领域和重点项目，指导创新基金年度支持重点和工作指南的制定，为创新基金管理中心提供技术咨询。

十二、组建中小企业创新基金管理中心（以下简称"管理中心"），为非营利性事业法人，在科学技术部和财政部指导下，负责创新基金的管理工作，履行下列职能：

（一）研究提出创新基金年度支持重点和工作指南，统一受理创新基金项目申请并进行程序性审查；

（二）研究提出有关创新基金项目的评估、评审、招标标准，提出参与创新基金管理的评估机构及其他中介机构的资格条件；

（三）委托或者组织有关单位或者机构进行创新基金项目的评估、评审、招标等工作；

（四）负责编制创新基金的年度财务决算和工作计划，提出创新基金年度支持的项目建议，具体负责创新基金的运作；

（五）全面负责创新基金项目实施过程的综合管理，负责创新基金项目的统计、监理和定期报告工作。

十三、科学技术部每年发布创新基金支持重点和工作指南，凡符合创新基金支持条件的项目,由企业按申请要求提供相应申请材料;申请材料须经项目推荐单位出具推荐意见,其中申请贴息的企业还需提供有关银行的承贷意见。

十四、项目推荐单位要对申请企业的申请资格、申请材料的准确性、真实性等进行认真审查;对符合申请条件和要求的项目,出具推荐意见。

十五、积极引入竞争机制,推行创新基金项目评估、招标制度。凡符合招标条件的,必须通过公开竞争方式择优确定项目承担单位。

十六、管理中心按照有关标准要求,统一受理项目申请并负责程序性审查,送有关评估机构或专家进行评估、评审或咨询;符合招标条件的,须进行标书制定和评标选优。

十七、评估机构和评审专家对申报项目的市场前景、技术创新性、技术可行性、风险性、效益性、申报企业的经营管理水平等进行客观评估、评审,并出具明确的评估、评审意见。

十八、管理中心根据招标情况和评估、评审意见,提出创新基金年度支持的项目建议;必要时,科学技术部和财政部可以对评估结果进行复审。项目建议经科学技术部与财政部审定批准后,由管理中心与企业签订合同,并据此办理相应手续。

十九、科学技术部和财政部每年分批向社会发布创新基金支持的项目和企业名单,接受社会监督。

二十、对未通过程序性审查和经评审、评估、招标后明确不予支持的项目,管理中心应当在项目受理之日起四个月内,书面通知申报企业。

二十一、创新基金的年度预算安排由财政部确定。科学技术部根据财政部的有关规定,报告创新基金的使用情况,并接受财政部监督。

二十二、管理中心应当按照合同的要求,及时足额将创新基金拨至有关项目承担单位,创新基金不得用于金融性融资、股票、期货、房地产、赞助、捐赠等支出,更不得挪作他用。

二十三、管理中心用于创新基金项目的评审、评估、招标和日常管理工作的费用,实行预决算管理,报财政部审批后从创新基金利息收入中列支。

二十四、因客观原因,企业需要对项目的目标、进度、经费进行调整或撤销时,应当提出书面申请,经管理中心审核,报科学技术部和财政部审批后,方可执行。

二十五、已签合同项目经管理中心批准撤销或者中止,企业应当进行财务清算,并将剩余经费如数上缴管理中心。

二十六、管理中心提出有关项目管理、经费管理的实施方案,报科学技术部和财政部批准后实施。

附件2:上海应届大学生可享四项优惠

根据国家和上海市政府的有关规定,上海地区应届大学毕业生创业可享受免费风险评估、免费政策培训、无偿贷款担保及部分税费减免四项优惠政策,具体包括:

(1)高校毕业生(含大学专科、大学本科、研究生)从事个体经营的,自批准经营起,1年内免交个体户登记注册费、个体户管理费、经济合同示范文本工本费等。此外,如果成立非正规企业,只需到所在区县街道进行登记,即可免税3年。

(2)自主创业的大学生,向银行申请开业贷款担保额度最高可为7万元,并享受贷款贴息。

(3)上海市设立了专门针对应届大学毕业生的创业教育培训中心,免费为大学生提供项目风险评估和指导,帮助大学生更好地把握市场机会。

附件3:大学生创业注册公司流程及相关事项

一、大学生注册公司相关事项

(1) 大学生创业注册公司名称类型:上海××贸易(咨询/科技)有限公司等。

(2) 大学生创业注册公司注册资本:注册资本"零首付",凡毕业两年内的高校毕业生,提供毕业证书将有望享受注册资本"零首付"的优惠政策(注册资金为50万,公司成立后的两年内分期到位)。

(3) 大学生创业注册公司注册地址:自行解决(或注册在园区内由园区提供)。

(4) 大学生创业注册公司经营范围:根据相关行业的特点及创业者自身的需求确定,以工商部门核定为准。

(5) 大学生创业注册公司所得证照:营业执照(正、副本)、组织结构代码证(正、副本);代码证IC卡(一张);国税、地税登记证(正、副本);公章、财务专用章、法人章、股东章(各一枚)。

(6) 大学生创业注册公司的注册时间:企业完成名称核准后20~22个工作日。

(7) 大学生创业注册公司的注册费用:工商规费"零收费"。

(8) 大学生创业注册公司的具体流程及收费项目。

二、大学生注册公司流程及费用

流程:

① 工商名称预先核准;

② 签署工商登记注册材料;

③ 无须验资;

④ 办理工商登记;

⑤ 刻制公章及其他所需印章;

⑥ 组织机构代码登记;

⑦ 办理税务登记;

⑧ 开立银行基本账户(纳税账户);

⑨ 去税务部门进行税种核定及购买发票。

费用:

① 工商查名费;

② 工商登记费;

③ 组织机构代码费;

④ 税务登记费;

⑤ 刻章费。

附件4:性格测试

每个人的性格不同,有的人天性喜欢打破常规,有自己想走的道路,而有的人更喜欢安稳的工作与生活。下面给出几个有关的性格测试网站,有兴趣的同学可以自己去测试。仅供参考,课余时间做做增加乐趣。

1. FPA乐嘉性格色彩测试(http://types.yuzeli.com/survey/fpa30)。

用"红、蓝、黄、绿"四色代替人的性格类型,借助一幅幅美妙的图画来解析多变的人生;通过对"性格色彩密码"的解读,帮助你学会以"有'色'眼睛"洞察人性,增强对人生的洞察力,并修炼个性,从而掌握自己的命运。

2. 霍兰德职业性格测试(http://wenku.baidu.com/view/8231ec12a216147917112815.html)。

这个测试试图帮助您发现并确定自己的职业兴趣和能力特长,从而更好地帮助您做出求职择业或专业选择的决策。

3. MBTI职业性格测试完整版(静态题库)(http://www.apesk.com/mbti/dati.asp)。

4. PDP性格测试:你是老虎、孔雀、考拉,还是猫头鹰、变色龙?
(http://www.findoout.com/ceshi/cs5512/)

第 2 章　基于沙盘的企业经营模拟课程设计

本章学习目标
1. 了解企业模拟经营-ERP 沙盘的构成
2. 了解企业 ERP 发展过程
3. 了解基于沙盘的企业模拟经营课程学习特点
4. 学习沙盘模拟经营的规则
5. 做好模拟经营的准备

企业经营本身是一个复杂的过程,涉及多个方面。为了能使学生在校园中体验企业经营过程所带来的乐趣,我们把企业微缩在一个 ERP 沙盘中。目前企业模拟经营方式有两种,一种方式是采用物理沙盘进行推演体验企业经营过程;另一种是采用软件方式,通过在不同环境条件下的背景进行决策来模拟企业运行。不论哪种方式,最终的目的就是改变学生的学习方式,在企业模拟经营中体会如何进行市场分析、如何使用自己手中的资源进行决策、如何与同学进行沟通、如何将所学习的理论知识相互融合在一起并发现自己的知识的欠缺等。

2.1　企业 ERP 认知与学习

2.1.1　企业 ERP 的发展历程

在前面叙述中提到 ERP 是为企业提供的管理平台,是企业集成化的管理软件。计算机及网络技术的发展,企业已逐步实现了内部流程的信息化管理及与外部供应链的整体管理。在美国,计算机技术在企业中的运用,早在 20 世纪 60 年代就开始了,ERP 系统也是在这一发展过程中不断演变而来的。

1. MRP 出现

20 世纪 40 年代,企业为解决库存控制问题,提出了订货点法,也称警戒点,即某种物料的订货点应是该物料的库存量恰好等于该物料从发出订货到送达企业这一时间段的使用量,并要确保该使用量恰好到达安全库存。订货点的提出,既能保证物料正常达到不影响产品的制造加工,同时又保证了库存数量的合理性,不要多占用空间与资金。但是,供应商的生产过程控制不了,市场的变化也控制不了,该方法也可能导致缺货或库存积压。当时计算机系统还没有出现,只采用人工计算方法。当产品种类少,物料数量不多时还可能应付过来,当市场需求发生变化,用人工计算的方法就难以应对了。

到20世纪60年代美国企业开始使用计算机技术,使得短时间内对大量数据的复杂运算成为可能,为解决订货点法的缺陷,提出了MRP理论,作为一种库存订货计划——MRP(Material Requirements Planning),即物料需求计划,或称基本MRP。它是借助计算机数据处理能力,将企业生产需要的主生产计划、物料清单、库存记录和已订未交订单等资料,由计算机处理计算出各种相关需求物料的需求状况,并提出可能的新订单补充建议及修正已开出订单的一项技术。此阶段是企业简单的信息管理系统对制造的产品及其构成进行管理,借助计算机的运算能力实现对客户订单、在库物料、产品构成的管理与控制,使企业依据客户订单,按照既定产品结构清单展开并计算相关物料需求,从而实现减少库存、优化库存的管理目标。换句话说是利用计算机进行生产与库存的管理与控制。MRP与订货点最大的不同在于:订货点是按照过去的库存经验来预测未来的物料需求,而MRP则是根据需求预测来测算物料的供应和生产的计划与控制方法,较好地提供了物料需求的准确时间和数量。

2. 闭环MRP

MRP的出现到成功应用,只局限于物料的管理,还达不到企业生产管理要求。于是,为更好地解决采购、库存、生产、销售的管理问题,在MRP的基础上,对其功能上进行了扩充,把优先顺序计划、能力计划、优先顺序控制与能力控制等四大基本功能纳入原有的MRP系统。因此,作为一种生产计划与控制系统——闭环MRP阶段(Closed-loop MRP)出现,从而使计划更加切实可行。即围绕物料需求计划而建立的系统,包含生产规划、主生产计划和能力需求计划与其他计划功能。进而,当计划阶段完成并且作为实际可行的计划被接受以后,执行阶段随之开始,这包括:投入/产出控制、车间作业管理、派工单以及来自车间及供应商的拖期预报。"闭环"一词所指的是反馈控制系统,即利用输出与输入之间的差异来调节系统本身,管理的控制职能本身就具有闭环的性质。因此,闭环MRP不仅包括整个系统的组成部分,并且包含来自执行部分的反馈信息,目的在于使计划在任何时候都保持有效。

在这两个阶段,还出现了丰田生产方式(看板管理)、TQC(全面质量管理)、JIT(准时制生产)以及数控机床等支撑技术。

3. MRPⅡ阶段

到20世纪80年代,计算机运用更加广泛,功能更加强大。在MRP管理系统的基础上,使生产、财务、销售、工程技术、采购等各个子系统集成为一体化系统,在企业中形成以计算机为核心的管理系统,这种管理系统能够动态监察到产、供、销的全部过程,这就是MRPⅡ(Manufacturing Resource Planning),称为制造资源计划。简单说,MRPⅡ是以生产计划为中心,把与物料管理有关的产、供、销及资金等各个环节的活动通过系统有机地联系在一起,形成一个协调运作统一整体,其涵盖范围包含了企业的整个生产经营体系,包括经营目标、销售策划、财务策划、生产策划、物料需求计划、采购管理、现场管理、运输管理、绩效评价等各个方面。可以说,MRPⅡ是对制造企业的所有资源进行有效计划与运作的一种系统管理方法,实现原料信息、需求信息、物流信息、销售信息、消费者反馈信息等相互传输与交汇,构成封闭的信息环,帮助管理者及时做出调整产品结构以适应市场变化的各项决策,使企业中生产系统、销售系统、物料系统、财务系统等各个子系统有机整合在一起,组成一个全面的生产管理集成优化系统。制造资源计划是闭环MRP的直接发展和延伸。MRPⅡ也称基于网络的管理系统。进入20世纪90年代,随着市场竞争的进一步加剧,企业竞争空间与范围的进一步扩大，MRPⅡ从主要面向企业内部资源全面计划管理的思想，逐步发展成为90年代怎样有效利用和管理整体资源的管理思想，ERP(Enterprise Resources Planning 企业资源计划)随之产生。

4. ERP 阶段

进入ERP阶段后，以计算机为核心的企业级的管理系统更为成熟，系统增加了包括财务预测、生产能力、调整资源调度等方面的功能。配合企业实现JIT管理、全面质量管理和生产资源调度管理及辅助决策的功能，成为企业进行生产管理及决策的平台工具。

现代企业必须密切关注环境变化对经营管理活动的影响，在信息技术的发展、规模化经营与全球化竞争的相互影响下，生产的专业化分工越来越显著，企业经营管理也从内部管理向供应链管理发展，从而使生产、采购、物流、销售等营运活动的分工与合作也更加紧密。ERP是管理实践与管理思想交互发展的成果，它虽然源于制造业，但目前已被广泛应用于零售业、金融业、邮电与通信业、高科技产业、能源、公共事业、工程与建筑业等众多行业。ERP是基于计算机与信息技术的发展，以集成化管理理念为指导，通过对业务流程重组与再造，使业务流程规范化、条理化，从而建立起来的管理信息系统。

ERP与互联网技术的融合，使新一代ERP产品正在向客户端和供应端延伸，客户端的延伸是客户关系管理(Customer Relationship Management，CRM)，而供应端的延伸则是跨企业供应链的同步管理。这两个延伸又恰好嵌入到网上电子交易中，从而形成了一个从企业内部到企业外部的完整的电子商务解决方案。

2.1.2 企业 ERP 功能

企业ERP系统如图2-1所示。ERP系统将企业所有资源进行整合并集成管理，简单地说就是将企业的物流、资金流、信息流进行全面一体化管理的管理信息系统。ERP系统来源于制造业，而对于制造业而言，企业管理主要围绕着物流管理、生产控制、财务管理进行，而现在人力资源成为企业非常重要的资源要素，越来越多的厂商将人力资源管理也纳入到ERP系统中，形成物流、信息流、资金流、人流的集成化管理。这样一个庞大系统，一般具有如下的特点与功能。

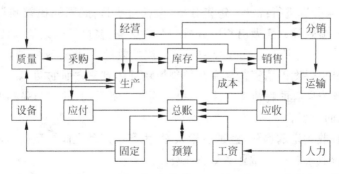

图 2-1　企业 ERP 系统

1. ERP 特点

ERP系统具有如下特点。

(1) ERP更加面向市场，面向经营，面向销售，能够对市场快速响应；包含了供应链管理功能;支持企业后勤管理。

(2) ERP更强调企业流程与工作流,通过工作流实现企业的人员、财务、制造与分销间的集成,支持企业过程重组。

(3) ERP更多地强调财务,具有较完善的企业财务管理体系;实现价值管理。

(4) ERP较多地考虑人的因素作为资源在生产经营规划中的作用,也考虑了人的培训成本等。

(5) 在生产制造计划中,ERP支持MRP-Ⅱ与JIT(Just-In-Time)的混合生产管理模式,也支持多种生产方式的管理模式。

(6) ERP采用了最新的计算机技术。

随着计算机技术的发展,ERP系统又不断与技术相互衔接,使其功能更为强大,如纳入PDM功能、与EDI集成、增加工作流功能、增加数据仓库DW和联机分析处理OLAP功能、客户关系管理的应用等。

2. ERP功能

在此介绍ERP系统企业物流模块、企业生产模块、企业财务模块三个模块的主要功能。

(1) 企业物流模块

企业物流管理包括分销、采购、库存管理,在现代经济全球化的过程中,已经成为企业赖以生存和发展的重要环节。

① 分销管理。分销的管理是从产品的销售计划开始的,并可对销售数量、金额、利润、绩效、客户服务做出全面分析。分销管理模块具体有三方面的功能。

功能1:对客户信息的管理和服务。即通过建立客户信息档案,通过对其分类管理,对客户进行针对性服务,可达到高效率保留老客户、争取新客户的目的。现在也有单独的客户关系管理软件,与ERP结合后可大大提高效率。

功能2:对销售订单的管理。销售订单是ERP的入口,所有的生产计划都是根据它下达并进行排产,它的管理贯穿整个流程,包括客户信用审核及查询、产品库存查询、产品报价、订单输入变更及跟踪、货期的确认及交货处理。

功能3:对销售的统计与分析,包括销售统计(根据销售形式、产品、代理商、地区、销售人员、金额、数量来分别进行统计)、销售分析(包括对比目标、同期比较和订货发货分析,从数量、金额、利润、绩效等方面做出相应分析)、客户服务(客户投诉记录、原因分析)。

② 库存控制。库存控制是用来控制存储物流的数量,以保证稳定的物流来支持正常的生产,同时又要最小限度占用资金。库存控制模块具体有三方面的功能。

功能1:系统为所有的物流建立库存,决定何时订货采购,并交与采购部门,同时又是生产部门制定计划的依据。

功能2:系统收到定购物料,经过质检入库,生产的产品也同样质检入库。

功能3:系统收发料的日常业务处理工作。

③ 采购管理。采购管理需要确定合理的订货量、优秀的供应商,保持最佳的储备等。系统能够随时提供订购、验收的信息,跟踪和催促外购或委外加工的物料,保证货物及时到达。采购管理模块具体有四个方面的功能。

功能1:供应商信息查询。

功能2:催货(对外购或委外加工的物料进行跟催)。

功能3：采购与委外加工统计(统计、建立档案、计算成本)。

功能4：价格分析(对原料价格分析，调整库存成本)。

(2) 企业生产模块

企业生产模块——MRPⅡ是ERP系统的核心所在，它将企业整个生产过程整合在一起，使企业能够有效降低库存，提高效率。企业生产模块主要有以下几方面功能。

① 主生产计划。主生产计划是根据生产计划、预测和客户订单的输入来安排将来各周期中提供的产品种类和数量。它是将生产计划转为产品计划，平衡了物料和能力的需要后，精确到时间、数量的详细进度计划。它是企业在一段时期内总活动的安排，是一个稳定的计划。

② 物料需求计划。物料需求计划是在主生产计划决定生产多少最终产品后，再根据物料清单，把整个企业要生产的产品数量转变为所需生产的零部件的数量，并对照现有的库存信息，得到还需加工多少、采购多少的最终数量计划。它是整个部门真正依据的计划。

③ 能力需求计划。能力需求计划是在得出初步的物料需求计划之后，将所有工作中心的总负荷，在与工作中心能力平衡后产生的详细工作计划，它用来确定生成的物料需求计划是否是企业生产能力可行的需求计划。它是一种短期、当前实际应用的计划。

④ 车间控制。车间控制是随时间变化的动态作业计划，它将作业分配到各个车间，再进行作业排序、作业管理、作业监控。

⑤ 制造标准。在制订计划中需要许多生产基本信息，即制造标准，包括零件、产品结构、工序和工作中心，它们都用唯一的代码在计算机中识别，具体包括：零件代码——对物料资源的管理，对每种物料给出唯一的识别代码；物料清单——定义产品结构的文件；工序——描述加工步骤及制造装配的顺序；工作中心——由相同或相似工序的设备和劳动力组成，是从事生产进度安排、核算能力、计算成本的基本单位。

(3) 企业财务模块

ERP中的财务模块与一般的财务软件不同，作为ERP系统的一部分，它和系统的其他模块有相应的接口，能够相互集成，比如，它可将由生产活动、采购活动输入的信息自动计入财务模块生成总账和会计报表，取消了输入凭证繁琐的过程，几乎可以替代以往传统的手工操作。

财务管理的功能主要是基于会计核算的数据，再加以分析，从而进行相应的预测、管理和控制活动。具体表现在：

功能1：财务计划：根据前期财务分析做出下期的财务计划、预算等。

功能2：财务分析：提供查询功能和通过用户定义的差异数据的图形显示进行财务绩效评估、账户分析等。

功能3：财务决策：即做出有关资金的决策，包括资金筹集、投放及资金管理等，这是核心部分。

2.2 ERP沙盘模拟

2.2.1 沙盘

沙盘，是根据地形图、航空相片、实地地形，按比例尺用泥沙或其他材料及兵棋制作的一种显示地形和地面目标的模型,具有立体感强,形象直观等特点,主要供指挥员研究地形、敌情、作战方案以及演练战术使用。沙盘有很悠久的历史,基本是服务于战争的。据《史记·秦始皇本纪》中记载:"以水银为百川大海,相饥灌输,上具天文、下具地理。"据说,秦在部署灭六国时,秦始皇亲自堆制沙盘研究各国地理形势,在李斯的辅佐下,派大将王翦进行统一战争。后来,秦始皇在修建陵墓时,墓中堆塑了一个大型的地形模型,以地形模型作为殉葬品,这说明秦始皇从统一战争中认识到地形的重要。模型中不仅砌有高山、丘阜、城邑等,而且用水银模拟江河、大海,用机械装置使水银流动循环。可以说这是最早的沙盘雏形,至今已有2200多年历史。中国南朝宋范晔撰《后汉书·马援传》已有记载:汉建武八年(公元32年)光武帝征伐天水、武都一带地方豪强隗嚣时,伏波将军马援"聚米为山谷,指画形势",使光武帝顿有"虏在吾目中矣"的感觉。在信息不发达时代,要取得战争的胜利,知己知彼如何做到,一个方式就是把对方的所有地理微缩在沙堆里,而这种方式一直延续到今天。国外也同样有这样的例子。1811年,普鲁士国王腓特烈·威廉三世的文职军事顾问冯·莱斯维茨,用胶泥制作了一个精巧的战场模型,用颜色把道路、河流、村庄和树林表示出来,用小瓷块代表军队和武器,陈列在波茨坦皇宫里,用来进行军事游戏。后来,莱斯维茨的儿子利用沙盘、地图表示地形地貌,以算时器表示军队和武器的配置情况,按照实战方式进行策略谋划。这很像中国象棋与围棋,双方之间的战争,需要全盘部署,下棋的人需要想清楚自己的战略与战术,也需要分析对方可能的战略,在这一小小的棋盘中,不仅体现有双方的战略与战术的思想,更能体验"战争博弈"。而将这些用微缩实务全面反映,就是沙盘了。到19世纪末和20年代初,沙盘主要用于军事训练,第一次世界大战后,才在其他方面有所运用。

2.2.2 模拟

模拟,是一种虚拟,把一件事物或事件发生过程通过虚拟方式反映出来,探明其因果关系或来龙去脉。一般认为模拟是在实验室环境中实现的。如物理、工程、医学、空间技术等的实验,往往通过建立数学模型,用推理演绎方法探明缘由。到20世纪50年代以后,模拟被推广到经济管理领域。在该领域,一般认为是通过构建模型来描述模拟对象的结构和行为及其整体系统,通过不同元素变化分析或推断可能出现的变化趋势,以帮助研究者在现实中做出对策,如预测就是一种典型的模拟,通过构建预测模型,输入可能影响的因子,当外界环境发生某些变化而导致一些因子也发生变化,推算出未来会出现什么样的变化或趋势。

模拟,最主要的是要将模拟对象的关键特性表现出来,"仿真"方式成为最为典型的模拟。"真"即代表着真实世界,如何让从未进入社会的学生提前了解社会,有人提出采用"模拟游戏(Simulation Game)"的方式,模拟游戏本身试图去复制各种"现实"生活的各种形式,达到"训练"玩家的目的,如提高熟练度、分析情况或预测。"仿真"是模拟游戏的核心。这种方式在西方教育界早已引起重视并开始运用于教学。游戏本身具有综合性、交互性特点,是最好的体验方式,还具有娱乐性。最初的模拟游戏,是让玩家体验他本人触及不到的对象的游戏,如飞行模拟、赛车模拟等,是比较低级的模拟。随后出现了模拟经营游戏,把模拟对象扩展到企业、社会等很多方面,需要玩家运用相应的策略技巧来完成游戏。此外,军事上、宇航空间等也都采用模拟仿真方式进行研究。

模拟经营游戏涉及到经济学、管理学、营销学、财务管理、成本核算等多方面的商业知识,玩家可以从模拟经营游戏中了解一些商业的概念,甚至体验和现实类似的商战。如给定玩家一定资源,用计算机模拟现实中的经济与社会的一些特定环境,让人脑与计算机实现对抗;或者让玩家组成团队,相互间进行对抗,让玩家通过模拟经营游戏体会到经营的艰辛或者某项决策带来的成功经营后所获得的巨大快乐,商场竞争也展现其中。这种教育方式打破了传统教学中把商业知识"分而治之"、知识点不能很好相互融合的状况,把传统的经济管理科目的学习图像化、综合化、体验化和互动化。

2.2.3 ERP沙盘模拟设计

ERP(Enterprise Resource Planning),企业资源计划简称,是20世纪90年代初期由美国IT咨询公司Gartner Group Inc首先提出来的,是一种集成企业资源的管理工具,建立在信息技术基础上,以系统化的管理思想为企业决策与运行提供管理平台。其本身不能解决企业经营中的管理问题,而是帮助管理者更好解决管理问题的一种工具。

企业的经营活动本身就是一个非常复杂的过程,企业的目标很明确,即通过合理运作,以最小的投入获得最大的收益。企业经营需要很多资源,如人力、物力、财力、信息等,也需要各种管理方式与方法,特别重要的是人员之间的相互协调与配合,在企业领导者带领下按照既定目标前进。而企业领导者不同,同样资源的配置就会不一样,对市场的分析与判断也会不同,就会产生不同的经营效果。这一过程如何让在校学生体验到?让获得一定理论知识的学生认识到企业经营过程的复杂性、多变性、风险性,并能够同时切身体会到这些变化。为此,将企业各种资源简化微缩,并以沙盘形式展现在学生面前,通过创设一定的市场环境、企业环境模拟企业的现状,让学生通过自己的判断去充分利用给定企业的各项资源要素,完成企业的经营过程,实现企业经营目标。同时将每一过程记录下来,在经营一个过程后去总结去分析,进一步帮助学生更好掌握所学的知识或者让学生发现自己在哪些方面存在知识的不足,从而在理论课程学习中弥补自己知识的不足。这一过程我们称之为ERP沙盘模拟,如图2-2所示。

图2-2的ERP沙盘反映的是一家制造企业。对于制造业来说,关键在于内部营运与外部市场并重,抓住这两方面,就能够运用企业资源获得较好的经营成果。ERP沙盘中有以下几个部门。①生产加工中心,包括厂房、设备等;②物流中心,包括原料仓库、材料仓库、成品库、订单等;③财务中心,包括企业流动资金、管理费用、折旧、贷款状况、应收款等;④营销与规划中心,包括市场、市场准入的条件等。这几个方面将企业经营中几个关键部门反映出来。这些部门的设置,需要有人去管理与运作,因此,ERP沙盘模拟采用角色扮演方式,让参与的学生扮演这些部门的领导者,还有一名扮演总经理的学生,带领大家共同协商相互配合完成企业经营活动。同时ERP沙盘还提供一些道具用以表示企业所拥有的资源,这些资源随着经营过程不断发生着变化,这种变化需要记录下来,最终以经营报表的方式体现出来。整个经营过程体现了企业商流、物流、信息量、资金流的变化,也体现了经营中的决策过程、团结协作过程。

因此,ERP沙盘模拟的过程,就是针对一个模拟企业,把该企业运营的关键环节——战略规划、资金筹集、市场营销、产品研发、生产组织、物资采购、设备投资与改造、财务核算与管理等几大部分设计为ERP沙盘模拟的主要内容,把企业经营所处的内外部环境抽象为一系列的规则,由学生分小组组成相互竞争的几家企业,模拟经营这些企业,使学生在分析市场、制定战略、营销策划、组织生产、财务管理等环节的经营决策活动中,将所学理论知识融

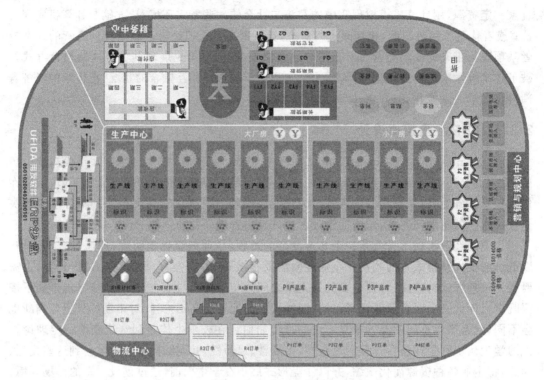

图 2-2　ERP 沙盘全景

入模拟企业的经营决策中,领悟体会管理的真谛,提升管理能力。可以说,ERP 沙盘模拟搭建起独特的、生动的、可模拟的现实企业管理、经营的应用平台,学生在实验过程中扮演不同的角色,以切实的方式体会深奥的商业思想——通过看到并触摸到商业运作的方式,为学生创造出逼真的经营模拟环境。通过体验式教学,让学生足不出校就可以了解和掌握现代企业管理的知识与技能。而通过模拟沙盘进行培训增强了娱乐性,通过游戏进行模拟可以激起参与者的竞争热情,让他们有学习的动机——竞争、获胜!

2.2.4　ERP 沙盘模拟课程特点

利用沙盘模拟企业经营过程,具有如下特点。

1. 参与及角色体验

用 ERP 沙盘模拟企业经营过程,是将企业真实的环境微缩在一张沙盘上,把企业经营看成是一个游戏,让学生参与其中,去体会这个游戏的乐趣,在乐趣中去学习思考、判断、决策、协作、竞争等真实企业经营会遇到的各种情况,使学习、娱乐、参与、体验融为一体。

2. 系统思维

企业经营不是单方面的一项工作,企业内部有不同的分工,各部门相互协调配合共同实现企业经营目标。ERP 沙盘模拟企业经营涉及到的生产、营销、物流、财务等各部门,每位学生都需要从自己所扮演的角色中去思考企业整体的经营情况,如生产总监从本部门角度出发,希望购置更多设备生产更多的产品,但是他必须要得到营销部门对市场的分析后所提供的建议,也要清楚企业资金的情况,换句话说,不只是总经理需要考虑企业经营的全盘情况,每个参与者都需要从企业整体考虑。这就锻炼了学生系统思考问题的能力。

3. 创新思维

借助 ERP 沙盘实施企业模拟经营,需要扮演者打破固有的思维方式。学生可以自由构想企业的发展模式,寻求不同的发展道路。如生产中可以购置新设备也可以改造旧设备,甚至以租赁代替购买;如在对市场信息分析中,你可以继续在原有市场挖掘,也可以开辟另一个新市场;如在新产品研发中,可以根据企业的状况和自己对市场的判断去开发不同产品形成自己的产品组合等。所有这一切,都需要根据已有的市场信息去发现可能蕴涵的市场机会,这就需要学生打破表象,去探究、去分析、去联想。同时在制定经营策略时,也要有不同的思维方式,提出不同的策略组合,把所学过的各种知识进行综合运用。这种能力是大学生创业必须具备的能力,也是企业经营者在经营中必须具备的能力。

4. 团队协作

模拟学习过程是一个注重团队精神塑造的过程。ERP 沙盘模拟企业经营过程,尽管模拟企业的组织结构较为简单,只是让学生扮演几个职能部门的领导者,但这样组成的小团队,需要共同完成企业经营的每个步骤和环节,每个小组成员都可以根据自己扮演的角色提出自己分管部门的决策意见,最后必须通过沟通协调尽快形成自己团队可行的最佳方案。这当中包含有指挥、协调、沟通,甚至可以通过与其他小组的交流来获得支持完成任务。学生一旦进入社会,就会面临沟通交流,不仅要有良好的口头表达能力,还需要有良好的文字表述能力。而这些均可以在本课程中体现出来。

5. 竞争意识

商场如战场,企业模拟经营同样要将市场竞争的场景模拟仿真进入课堂。一张 ERP 沙盘代表一家公司,多张 ERP 沙盘代表具有相同性质的公司,初始条件大家都一样,但是随着时间的推移,各个模拟公司各自经营的目标与经营的决策不同。这种竞争性,体现在对市场客户资源的争夺上,每个模拟公司都需要根据自己的经营情况去抢夺客户资源,其结果大不相同。有的公司选择一条和其他公司不一样的道路,独辟蹊径,避开竞争者而成为其所在市场的领先者;而有的公司按部就班,以为稳稳当当,但是在争夺市场客户资源时有可能一匹黑马杀出,让你防不胜防,最终可能被市场所淘汰。市场竞争的残酷性,在 ERP 沙盘模拟经营中体现无疑。

2.3 沙盘模拟课程设计

2.3.1 ERP 沙盘教具

ERP 沙盘模拟教学以一套沙盘教具为载体。

沙盘教具主要包括沙盘面、圆币与卡片。

① 沙盘盘面(见图 2-2 所示),代表一家企业,多张盘面即代表相互竞争的多家企业。沙盘盘面按照制造企业的职能部门划分了职能中心,包括生产中心、营销与规划中心、物流中心和财务中心,分别见图 2-3~图 2-6。

各职能中心覆盖了企业运营的所有关键环节:战略规划、市场营销、生产组织、采购管理、库存管理、财务管理等,是一个制造企业的缩影。为简明起见,将 ERP 沙盘盘面各职能中心所承担的职能内容列于表 2-1 中。

图 2-3　生产中心

图 2-4　营销与规划中心

图 2-5　财务中心

图 2-6　物料中心

表 2-1　ERP 沙盘盘面说明

职能中心	承担职能
营销与规划中心	是企业运营中战略规划制定与市场开拓的核心部门,是企业的大脑。其承担的主要职能有三点。 ① 市场开拓规划:确定企业需要开发哪些市场,沙盘课程中可供选择的市场有区域市场、国内市场、亚洲市场和国际市场。 ② 产品研发规划:确定企业需要研发哪些产品,沙盘课程中可供选择的有 P1、P2、P3、P4 四种产品。 ③ ISO 认证规划:确定企业需要争取获得哪些国际认证,包括 ISO 9000 质量认证和 ISO 14000 环境认证
生产中心	拥有厂房、不同的生产线,组织不同产品的生产。 沙盘盘面设计有两个厂房:大厂房与小厂房。大厂房可以建设 6 条生产线;小厂房内可以建设 4 条生产线。 沙盘设计了 4 种不同类型的生产线:手工生产线、半自动生产线、全自动生产线、柔性生产线,不同生产线的生产效率及灵活性不同。 企业能够生产的产品有四种:P1 产品、P2 产品、P3 产品、P4 产品
物流中心	主要涉及企业采购管理和库存管理两大环节。主要职能有四点。 ① 采购提前期:已对相应的产品原料做好了提前期的设定,R1、R2 原料的采购提前期为一个季度;R3、R4 原料的采购提前期为两个季度。 ② 原材料库:分别存放 R1、R2、R3、R4 原料,每个价值 100 万元。 ③ 原料订单:代表与供应商签订的订货合同,用放在原料订单处的空桶数量表示。 ④ 成品库:分别存放 P1 产品、P2 产品、P3 产品、P4 产品
财务中心	涉及企业会计核算与财务管理职能。 ① 现金库:用来存放现金,现金用灰币表示,每个价值 100 万元。 ② 银行贷款:用放置在相应位置上的空桶表示,每桶表示 2000 万元。 ③ 应收/付账款:用放置在相应位置上装有现金的桶表示。 ④ 综合费用:将发生的各项费用置于相应区域

② 不同色彩的圆币,分别代表不同的企业资源,如灰色圆币,代表资金;红色、橙色、蓝色、绿色等分别代表不同物料。

③ 写有不同内容的卡片,如表示设备的卡片,表示市场准入的卡片,表示准许某种产品生产的卡片等,当条件允许时即可用一张卡片放到相应的位置,标明这个企业已做了这方面的工作,投入了一定的时间和资金,如开发某个市场或者企业为提高竞争能力在企业内部实施国际质量认证等。图 2-7 所示为原材料、资金部分的卡片示意图。

2.3.2　ERP 沙盘课程准备

ERP 沙盘模拟课程准备分为教师准备与学生准备两个内容。

1. 教师角色准备

作为课程教师,要做好如下工作。

① 引导者。ERP 沙盘模拟课程中,教师不是扮演主角,而是引导者,需要引导学生熟悉 ERP 沙盘模拟课程的特点,引导每位学生积极参与课程的学习,积极参与沟通。在规则学习阶段,教师以问题引导方式,把相关的管理知识转变成问题,通过问题引导学生去思考、去

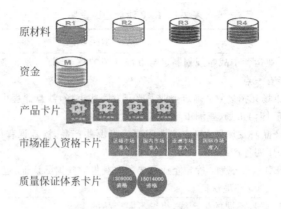

图2-7 ERP沙盘模拟中使用的不同色彩圆币及不同内容的卡片

查询资料、去分析,引导学生了解如何进行决策、如何进行资源分配、如何完成经营报告等。改变传统理论授课方式,需要教师在课下做大量的准备工作,将多门课程的知识点整合在一起,并在课程学习中指点学生学习知识点,让他们边游戏边学习。

② 评判者。企业经营的过程涉及多方面,在学生完成一个经营过程后,教师要通过每个小组决策的数据帮助他们分析经营中出现的问题,不同的模拟公司,所做的决策的不同导致的经营结果不同。点评,需要将每家公司经营的特点及关键点讲解出来,并用数据去分析每家公司的经营情况。点评要求教师不能仅仅讲书本上的知识,更要结合模拟公司的情况进行综合评价,指出经营中各项决策与信息的关注点应该在哪里,同时点评过程需要穿插讲解评价指标的内涵,如毛利构成,特别要注意从制造业引导到商业服务业。

2. 学生角色准备

学生在整个课程学习中是课程主角,模拟经营的全部过程要由他们自己完成,从对市场信息的分析判断、产品在市场的分布及未来可能的变化趋势、对竞争者的分析与判断、广告的投放决策、企业经营中所用资金的数量的预估判断、企业设备生产能力的判断、生产加工的原料的采购提前期与加工周期的确定、完成一个经营周期对财务报表的各项指标的计算,到对自己公司经营情况的判断等,这些环节的每一步都是由学生团队共同完成,他们所扮演的角色需要他们快速做出决定,不断与团队成员沟通协商,达成共识。课前课后都需要为完成模拟经营活动做好知识准备,扮演者要对自己负责的部门负责,要学习了解相关知识,对每个经营周期都要认真总结,提出建议。真正实现"玩中学"!假如不认真研讨,匆忙决策,则会导致失误,最终会被市场淘汰,市场的竞争态势让团队每个成员必须高度关注,大大提高课程的学习效率。

在"ERP沙盘模拟"课程中,教师与学生,在课程展开的不同阶段所扮演的角色如表2-2所示。

表2-2 课程的不同阶段教师所扮演的角色

课程阶段	具体任务	教师角色	学生角色
组织准备工作	公司组建	引导者	认领角色
企业运营规则	规则学习	引导者	新任管理层
初始状态设定	引导运行	引导者	新任管理层

续表

课程阶段	具体任务	教师角色	学生角色
企业经营竞争模拟	战略制订	商务、媒体信息发布	角色扮演,完成任务
	融资	股东、银行家	角色扮演,完成任务
	订单争取、交货	客户	角色扮演,完成任务
	购买原料、下订单	供应商	角色扮演,完成任务
	流程监督	审计	角色扮演,完成任务
	规则确认	咨询顾问	角色扮演,完成任务
现场案例解析		评论家、分析家	角色扮演,完成任务

2.3.3 ERP 课程阶段设计

"ERP 沙盘模拟"课程分为物理沙盘教学和电子沙盘实战模拟两个大的模块,整个课程的展开分为六个阶段。

第一阶段:组织准备。

1. 组织准备工作

组织准备工作是 ERP 沙盘模拟课程的首要环节。这一环节也成为课程的第一项实验内容。主要内容包括三项:首先是学员分组,每组一般为 5、6 人,这样全部学员就组成了 6~12 个相互竞争的模拟企业(为简化起见,本教材将模拟企业依次命名为 A 组、B 组、C 组、D 组、E 组、F 组……),然后进行每个角色的职能定位,明确企业组织内每个角色的岗位责任,一般分为首席执行官(CEO)、营销总监(CMO)、运营总监(COO)、采购总监(CPO)、财务总监(CFO)等主要角色,当人数较多时,还可以适当增加商业间谍、财务助理等辅助角色;在几年的经营过程中,可以进行角色互换,从而体验角色转换后考虑问题的出发点的相应变化,也就是学会换位思考;最后,为了使课程能够达到预期的效果,讲师需要做出郑重提示"诚信和亲历亲为"。诚信是企业的生命,是企业生存之本。在企业经营模拟过程中,不要怕犯错误,学习的目的就是为了发现问题,努力寻求解决问题的手段。在学习过程中,谁犯的错误越多,谁的收获也就越大。

2. 准备阶段实验

1) 实验任务:公司组建。

2) 实验步骤:

(1) 分组成立模拟公司(构成公司经营团队)。

(2) 小组成员相互认识,并确定扮演角色。小组中每位成员要介绍自己所学习的专业及自己的爱好和特长,以便于更好地确定公司的职位。

(3) 模拟公司在总经理带领下召开第一次工作会议。会议要明确以下几项内容。

① 模拟公司命名。即根据教师指定的未来要从事的相关行业,有针对性、有特色地给自己公司命名。公司命名要求参看前述内容。

② 由总经理指定专人设计公司标识。需要根据公司性质,按突出特点、易于理解和记忆的基本原则进行设计,并做好公司铭牌。

③ 确定每个角色的职责。这个环节是对企业组织结构职责与职权的理解,并将每位角色应该承担的职责写入岗位说明书中。同时总经理授权给各职能部门负责人。

④ 大家共同商讨在自己所从事的领域中,根据现有的资源条件,确定未来公司的发展目标及发展方向,明确公司的使命。

注意,在最初授课中,各小组总是希望成为这个行业的领先者,但是后续经营中往往未必坚持最初制定的发展目标。所以,教师需要及时提醒各小组,市场只能存在一个或两个领先者,如何避开锋芒,发展自己,这是每位公司总经理需要思考的问题,以避免前后的矛盾。这是公司经营战略制定环节。公司总的战略可以在几个方面考虑:增长型,始终要去争取市场领先者;稳定型,稳扎稳打型,不急于冒进;另辟蹊径型,即随时关注对手,避开对手锋芒,走一条适合自己的路径。总之,总经理的职责就是要带领这个团队,经营好自己的企业,给股东更大回报。

⑤ 总经理准备就职演说,包括对公司整体情况的介绍。这是在前期准备过程中总经理需要思考的一个环节,也是本课程第一次精彩环节。为更好鼓励大家,这个环节可以设置打分,由各位同学给就职演说的总经理及所在公司进行打分,得分最高者,教师可以直接奖励。一方面可以激发同学们的创造性,即通过怎样方式的"亮相"能够给大家留下深刻印象,让同学能够更快记忆自己的公司及标识;另一方面,让每个同学清楚,现在他们是一个整体,一个团队,每一个人的一言一行都关乎着团队的声誉。

（4）完成实验报告（实验报告见附件）。

第二阶段：ERP沙盘规则学习

任何企业组织都在一定的市场环境下生存,包括政治、经济、文化、法律、科技、社会等宏观经济环境,也需要面对竞争者、供应商、顾客、银行等各种微观环境,同时还有企业自身的内部环境。环境始终处于动态变化之中。ERP沙盘模拟,不可能完全将社会搬进实验室,因此这里设计了一些规则,使企业模拟经营在规则条件下运行。这些规则浓缩了内外部各种环境因素,最后简化为两大方面八项约定。这些约定,需要公司各部门负责人熟悉在心并灵活运用。八项约定的内容如图2-8所示。对于营销总监而言,特别需要关注①和②,生产总监需要关注③、④、⑤,采购总监需要关注⑥,研发总监需要关注⑦,财务总监需要关注⑧,而总经理需要对所有规则需要全盘了解。

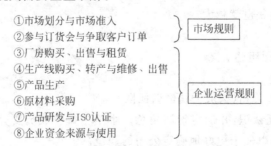

图2-8　企业模拟经营须遵循的八项约定

1. 市场划分与市场准入

企业面对的市场可以有多个,从地理区域上可以分为全球、各大洲、全国、不同地区或产地等,从消费者来分可以用男、女或老人、中青年、青年、少年、儿童、婴幼儿等来划分。而在ERP沙盘里仅仅选用了地理位置作为模拟公司要进入的市场定位条件,相对简化,即:本地市场,还有区域市场、国内市场、亚洲市场、国际市场。经营者刚刚接手这家企业时,其产品单一,市场单一。如果企业要发展,经营团队就需要判断市场需求的未来走势,寻找到有潜力的市场,并进行市场开发。而市场开发过程也简化为时间与资金的投入。市场规则分为了市场开发规则与市场准入规则。

(1) 市场开发

开发市场,企业需要投入资源——时间与资金。由于各个市场地理位置不同,开发难易程度也不一样,企业投入的资源也不同。在市场开发完成之前,企业没有进入该市场的销售的权利。表2-3所示为开发不同市场所需的时间和资金。

表 2-3 市场开发规则

市场	开拓费用	持续时间	说 明
区域	1百万元	1年	各市场开发可同时进行
国内	2百万元	2年	资金短缺时可随时中断或终止投入
亚洲	3百万元	3年	开发费用按开发时间平均支付,不允许加速投资
国际	4百万元	4年	市场开拓完成后,领取相应的市场准入证

注意:1百万元用1个灰币来表示。

(2) 市场准入

当某个市场开发完成,该企业就取得了在该市场上经营的资格。当企业领取资格证(相应市场准入卡片)后即可在该市场进行广告宣传,争取客户订单。

特别说明:

① 这里提到的几个市场是相互独立的,即一家公司在一个市场的开发仅表明这家公司只能在这个市场销售产品,不可进入其他市场!

② 市场开发投资所发生的支出计入当期的综合费用。

2. 参与订货会与争取客户订单

企业产品的生产依据什么?一般如果小批量生产企业都会依据客户订单,采取"以销定产"的方式,如果是大批量的产品(往往都是标准化产品,如家电)往往需要对市场进行预测,继而做好生产计划进行生产。市场预测方式,一般从专业预测机构、商业周刊或行业期刊中可以获取。ERP沙盘模拟课程给出一些市场预测数据,如产品在不同市场的预测趋势及价格变化走势,市场的具体调查不需要各公司去做,而是政府委托预测公司已经做好了不同市场不同产品在未来六年的市场走势与价格走势。如图2-9所示是一张本地市场的预测图。图中横坐标表示年份,纵坐标表示预测的市场规模变化与价格走势。这些数据的变化趋势,可以由授课教师根据实际情况进行重新设定。目前给定的市场预测图见附件1。

这些数据完全是公开透明的,各家公司拿到这些数据后需要营销总监提出方案,与总经理及其他队员一起共同研究公司的发展方向与发展目标。

(1) 客户订货会

每年年初召开市场订货会,各企业选派营销总监参加订货会。订货会分市场分别召开,依次是:本地市场、区域市场、国内市场、亚洲市场、国际市场。同时,在不同市场的订货会上,各种产品都有可能有客户需求,都有可能有订单发布。

(2) 市场地位

市场地位是针对每个市场而言的。每家公司都应该确定自己的市场地位,其市场地位

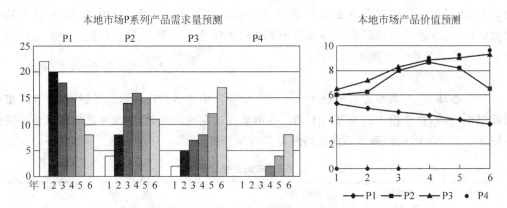

图2-9 市场上不同产品的预测图

的确定是根据上一年度各企业的销售额进行排列的,销售额最高的企业称为该市场的"市场领导者",俗称"市场老大"。

(3) 广告投放

广告的投放是依据不同市场、不同产品分别进行的。规则要求:投入1百万元(即1枚灰币)有一次选取客户订单的机会,以后每多投入2百万元(即2枚灰币),增加一次选择订单的机会。例如:投入7百万元(即7枚灰币)表示企业在条件许可的情况下准备拿4张客户订单,但能否有4次拿单的机会则取决于市场需求、竞争态势等。同样准备拿一张订单,投入2百万元(即2枚灰币)只是比投入1百万元(即1枚灰币)的优先拿到订单。

一个市场上的产品,可以通过多种营销策略,如广告宣传、公共关系、人员推销、经销商等来提高其知名度,并可以争取到更多的客户。ERP沙盘模拟课程中将营销策略简化为广告策略,并设计有"竞标单",反映的是不同市场、不同产品广告投放情况,依据广告投放的数量进行客户订单的选择。表2-4为某小组第三年的广告投放情况示意图。

表 2-4 竞标单

第三年×组(本地)					第三年×组(区域)					第三年×组(国内)				
产品	广告	单额	数量	9K	14K	产品	广告	单额	数量	9K	14K	产品	广告	单额	数量	9K	14K
P1	1					P1						P1					
P2						P2	2					P2	3				
P3						P3						P3					
P4						P4						P4					

特别说明:

① "竞标单"中设有9K(ISO 9000)、14K(ISO 14000)两栏。这两栏中投入的不是认证费用,而是取得认证资格之后的宣传费用,该投入对整个市场所有产品有效。

② 如果希望获得标有ISO 9000或ISO 14000的订单时,必须在相应的9K或14K栏目中投入1百万元广告费。

(4) 客户订单

ERP沙盘模拟课程中市场需求是通过客户订单的形式表示的,如图2-10所示。订单上标注了订单编号、产品编号、产品单价、订单价值总额、产品数量、交货期、账期、产品认证资格的要求等要素。

如果没有特别说明,普通订单一般在当年内任一季度交货。如果由于产能不够或其他原因,导致本年度不能交货,企业为此应受到以下处罚:

① 因不守信用市场地位下降一级;
② 下一年该订单必须最先交货;
③ 交货时扣除该张订单总额的25%（取整）作为违约金。

```
国内市场   LP3-1/6
        2     P2
7.5百万元/个, 总金额=15百万元
         账期: 3Q
     ISO 9000  加急!
```

图 2-10 国内市场客户订单

特别说明:

如果上年市场领先者（市场老大）没有按期交货,市场地位下降,则本年该市场没有老大。

订单上的账期代表客户收货时货款的交付方式。若为0账期,则现金付款;若为3账期,代表客户付给企业的是3个季度到期的应收账款。

如果订单上标注了"ISO 9000"或"ISO 14000"字样,则要求生产单位必须取得相应的认证并投入认证的广告宣传费,两个条件均具备,才能得到这张订单。

如果卡片上标注有"加急!!!"字样的订单,则必须在第一季度交货,延期惩罚处置同上所述。

(5) 客户订单争取

客户订单必须依据选单规则进行。

① 由上一年该市场的市场领先者优先选择客户订单。

② 按每个公司在该市场单一产品的广告投入量,其他公司依次从大到小选择订单。如果出现单一产品两家公司广告投放相同,则比较公司该市场投放的广告总量依次选单;如果该市场上两家公司广告的总投入也相同,则需要根据上一年度市场地位决定选单顺序;若上一年度两者的市场地位相同,则采取非公开招标方式,由双方提出具有竞争力的竞单条件,由客户选择。

特别说明:

① 无论你所在公司投入多少广告费,每次只能选择1张订单,然后等待下一轮次的选单机会。

② 各个市场的产品数量是有限的,并非打广告就一定会获得订单。能分析清楚"市场预测"并且"商业间谍"得力的公司,一定占据优势。

3. 厂房购买、出售与租赁

ERP沙盘模拟课程中,企业的固定资产主要体现在厂房与设备上,这是构成企业资源的要素。在初始状态下,每家公司都拥有大厂房一个,价值40百万元,可以容纳6条生产线,另有一个小厂房可供选择使用。厂房的购买、出售与租赁的具体条件如表2-5所示。

表 2-5 厂房购买、出售与租赁规则

厂房	买价	租金	售价	容量
大厂房	40百万元	5百万元/年	40百万元	6条生产线
小厂房	30百万元	3百万元/年	30百万元	4条生产线

特别说明：

① 厂房可随时按购买价值出售，得到的是 4 个账期的应收账款。紧急情况下可厂房贴现，直接得到现金。

② 厂房不提折旧。

4. 生产线购买、转产与维修、出售

可供选择的生产线有手工生产线、半自动生产线、全自动生产线和柔性生产线。不同类型生产线的主要区别在于生产效率和灵活性。生产效率是指单位时间生产产品的数量；灵活性是指转产生产新产品时设备调整的难易性。有关生产线购买、转产与维修、出售的相关信息如表 2-6 所示。

表 2-6　生产线购买、转产与维修、出售

生产线类型	购买单价	安装周期	生产周期	转产周期	转产费用	维修费	残值
手工生产线	5 百万元	无	3Q	无	无	1 百万元/年	1 百万元
半自动生产线	8 百万元	2Q	2Q	1Q	1 百万元	1 百万元/年	2 百万元
全自动生产线	16 百万元	4Q	1Q	2Q	4 百万元	1 百万元/年	4 百万元
柔性生产线	24 百万元	4Q	1Q	无	无	1 百万元/年	6 百万元

特别说明：

① 所有生产线可以生产所有产品。

② Q 表示 1 个季度。

（1）投资新生产线

投资新生产线时按照安装周期平均支付投资，全部投资到位后的下一个周期可以领取产品标识，开始生产。资金短缺时，任何时候都可以自己中断投资。

特别说明： 手工线无须安装周期，因此购买当季即可使用。

（2）生产线转产

生产线转产是指生产线转产生产其他产品，如半自动生产线原来生产 P1 产品，如果转产 P2，需要改装生产线，因此需要停工一个周期，并支付 1 百万元改装费用。

（3）生产线维修

当年在建（未生成）的设备不用支付维修费，如果设备已建成并已投入使用则需要交纳维修费。当年已出售的生产线不用支付维修费。

特别说明： 已建成但当年未投入生产的设备也需要交纳维修费。

（4）计提设备折旧

固定资产在长期使用中，尽管实物形态保持不变，但在使用中受到各种损耗的影响而导致价值不断降低。损耗既有因自然力影响的有形损耗也有因技术进步导致的无形损耗。固定资产因损耗减少的价值就是固定资产的折旧。换句话说，固定资产的使用价值逐渐转移到所生成的产品中，因此，折旧就是对这部分价值的补偿方法。

特别说明：

折旧仅仅是成本分析，不是对资产进行计价，其本身既不是资金来源，也不是资金运用，因此，固定资产折旧并不承担固定资产的更新。

折旧计提方法基本有两大类：直线法和加速折旧法。ERP 沙盘模拟经营中也设计了固

定资产折旧,采用的是直线法中的平均年限法。计算公式如下:

$$每年折旧额 = (原值 - 残值) \div 使用年限$$

由于固定资产折旧额的计算值可能会出现小数,为便于计算,并遵循平均年限法计提折旧的规则,将四种类型生产线在可使用年限内的每年应计提的折旧情况列于表 2-7。

表 2-7 设备折旧计提

生产线	购置费	残值	建成第 1 年	建成第 2 年	建成第 3 年	建成第 4 年
手工线	5 百万元	1 百万元	1 百万元	1 百万元	1 百万元	1 百万元
半自动	8 百万元	2 百万元	2 百万元	2 百万元	1 百万元	1 百万元
自动线	16 百万元	4 百万元	3 百万元	3 百万元	3 百万元	3 百万元
柔性线	24 百万元	6 百万元	5 百万元	5 百万元	4 百万元	4 百万元

特别说明:
① 所有设备可使用年限均为 4 年。
② 4 年折旧提完后,如果继续使用设备,则不再计提折旧。待设备出售时按残值出售。
③ 当年建成的生产线不计提折旧。
④ 当年未使用,不需要的固定资产,依然计提折旧。

(5) 生产线出售

出售生产线时,如果该生产线净值<残值,将生产线净值直接转到现金库中;如果该生产线净值>残值,从生产线净值中取出等同于残值的部分置于现金库,将差额部分置于综合费用的其他项。

特别说明:

如何区分在建工程及当年新建的设备?如:如果全自动线安装周期为三季,由本年的前三个季度投资完成,则第四季度为建成时间,属于当年新建的设备,本年不提折旧,但需支付维修费用。若本年的第四季度为投资的最后一个季度,则下一年的第一季度为建成时间,该生产线属于在建工程。本年不提折旧,也不需要支付维修费用。

5. 产品生产

ERP 沙盘模拟课程规定每家公司最初只有一种产品生产,其他产品要求研发之后才可以生产,即可按单生产,也可以根据预测进行生产。生产不同的产品需要的原料不同,各种产品所用到的原料及数量也不同,产品零件构成(BOM 结构)如图 2-11 所示。图中显示,1 个 P1 产品需要 1 个 R1 原料组成;1 个 P2 产品需要 1 个 R1 和 1 个 R2 原料组成;1 个 P3 产品则由 2 个 R2 和 1 个 R3 原料组成;1 个 P4 产品则由 1 个 R2、1 个 R3 和 2 个 R4 原料组成。

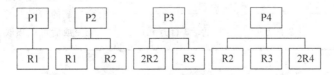

图 2-11 P 系列产品的 BOM 结构

特别说明:
① 每条生产线同时只能有一个产品在线。

② 产品上线时需要支付加工费，不同生产线的生产效率不同，但需要支付的加工费是相同的，均为1百万元。

6. 原材料采购

原料采购涉及两个环节，签订采购合同和按合同收料。签订采购合同时要注意采购的提前期。提前期，是由于供应商产品生产运输有时间要求，当企业提出原料需求时，需要给原料供应商一定的加工周期与运输周期。R1、R2原料只需要一个季度的采购提前期；R3、R4原料需要两个季度的采购提前期。货物到达企业时，必须照单全收，并按规定支付原料费或计入应付账款。各种原料采购提前期见表2-8。

表2-8 原料采购提前期

原料	R1	R2	R3	R4
采购提前期（季度）	1季度	1季度	2季度	2季度

7. 产品研发与 ISO 认证

企业目前可以生产并销售P1产品。根据预测，另有P2、P3、P4的三种产品市场有需求，三种产品的技术含量不同，有待企业开发。

（1）产品研发

P2、P3、P4三种产品的技术含量是依次递增的。不同技术含量的产品，需要投入的研发时间和研发投资有区别的，其开发时间与开发资金投入情况见表2-9。

表2-9 产品研发

产品	P2	P3	P4	备注说明
研发时间	5季度	5季度	5季度	各产品可同步研发；按研发周期平均支付研发费用；资金不足时可中断或终止研发；全部投资完成的下一周期方可开始生产；某产品研发投入完成后，可领取产品生产资格证
研发费用	5百万元	10百万元	15百万元	

（2）ISO 认证

企业要面向国际市场，就需要在客户与环境保障上下工夫。因此，企业要进行ISO认证，需要经过一段时间并花费一定费用，具体要求如表2-10所示。

表2-10 ISO 认证

ISO 认证体系	ISO 9000 质量认证	ISO 14000 环境认证	备注说明
持续时间	2年	3年	两项认证可以同时进行；资金短缺的情况下，投资可以随时中断；认证完成后可以领取ISO资格证
认证费用	2百万元	3百万元	

（3）关于 ISO

ISO 9000系列标准是国际标准化组织（ISO）于1987年颁布的在全世界范围内通用的关于质量管理和质量保证方面的系列标准。1994年，国际标准化组织对其进行了全面的修改，并重新颁布实施。2000年，ISO对ISO 9000系列标准进行了重大改版。ISO 9000：

2008版标准结构：①ISO 9000标准描述了质量管理体系的概念并规定了其专用术语；②ISO 9001标准规定了质量管理体系要求,在组织需要证实其提供满足顾客和适用法规要求的产品的能力时使用；③ISO 9004标准为质量管理体系,包括为促使组织顾客和其他利益方满意的持续改进过程提供指南；④ISO 19011为管理和实施环境审核和质量审核提供指南。上述标准构成了一组密切相关的质量管理体系标准,有利于国内和国际贸易中的相互理解。ISO 9000为企业提供了一种具有科学性的质量管理和质量保证方法和手段,可以较好地提高内部管理水平,使企业产品质量得到根本的保证；可以降低企业的各种管理成本和损失成本,提高效益；可以为客户和潜在的客户提供信心,提高企业的形象,增加了竞争的实力,使企业满足市场准入的要求。

ISO 14001是国际标准化组织(ISO)第207技术委员会(TC207)从1993年开始制定的系列环境管理国际标准的总称,它同以往各国自定的环境排放标准和产品的技术标准等不同,是一个国际性标准,对全世界工业、商业、政府等所有组织改善环境管理行为具有统一标准的功能。它由环境管理体系(EMS)环境行为评价(EPE)、生命周期评估(LCA)、环境管理(EM)、产品标准中的环境因素（EAPS）等7个部分组成。其标准号从14001～14100,共100个。

8. 企业资金来源与使用

（1）企业融资

企业资源中最为基本的资源为人、财、物。资金是企业运行保障的血液,是企业各项活动能够顺利开展的有效保障。一般来说,企业的资金除自有资金外,都需要采用融资方式来获得资金支持。企业融资可以有多种方式,为简化该过程,ERP沙盘模拟课程中,设定企业尚未上市,企业融资渠道设计了五种。

① 长期贷款。长期贷款的额度取决于本公司上年末所有者权益的多少。长期贷款的期限为5年,年利率为10%,每年年末付息,到期还本并支付最后一年的利息。

② 短期贷款。短期贷款的额度也取决于本公司上年末所有者权益的多少。每个公司每年有四次申请短期贷款的机会。短期贷款的期限为1年,年利率为5%,到期还本付息。

③ 高利贷。基于现在民间贷款非常盛行,ERP沙盘模拟也设计了这个融资方式。

④ 贴现。所谓贴现,在这里是指将尚未到期的应收账款提前兑换为现金。在资金出现缺口且不具备银行贷款的情况下,可以考虑应收款贴现。应收款贴现随时可以进行。

⑤ 融资租赁。拥有的厂房可以出售。出售后的厂房仍可以使用,但需要支付租金。从财务角度看,这相当于获得一笔贷款：租金相当于利息。厂房按购买价值出售,得到的是4账期应收账款(见规则中"厂房购买、出售与租赁")。

五种融资渠道时间及财务费用见表2-11。

表2-11 企业可能的各项融资手段及财务费用

融资方式	规定贷款时间	最高限额	财务费用	还款约定
长期贷款	每年年末	上年所有者权益×2-已贷长期贷款	10%	年底付息,到期还本
短期贷款	每季度初	上年所有者权益×2-已贷短期贷款	5%	到期一次还本付息
高利贷	任何时间	与银行协商	20%	到期一次还本付息
应收贴现	任何时间	根据应收账款额度按1∶6比例	1/7	贴现时付息
厂房出售		可将拥有的厂房出售,获得相应的应收账款；也可以将厂房贴现,得到现金		

特别说明：

① 无论长期贷款、短期贷款还是高利贷均以 20 百万元为基本贷款单位（由一个空桶表示一个贷款单位），长期贷款最长期限为 5 年，短期贷款及高利贷期限为一年，不足一年的按一年计息，贷款到期后返还。

② 应收账款贴现随时可以进行，金额必须是 7 的倍数，不考虑应收账款的账期，每 7 百万元的应收账款交 1 百万元的贴现费用，其余 6 百万元作为现金放入现金库。

注意：企业贷款时需填写贷款申请表，见表 2-12。

表 2-12 贷款申请表

贷款类		1 年				2 年				3 年				4 年				5 年				6 年			
		1	2	3	4	1	2	3	4	1	2	3	4	1	2	3	4	1	2	3	4	1	2	3	4
短贷	借																									
	还																									
高利贷	借																									
	还																									
短贷余额																										
监督员签字																										
长贷	借																									
	还																									
长贷余额																										
上年权益																										
监督员签字																										

（2）现金收入与支出

企业各项业务活动涉及现金收支的，都要在企业经营活动记录表中做好记录，现金收入计为"＋"（可省略），现金支出计为"－"。

（3）费用明细

利润表上只反映了"综合费用"项目，这实际是由多个细化费用组成的，包括广告费、管理费、维修费、转产费、租金、市场开拓费、ISO 资格认证费、产品研发费、其他费用等内容。

（4）产品核算统计

根据订单登记表和各公司间相互交易进行产品核算统计，计算出各项产品的销售数据。

（5）报表及纳税

当一年经营周期结束，要对企业本年度的财务状况及经营成果进行核算统计，按时提交"资产负债表"和"利润表"。

当企业经营情况较好,获得盈利,就需要上缴税金。每年的所得税计入应付税金,在下一年初交纳。所得税以盈利弥补之前年度亏损后的余额为计算基数。在ERP沙盘模拟经营中所得税税率按30%计。

第三阶段:起始年初始状态设定。

ERP沙盘模拟是从创建企业开始,为了使学生们能够形成创建企业的基本思路,本教程设定了一个刚刚起步仅经营了两年的企业,由学生组成企业管理层对该企业进行经营。企业最初的申报过程在此省略,让学生接手这样一家刚刚经营起步的企业,使学生对企业有一个基本的了解,包括股东期望、企业目前的财务状况、市场占有率、产品、生产设施、盈利能力等。基本情况描述以企业起始年的两张主要财务报表(资产负债表和利润表)为基本索引逐项描述了企业目前的财务状况和经营成果,并对其他相关方面进行补充说明。虽然已经从基本情况描述中获得了企业运营的基本信息,但还需要把这枯燥的数字活生生地再现到沙盘盘面上,由此为下一步的企业运营做好铺垫。通过初始状态设定,可以使学员深刻地感觉到财务数据与企业业务的直接相关性,理解财务数据是对企业运营情况的一种总结提炼,为今后"透过财务看经营"做好观念上的准备。

特别说明:这一过程的具体操作在第4章进行详细讲解。

第四阶段:企业经营竞争模拟。

企业经营竞争模拟是ERP沙盘模拟课程的主体部分,按企业经营年度展开。经营伊始,通过商务周刊发布市场预测资料,对每个市场每个产品的总体需求量、单价、发展趋势做出有效预测。每一个企业组织在市场预测的基础上讨论企业战略和业务策略,在CEO的领导下按一定程序开展经营,做出所有重要事项的经营决策,决策的结果会从企业经营结果中得到直接体现。

特别说明:这一过程的具体操作在第4章进行详细讲解。

第五阶段:现场案例解析。

现场案例解析是沙盘模拟课程的精华所在。每一年的经营下来,企业管理者都要对企业的经营结果进行分析,深刻反思:"成在哪里?败在哪里?竞争对手情况如何?是否需要对企业战略进行调整?"讲师更要结合课堂整体情况,找出大家普遍困惑的问题,对现场出现的典型案例进行深层剖析,用数字说话,使学员们感悟管理知识与管理实践之间的距离。

特别说明:第一过程的点评要点参见第5章内容。

总之,ERP沙盘模拟课程,开创了以创业为起点的企业经营实战模拟。对于还未踏入社会的学生或者刚刚毕业的学生而言,经过上述几个阶段的学习后,至少懂得了企业经营管理活动不是一个人的活动,而需要在一个经营团队中的每个人都想办法发挥其优势,总经理要关注每个整体企业的发展,将多方资源整合为企业所用。

2.4 多组织企业集团沙盘模拟课程设计

2.4.1 多组织企业集团电子沙盘介绍

多组织企业集团,即该企业集团包括集团公司及旗下三家独立子公司:原料公司、组装公司、销售公司。其四家公司的电子沙盘盘面见图2-12~图2-15。

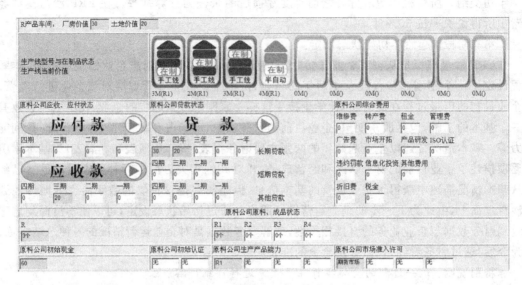

图 2-12　A 原料公司电子沙盘盘面

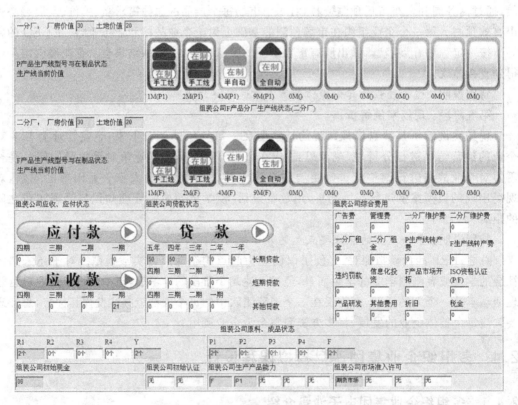

图 2-13　B 组装公司电子沙盘盘面

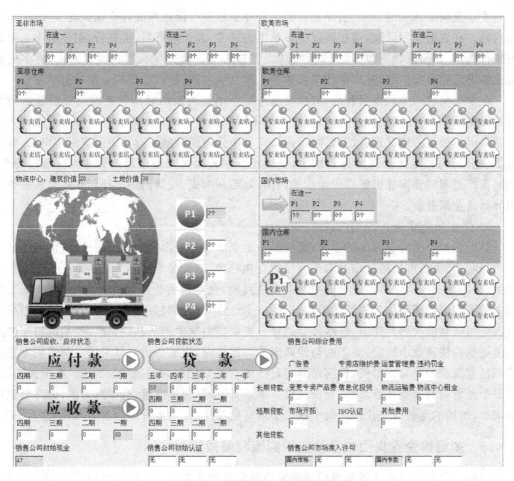

图 2-14 C 销售公司电子沙盘盘面

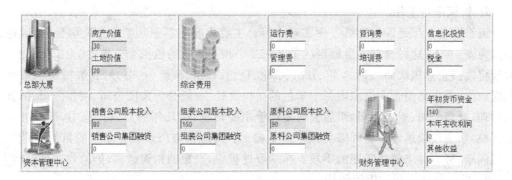

图 2-15 D 集团公司电子沙盘盘面

2.4.2 多组织企业集团沙盘模拟课程准备

1. 教师角色准备

多组织企业集团电子沙盘模拟课程中,教师是引导者,需要引导学生熟悉多组织企业集团电子沙盘模拟课程的特点,引导每位学生课外积极参与课程相关理论知识的预习,积极参与沟通。在规则学习阶段,通过问题引导学生去思考、去查询资料、去分析,引导学生了解如何进行决策、如何进行资源分配、如何完成经营报告等。改变传统理论授课方式,将多门课程的知识点整合在一起,并在课程学习中指点学生学习知识点,让他们边游戏边学习。

在学生完成一个经营过程后,教师要通过每个小组决策的数据帮助他们分析经营中出现的问题,不同的模拟集团公司,所做决策的不同导致经营结果不同。点评时要求教师更多地结合模拟公司的情况进行综合评价,需要将每个公司经营的特点及关键点讲解出来,并用数据去分析每家集团公司的经营情况,指出经营中各项决策与信息的关注点应该在哪里。同时点评过程需要穿插讲解评价指标的内涵,如毛利构成,教学时还应特别要注意从制造业引导到商业服务业。

2. 学生角色准备

学生是整个课程学习中的主角,模拟经营的全部过程要由他们自己完成,从市场信息的分析判断、产品在市场的分布及未来可能的变化趋势、对竞争者的分析与判断、广告的投放决策、集团企业经营中所用资金的数量的预估判断、企业设备生产能力的判断、生产加工的原料的采购提前期与加工周期的确定、完成一个经营周期对财务报表的各项指标的计算、对自己公司经营情况的判断等,这些环节的每一步都是由学生团队共同完成,他们所扮演的角色需要他们快速做出决定,要不断与团队成员沟通协商,达成共识。课前课后都需要为完成模拟经营活动做好知识准备,扮演者要对自己负责的集团公司负责,要学习了解相关知识,对每个经营周期都要认真总结,提出建议。不认真研讨,匆忙决策,会导致失误,最终会被市场淘汰,市场的竞争态势让团队每个成员必须高度关注,大大提升课程的学习效果。

2.4.3 多组织企业集团电子沙盘模拟课程阶段设计

多组织企业集团电子沙盘模拟课程采用沙盘实战模型,整个课程的展开分为六个阶段。

第一阶段:组织准备

1. 组织准备工作

组织准备工作是课程的第一项实验内容。主要内容包括三项:首先是学员分组,每组一般为 4~6 人,这样全部学员就组成了 8~12 个相互竞争的模拟企业集团(为简化起见,本教程将模拟企业依次命名为 A 组、B 组、C 组、D 组、E 组、F 组……),然后进行每个角色的职能定位,明确集团企业组织内每个角色的岗位责任,一般分为集团公司、销售公司、销售公司助理、原料公司、组装公司、组装公司助理等主要角色,在几年的经营过程中,可以进行角色互换,学会换位思考。讲师需要做出郑重提示:诚信和亲历亲为。学习的目的就是为了发现问题,努力寻求解决问题的手段。在学习过程中,谁犯的错误越多,谁的收获也就越大。

2. 模拟集团公司的组织架构

集团公司的基本构成为集团公司、原料公司、组装公司与销售公司。如果授课人数较多,角色还可以继续设置,如组装公司助理、销售公司助理(但不建议人数过多);如人数过少,可进行角色合并。模拟集团公司组织结构如图 2-16 所示。

图 2-16 模拟集团公司组织结构

(1) 集团公司:负责管理集团所属的各子公司。

其公司各部门职能见表 2-13。

表 2-13 集团公司各部门职能

公司名称	部门	主要业务环节	主要业务职能	简要说明	备注
集团公司	资本管理中心	子公司投资管理	管理各子公司投入资本	监督集团在该子公司投入的资本总额,审查投资资本运作情况,控制资本风险	
		子公司融资管理	计划与分配集团公司融资	子公司从集团获得融资额度	每年初进行计划与调整
		贷款管理	管理公司贷款	集团向银行申请贷款,控制贷款风险	每季度协调各子公司申请
		债券发行管理	发行债券	计划、申请发行债券,开展融资活动	
	总部管理中心	集团内部运行管理	总公司内部流程规划,日常行政规范	确定监督各公司预算执行,各公司运行协调,各公司业务流程协调	每季度按各公司业务流程协调公司交易
		集团信息化建设管理	集团及各公司信息化的规划建设	计划确立集团及各公司信息化发展建设计划,监督子公司执行	年初制订计划
		集团内部费用管理	管理和控制集团运行的各种费用		每年末支付
		集团人力资源管理	管理和考核各公司重要岗位	通过各公司经营数据分析,判断重要岗位履职情况,提出考核评定标准,提出岗位变换建议	每年底进行考评,根据结果进行调换岗位
	财务管理中心	现金管理	向各公司发放融资货款现金,收回各子公司应上交的现金		
		公司财务管理	负责集团及各公司财务监督管理	监督集团及各公司预算编制、执行情况,分析各公司运营财务数据,合并报表	年初制订预算计划,监督各公司每季度的执行情况
		公司收益管理	利润与投资管理	制订公司年度发展利润增长指标,融资投放方向与收益管理	年度初制订增长指标

(2) 原料公司:是流程制造型企业,企业具有独立法人资格,公司经营性质为产品制造与产品销售,计划资源包括厂房、设备、物料、资金、采购、结算、仓储、运输、批发、零售、研发、市场开拓等。其系列产品是组装公司的原料,通过协同管理向组装公司供货,同时也可以向其他市场出售产品。企业销售部与多个竞争对手在期货市场、南方市场、北方市场、国际市场展开竞争对抗。其公司各部门具体职能见表 2-14。

表 2-14　原料公司各部门职能

公司名称	部门	主要业务环节	主要业务职能	简要说明	备注
原料公司	销售部	战略规划市场营销	市场拓展规划	制订企业市场开发战略计划,可供开发的市场有期货市场、北方市场、南方市场与国际市场	投入市场开发资金,开拓完成后,获得相应市场准入证
		品牌建设	质量体系	确定企业需要争取获得哪些国际认证,包括 ISO 9000 质量和 ISO 14000 环保	认证完成换取相应的认证标识
		产品研发	研发产品方向	根据集团战略,计划研发 R 系列产品	研发完成换成生产许可证
	采购部	R 原料采购	采购提前期	R 原料采购是按照计划执行,年初下达计划	
			原料订单	代表与供应商签订的订货合同,放在 R 原料订单的空桶表示数量	
			采购提前期	R 原料采购提前期为一个季度	
	生产部	组织生产	R 系列产品生产管理中心	有厂房一座,可容纳 10 条生产线同时生产	厂房建设已经完成,有土地和房产价值
			生产线标识	有手工、半自动、全自动、柔性、超级五种生产线,不同生产线生产效率不同	投入使用的生产线,价值在"净值"处用小桶装入等值灰币表示
			R 系列产品标识	四种产品 R1、R2、R3、R4 产品	表示生产中心正在生产的产品
	物流中心	原料库存管理	R 原材料仓库	一座原材料仓库,存放 R 原料	R 原料用原料币表示
		成品库存管理	R 系列产品成品仓库	四座成品仓库,分别存放 R1、R2、R3、R4 成品	R 系列成品分别由不同成品币表示
		交货管理	按订单交货	按照市场订单和组装公司订单交付产品	
	财务部	会计核算	现金库	存放现金,现金用灰色币表示,上面刻有 1 百万元、2 百万元、5 百万元、10 百万元表示价值	
			各种贷款	表示贷款数量与贷款时间,还款时间	
			综合费用核算	放置费用区域	
			应收/应付	放置在相应的区域,表示应收/应付款项	
		财务管理	预算、财务报表编制	编制预算报表、利润表、综合费用表、资产负债表	系统上进行编制
		财务数据分析	分析公司经营	分析市场运作、偿债能力、运营效益、盈利能力、成本投资	系统中进行

续表

公司名称	部门	主要业务环节	主要业务职能	简要说明	备注
原料公司	信息化部	规划公司信息化	规划、制定、实施公司信息化	确定信息化投资费用,投入信息化维护	投资费用达到完成要求,信息化开通
	人力资源	人力资源管理	制订、分析、考核岗位履职	分析绩效考核指标和绩效考核数据,考评岗位能力	系统中进行

(3)组装公司：是混合制造型企业,企业同样具有独立法人资格,包括两个分厂,一分厂为离散制造形式,二分厂为流程制造形式。计划资源包括厂房、设备、物料、资金、采购、结算、仓储、运输、批发、零售、研发、市场开拓等。公司经营性质为产品制造与产品销售,其高端系列产品由销售公司统一销售,其一款创新型专利产品可以自主销售,企业销售部与多个竞争对手在期货市场、南方市场、北方市场、国际市场展开竞争对抗。其公司各部门具体职能见表2-15。

表2-15 组装公司各部门职能

公司名称	部门	主要业务环节	主要业务职能	简要说明	备注
组装公司	销售部	战略规划市场营销	市场拓展规划	可供开发的市场有期货市场、北方市场、南方市场和国际市场	开拓完成后,获得相应市场准入证
		品牌建设	质量体系	确定企业需要争取获得哪些国际认证,包括ISO 9000质量和ISO 14000环保	认证完成换取相应的认证标识
		产品研发	研发产品方向	根据集团战略,计划研发P系列产品,计划F产品生产规划	研发完成换成生产许可证
	采购部	R系列原料采购	1、2、3、4季度计划	确定本季度采购品种和采购总量,向组装厂下达计划	通过系统下达,只在沙盘中标出总数
			采购提前期	R系列原料采购是按照计划执行,年初下达计划	
		Y原料采购	原料订单	代表与供应商签订的订货合同,放在Y原料订单的空桶表示数量	
			采购提前期	Y原料采购提前期为一个季度	

续表

公司名称	部门	主要业务环节	主要业务职能	简要说明	备注
组装公司	生产部	一分厂组织生产	P系列产品生产管理中心	厂房一座,可容纳10条生产线生产	厂房建设已经完成,有土地和房产价值
			生产线标识	有手工、半自动、全自动、柔性、超级五种生产线,不同生产线生产效率不同	投入使用的生产线,价值在"净值"处用小桶装入等值灰币表示
			P系列产品标识	四种产品P1、P2、P3、P4产品	表示生产中心正在生产的产品
		二分厂组织生产	F产品生产管理中心	有厂房一座,可容纳10条生产线同时生产	厂房建设已经完成,有土地和房产价值
			生产线标识	有手工、半自动、全自动、柔性、超级五种生产线,不同生产线生产效率不同	投入使用的生产线,价值在"净值"处用小桶装入等值灰币表示
			F产品标识	只有一种产品F	表示生产中心正在生产F产品
	物流中心	原料库存管理	R系列原材料仓库	四座原材料仓库,分别存放R1、R2、R3、R4原料	R系列原料分别由不同原料币表示
			Y原材料仓库	依据市场销售量制订产品品种和数量计划并按季发送产品	
		成品库存管理	P产品成品仓库	四座成品仓库,分别存放P1、P2、P3、P4成品	P系列成品分别由不同成品币表示
			F产品成品仓库	一座F产品成品仓库	F成品由F成品币表示
		交货管理	按订单交货	按照市场订单和组装公司订单交付产品	
	财务部	会计核算	现金库	存放现金,现金用灰色币表示,上面刻有1百万元、2百万元、5百万元、10百万元表示价值	
			各种贷款	表示贷款数量与贷款时间,还款时间	
			综合费用核算	放置费用区域	
			应收/应付	放置在相应的区域,表示应收/应付款项	
		财务管理	预算、财务报表编制	编制预算报表、利润表、综合费用表、资产负债表	系统上进行编制
		财务数据分析	分析公司经营	分析市场运作、偿债能力、运营效益、盈利能力、成本投资	系统中进行
	信息化部	规划公司信息化	规划、制定、实施公司信息化	确定信息化投资费用,投入信息化维护	投资费用达到完成要求,信息化开通
	人力资源	人力资源管理	制订、分析,考核岗位履职	分析绩效考核指标和绩效考核数据,考评岗位能力	系统中进行

(4) 销售公司：是流通类企业，独立法人资格，经营性质是产品销售，主营销售高端产品，计划资源包括物流中心、专卖店、产品、资金、采购、结算、仓储、运输、批发、市场开拓等。企业销售部与多个竞争对手在国内市场、亚非市场、欧美市场展开竞争对抗，销售模式为批发与专卖零售。销售公司是集团P系列产品的销售主体，经营产品销售与专卖业务，市场包括国内市场、亚非市场、欧美市场。其公司各部门具体职能见表2-16。

表2-16 销售公司各部门职能

公司名称	部门	主要业务环节	主要业务职能	简要说明	备注
销售公司	销售部	战略规划市场营销	市场拓展规划	制订企业市场开发战略计划，可供开发的市场有国内市场、亚非市场、欧美市场	投入开发资金，开拓完成后，获得相应市场准入证
			专卖拓展规划	在市场开设专卖店，可供开发的市场有国内市场、亚非市场、欧美市场	市场开发完成，可进入该市场开设专卖店，换取专卖店标识
		品牌建设	质量体系认证	确定企业需要争取获得哪些国际认证包括ISO 9000质量、ISO 14000环保	完成认证投入，换取相应的认证标识
			服务体系计划并认证	制订服务体系计划，完成4S体系认证	完成认证投入，换取相应的体系认证标识
		内部交易	内部结算价格规划并制订	根据市场销售价格确定集团内部产品采购价格	每年初按市场订单价格确定内部交易价格
		市场需要与产品研发	引导研发规划	根据营销战略，指导组装公司，原料公司开发新产品	通过采购计划下达
	采购部	产品采购	各季度计划	规划并制订本季度采购品种和采购总量，向组装厂下达采购计划	通过系统下达，只在沙盘中标出总数
	物流中心	产品入库管理	计算采购提前期，规划采购费用	P系列产品由物流中心发至国内仓库需要一个季度，发至亚非、欧美仓库需要两个季度	
		产品出库管理	向各市场物流中心发货	根据市场销售量制订产品调度计划并按季发送产品	
		运输规划	运输提前期	根据订单确定运输计划，亚非、欧美市场需要通过海关报关整个周期为两个季度	出关运输和入关运输需要两个季度
		出入报关管理	通过海关	每季有一次出入海关的机会	
		交货管理	按订单交货	产品运输到国内、亚非、欧美市场物流中心后，按照市场订单和专卖订单交付产品	

续表

公司名称	部门	主要业务环节	主要业务职能	简要说明	备注
销售公司	财务部	会计核算	现金库	存放现金,现金用灰色币表示,面值分别为1百万元、2百万元、5百万元、10百万元	
			各种贷款	表示贷款数量与贷款时间,还款时间	
			综合费用核算	放置费用区域	
			应收/应付	放置在相应的区域,表示应收/应付款项	
		财务管理	预算、财务报表编制	编制预算报表、利润表、综合费用表、资产负债表	系统上进行编制
		财务数据分析	分析公司经营	分析市场运作、偿债能力、运营效益、盈利能力、成本投资	系统中进行
	信息化部	规划公司信息化	规划、制定、实施公司信息化	确定信息化投资费用,投入信息化维护中	投资费用达到完成要求,信息化开通
	人力资源	人力资源管理	制定、分析、考核岗位履职	分析绩效考核指标和绩效考核数据,考评岗位能力	系统中进行

3. 准备阶段实验

1) 实验任务:集团公司组建。

2) 实验步骤:

(1) 分组成立模拟集团公司(构成集团公司经营团队)。

(2) 小组成员相互认识,并确定扮演角色。小组中每位成员要介绍自己所学习的专业及自己的爱好和特长,以便于更好确定公司的职位。

(3) 在模拟集团公司总经理带领下召开第一次工作会议。会议要明确以下几项内容。

① 为模拟集团公司命名。即根据教师指定的未来要从事的相关行业,有针对性、有特色地给自己集团公司命名。公司命名要求参看前述内容。

② 集团公司、原料公司、组装公司、销售公司分别设计公司标识。需要根据公司性质,突出特点,易于理解和记忆的基本原则进行设计,并做好公司铭牌。

③ 确定每个角色的职责。这个环节是对企业组织结构职责与职权的理解,并将每位角色应该承担的职责写入岗位说明书中。

④ 大家共同商讨在自己所从事的领域中,根据现有的资源条件,确定未来公司的发展目标及发展方向,明确集团公司的使命。

注意,在最初授课中,各小组总是希望成为这个行业的领先者,但是后续经营中往往未必坚持最初制定的发展目标。所以,教师需要及时提醒各小组,市场只能存在一个或两个领先者,如何避开锋芒,发展自己,这是每位公司经理需要思考的问题,以避免前后的矛盾。这是集团公司经营战略制定环节。

公司总的战略可以在几个方面考虑：增长型，始终要去争取市场领先者；稳定型，稳扎稳打型，不急于冒进；另辟蹊径型，即随时关注对手，避开对手锋芒，走一条适合自己的路径。总之，企业经理的职责就是要经营好自己的企业，同时使集团利益最大化，给股东更大回报。

⑤ 完成实验报告（见附件）。

第二阶段：多组织企业集团电子沙盘规则学习

"利润"永远是企业的命脉，没有利润的企业是不可能生存的，更不用谈做强做大了。多组织企业中不论是哪个组织企业要在市场上生存下来都必须满足三个基本条件：一是有利润，二是利润可收支相抵，三是能够到期还债。这从另一个角度告诉我们，如果企业出现以下情况，就将无法经营宣告破产。

(1) 资不抵债。如果企业获得的收入不足以弥补其开支，导致所有者权益为负时，企业破产。

(2) 现金断流。如果企业的负债到期，无力偿还，企业就会破产。

在多组织企业供应链经营实践平台中，企业为独立法人，需要自己承担经营责任，一旦破产条件成立，可有以下三种处理方式。

(1) 经营状况较好，能够让股东\债权人看到希望，同意由第三方增资。

(2) 所有者权益为负，经过评估企业可以继续经营，并有扭亏能力，经股东\债权人同意，可以继续经营。

(3) 破产清算。

获取利润实现股东利益最大化是企业经营的本质，即盈利。从多组织企业各级公司利润表中利润构成要素中可以看出，获取利润实现盈利的主要途径为扩大销售（开源）与控制成本（节流）。

有效协同扩大销售，盈利的扩大来自利润的持续增长，利润增长主要来自于销售收入持续增加，而销售收入由销售数量和产品价格两个因素决定。多组织企业供应链上下游销售关系结合紧密，市场众多，各企业间存在两个完全不同的销售市场，即外部市场和内部市场。两个市场对销售数量与销售价格起着完全不同的决定方式，单一的扩大销售不一定会获得持久的利润增长，各企业在面对利润增长要求时可以选择多种方式达到。对整个供应链上的多组织各级企业来说，协调有效的协同是持续扩大销售的选择。

在企业经营模拟课程设计中，首先需要学生学习和了解市场运行规则，模拟公司都是在这样一些市场条件下开展各种经营活动。因此，规则学习尤为重要。

1. 集团公司市场与企业运营规则

1) 预算管理

(1) 子公司每年上报一次全年预算。

(2) 全集团的预算在集团公司协调下通过。

2) 融资管理

(1) 子公司向集团融资总额不得大于集团总现金额。

(2) 年初申请批准的当季融资额度，可以当季不用，下季可以重新使用。

(3) 融资额度申请成功本年度没有使用，年底集团收回，下一年预算重新申请。

3）运营管理费

集团运营是指集团公司自身运行管理费用,它是集团作为独立法人维持自身运作的基本费用。具体费用如表 2-17 所示。

表 2-17 集团公司费用

项目	支付周期	费用数额
运行费	每年底	1 百万元
管理费	每年底	1 百万元
培训费	每年底	1 百万元
信息化维护费	每年底	1 百万元
咨询费	每年底	1 百万元

2. 销售公司市场与企业运营规则

企业的生存和发展离不开市场,市场是个大环境,变化快、机会多,作为多组织企业供应链前沿的销售公司,赢得了市场,就赢得了竞争。市场是瞬息万变的。销售公司所面对市场流通的复杂变化增加了竞争的对抗性和复杂性。

1）市场划分与市场准入

市场是进行商品交换的场所,也是企业进行产品营销的场所,企业在销售市场的潜力由多种因素决定。目前,销售公司仅拥有国内市场,除国内市场外,还有亚非市场和欧美市场有待开发。

销售公司开发不同市场所需的时间和资金投入如表 2-18 所示。

表 2-18 开发不同市场所需的时间和资金投入

市场编号	市场	开拓周期	每年开拓费用	开拓费用	说明
GB	国内市场	1 年	1 百万元	1 百万元	各市场开发可同时进行,不同的市场需要投入的费用及时间不同,不能加速投资,资金短缺时可随时中断开发,该市场投入完成后换取市场准入证
ZMG	国内专卖	1 年	1 百万元	1 百万元	
YF	亚非市场	1 年	2 百万元	2 百万元	
ZMY	亚非专卖	1 年	2 百万元	2 百万元	
ZMO	欧美专卖	2 年	2 百万元	4 百万元	
OM	欧美市场	2 年	2 百万元	4 百万元	

市场拓展是企业战略规划的重要部分,进入什么市场销售什么产品,在进入市场之前,都需要进行市场调研、市场宣传策划、品牌宣传、店面选址、招聘人员、做好公共关系、物流方案规划等一系列工作。市场开拓工作无论在哪里进行都需要消耗资金和时间。由于市场的社会背景、人文环境、地理位置、生活习惯、地区划分等因素,开发不同的市场所需的时间和资金投入也不同,在市场开发完成之前,企业没有进入该市场的资格。

市场准入,当销售公司根据战略规划,在某市场投入资金和时间完成开发后,就取得了进入该市场经营的资格(有市场准入证),此后可以在该市场上开设专卖店、进行品牌广告宣传、进行市场策划与运作、争取客户订单了。

2）市场销售

销售公司是流通行业企业,销售公司团队依据战略规划,进入各级市场进行产品销售,是销售公司的最终目的。销售产品方式主要有三种,即客户订单、专卖店营销、网络销售(电子商务)。三种销售方式各有特点,其经营方式与运作方法不同,产生的效益也不同,同时受市场激烈竞争的影响,销售量和价格会随时变化。

(1) 客户订单

客户订单的获取对于销售公司的影响是至关重要的。客户订单的获取决定因素很多,产品自身品质、企业的市场地位、产品的市场地位、品牌效应、广告宣传效应、电子商务策略、公共关系与客户认知等。因此,销售公司每年都会组织最优秀的营销与策划人员参加各种宣传和市场活动,以使得企业的产品能够深入人心,争取到尽可能多的订单。

(2) 专卖店

专卖销售是企业通过在市场开设专卖店的方式,自主建立经营渠道。专卖销售最大的特点是可以给企业销售带来一个稳定的客户群体,同时企业可以预知未来市场变化,引导客户消费,从而获得一个稳定可预测的销售数量。

(3) 电子商务

网络销售是企业通过在网络渠道发布产品供应信息,与客户签约实现销售产品的方式。

3) 获得市场订单与专卖价格

由于市场竞争激烈,市场环境时刻都在发生着变化,决定企业获得订单与专卖价格的因素,也会随着企业的经营状况发生变化,同时由于企业竞争策略、战略目标、战略经营方向等自身因素进行调整,都将反映出市场竞争的不同,所以市场订单与专卖价格的获取是一个动态过程。

影响市场订单和专卖价格的主要因素包括市场地位、广告投入、认证宣传与服务维护投入等。

(1) 市场地位

市场地位是一个衡量企业市场销售情况的指标,针对每个市场而言,它的数值是不一样的。企业的市场地位排序根据上一年度所有在该市场参与竞争销售企业的销售额为基础,由高到低进行排列,专卖店销售市场地位同样遵循这一原则。销售额最高的企业称为该市场的"市场领导者",同样该市场上专卖销售额最高的企业也是该市场上"专卖市场领导者"。

(2) 广告投入

广告投入是企业为扩大品牌影响争取客户的方法。投入广告可以选择市场、选择产品选择投入额,投入1百万元有一次选取市场订单机会,以后每增加1百万元增加一次选单机会,最多有三次机会,能否拿到三张订单取决于市场需求和竞争态势。

(3) 认证宣传、服务维护投入

企业要想保持市场占有率就需要持续地对 ISO 9000、ISO 14000 和 4S 服务体系进行宣传和维护,对某些市场而言完成认证和服务只是取得了认证资质,对进入该市场产品进行保证,所以,如果希望在该市场获得 ISO 或 4S 认证的订单,就必须在该市场投入相应费用,ISO 9000、ISO 14000 和 4S 分别为 1 百万元。

(4) 市场订单与专卖价格

市场订单根据市场需求产生,内容包括市场名称、订单编号、产品、数量、单价、总金额、应收账期、特殊需求等要素。

如果没有特别说明,普通订单可以在当年内任何季度交货。如果由于产能不足或其他原因,导致本年不能交货,企业将受到以下处罚。

① 扣除该张订单总额的 50%（取整）作为违约金。

② 企业将对导致这一问题的责任人进行处分（进行罚分处理）。

③ 订单上标注有"加急！！"字样的订单，必须在第一季度交货，延期将按没完成订单处罚。

订单上的账期表示客户收货后货款的交付方式，标示为"2Q"表示 2 季度账期，代表客户交付给企业货款是在收货后 2 个季度；没有标示或标示为 0，则表示货到现金支付。

订单标注"ISO 9000"、"ISO 14000"或"4S"，表示要求销售企业必须取得相应认证并投入了认证宣传或服务维护费用，两个条件均具备的情况下，才能得到本订单。

专卖价格是指在某市场开设的专卖店所销售产品的价格。企业获取专卖价格单后，表示企业将在该市场以专卖单中价格销售产品，产品不同专卖价格不同。每一个专卖店一个季度可销售一个产品。

专卖价格单的订单内容包括市场名称、订单编号、产品、单价、特殊需求等要素（专卖价格单中没有数量，订单表示在该市场中所有专卖店都将以此价格销售该产品）。

专卖价格单只有市场名称、订单编号、产品、单价、特殊需求，对专卖店中有无产品可销售不作要求，订单标注"ISO 9000"、"ISO 14000"或"4S"，表示要求销售企业必须取得相应认证并投入了认证宣传或服务维护费用，在两个条件均具备的情况下，才能得到本订单。

下面介绍企业如何获得市场订单与专卖价格。

(1) 市场订单的获得

每年初市场专业机构都会给出本年市场预测信息，企业可以依据预测数据决定争取各市场订单，通过交易中心网络进行签约。交易中心将综合企业的市场地位、广告投入、市场需求及企业间各自优势等因素，按规定程序将企业竞争条件进行排序，企业按电子系统排序竞单。订单按照市场划分，竞争订单次序如下。

① 竞争选单顺序是由上一年该市场产品的销售额总量进行排序，销售额总量最大的企业优先选择，由高向低依次选择。

② 如果上一年该市场产品的销售额总量相同，则比较企业在该市场投入的广告费总额。若相同，则比较去年企业总销售额；若仍相同，则比较企业信息化投入总额；如果还相同则最后由系统随机排序。

③ 无论广告费投入多少，如果企业想要获得多张订单，参加选单时每次也只能选择一张，然后等待下一次机会。

(2) 专卖价格的获得

每年初市场专业机构都会给出本年专卖市场预测信息，企业可以依据预测数据决定争取各市场专卖价格，通过交易中心网络进行竞争获得。交易中心将综合企业的市场地位、广告投入、企业间各自优势等因素，按规定程序将企业竞争条件进行排序，企业按电子系统排序顺序竞单。订单是按照市场划分，竞争订单次序如下。

① 竞争选单顺序是由上一年该市场专卖产品的销售额总量进行排序，专卖销售额总量最大的企业优先选择，由高向低依次选择。

② 如果上一年该市场专卖产品的销售额总量相同，则比较企业在该市场投入的广告费总额。若相同，则比较去年企业总销售额；若仍相同，则比较企业信息化投入总额；如果还相同则最后由系统随机排序。

③ 企业只有一次获得价格单的机会，获得价格单后该市场所有该产品的专卖店均以此价格出售该产品。

4）销售公司运营规则

（1）认证体系

① 可以自行选择是否需要通过 ISO 9000、ISO 14000、4S 的资格认证。

② ISO、4S 资格认证通过以后，可挑选部分对 ISO、4S 认证有相应要求的订单。

③ 两种 ISO 和 4S 资格认证可以同时开拓，每种认证每年投资 1 百万元。具体费用见表 2-19 所示。

表 2-19 认证费用

认证编号	认证资格	开拓周期	每年开拓费用	开拓费用
01	ISO 9000	1 年	1 百万元	1 百万元
02	ISO 14000	1 年	1 百万元	1 百万元
03	4S	1 年	1 百万元	1 百万元

（2）专卖店

① 专卖店一次投资完成后可开始使用，每季度可销售一个产品。

② 专卖店在投入使用后需要支付维护费用，年底时每个专卖店必须支付 1 百万元维护费，变更专卖产品品种需要支付变更费用。具体费用见表 2-20。

表 2-20 专卖店费用

产品	市场	开设费	变更产品周期	变更费用	维护费用	公允残值
P 系列	国内	7 百万元	无	2 百万元	1 百万元	1 百万元
P 系列	亚非	8 百万元	无	3 百万元	1 百万元	2 百万元
P 系列	欧美	10 百万元	无	4 百万元	1 百万元	2 百万元

③ 在第 0 年开设专卖店，当年不提折旧，以后分四年折旧完毕。折旧费用如表 2-21 所示。

表 2-21 专卖店折旧

专卖店	市场	第 1 年	第 2 年	第 3 年	第 4 年
P 系列	国内	2 百万元	2 百万元	2 百万元	—
P 系列	亚非	2 百万元	2 百万元	2 百万元	—
P 系列	欧美	2 百万元	2 百万元	2 百万元	2 百万元

④ 当出售专卖店时，如果专卖店的净值等于其公允残值（即折旧已计提完毕），则按专卖店的净值变现；如果专卖店的净值大于其公允残值，则按公允残值变现，其余部分计入当期费用。

（3）贷款与融资

① 贷款额度根据上年度所有者权益的 2 倍计算出贷款总额，短期和长期贷款都在这个额度内获得，每次贷款都会减少总额度。

② 集团融资必须在年初预算中申请，经组装公司、原料公司一致同意后获得指标，指标获得后可以不用，年底将由集团收回。贷款与融资方式见表 2-22。

表 2-22 贷款与融资

贷款类型	贷款时间	贷款上限	贷款期限	年利率	还款方式
集团融资	每季度初	年初预算申请	1 年	5%	到期一次还本付息
短期贷款	每季度初	上年权益的 2 倍	1 年	5%	到期一次还本付息
长期贷款	每年年末	上年权益的 2 倍	5 年	10%	每年付息,到期还本
应收款贴现	任何时间	—	—	1:5	变现时贴息

(4) 信息化

① 信息化的投资可以随时中断或中止。但必须在投资完成后才可开始使用。

② 信息化模块安装过程中,只有至少一个信息化完成后,年底才需要支付 1 百万元信息化维护费。企业信息化建设费用见表 2-23。

表 2-23 信息化建设费用

模块编号	模块名称	研发周期	每季开拓费用	开拓费用
01	销售信管理信息化	4 季度	1 百万元	4 百万元
02	运营管理信息化	4 季度	1 百万元	4 百万元
03	财务管理信息化	4 季度	1 百万元	4 百万元
04	经营分析信息化	4 季度	1 百万元	4 百万元

(5) 物流中心(包括土地)

① 每季度有一次机会可以选择是否卖掉物流中心。如果卖掉了物流中心,则需要支付全年的租金。

② 每年年底有一次选择是否购买物流中心。不论是否购买物流中心,必须先支付租金。

③ 出售物流中心得到 4 季度账期应收款。物流中心费用情况见表 2-24。

表 2-24 物流中心费用

厂房	买价	售价	租金
物流中心	50 百万元	50 百万元(4 季度的应收账款)	5 百万元/年

(6) 现货市场买卖产品

① 每季度有一次机会通过电子商务平台发布供应和需求信息,可以进行产品买卖。供应信息发布后,所要出售产品会在库存中被锁定(不能用作其他用途),只有在撤销发布信息后才解除锁定。

② 进行买卖交易时系统根据报价表自动进行现金交易。

③ 如果运行至年末发布的供应产品没有被采购,信息会被自动删除。供需信息单见表 2-25、2-26。

表 2-25 供应信息

编号	供应者	主题	产品	数量	价格

表 2-26 需求信息

编号	供应者	主题	产品	数量	价格

(7) 物流周期
① 物流中心向国内市场发货在途周期为一个季度。
② 物流中心向亚非市场发货在途周期为二个季度。
③ 物流中心向欧美市场发货在途周期为二个季度。
(8) 订单违约及税金
① 当年没有按时完成的订单,将按照订单总额的 50% 进行罚款,同时该订单合约取消。
② 税金的计算:每年所得税计入应付税金,在下一年初交纳,税金为本年税前利润的 20%(四舍五入)。

3. 组装公司市场与企业运营规则

组装公司生产两种系列产品,其中 P 系列产品由销售公司负责销售,企业自身的销售部门负责 F 产品的销售工作。F 产品为高科技产品,市场需求量大,竞争激烈。组装公司生存和发展离不开市场,作为集团公司主要产品的生产者,满足了需求,就赢得了竞争。市场是瞬息万变的。组装公司所处的市场环境流通复杂多变,竞争与对抗,增加了企业生存的复杂性。

1) 市场划分与市场准入

市场是进行商品交换的场所,也是企业进行产品营销的场所,F 产品的市场销售潜力由多种因素决定。目前,组装公司不仅拥有期货市场,还有南方市场、北方市场、国际市场有待开发。

(1) 组装公司市场开发

市场拓展是组装公司战略规划重要部分,进入什么市场销售什么产品,在进入市场之前,都需要进行市场调研、市场宣传策划、品牌宣传、规划等一系列工作。

市场开拓工作无论在哪里进行都需要消耗资金和时间。由于市场的社会背景、人文环境、地理位置、生活习惯、地区划分等因素,开发不同的市场所需的时间和资金投入也不同,在市场开发完成之前,企业没有进入该市场的权利。开发不同市场所需的时间和资金投入如表 2-27 所示。

表 2-27 市场开拓

市场编号	市场	开拓周期	每年开拓费用	开拓费用
QH	期货	1 年	1 百万元	1 百万元
NF	南方	1 年	2 百万元	2 百万元
BF	北方	1 年	3 百万元	3 百万元
GJ	国际	2 年	2 百万元	4 百万元

(2) 市场准入

当组装公司根据战略规划,在某市场投入资金和时间完成开发后,就取得了进入该市经营的资格（有市场准入证），此后就可以进行市场策划与运作，争取客户订单了。

(3) 市场销售

组装公司是一家以离散制造为主的企业，组装公司销售团队依据战略规划，进入各级市场进行产品销售，是组装公司的最终目的。组装公司可销售的产品有两大系列即 P 系列产品和 F 产品。其中 P 系列产品销售方式主要有两种，即通过销售公司订单将产品交付销售公司、通过网络（电子商务）向市场销售。

F 产品是生产 P 系列产品的主要原材料，除满足自身生产所需外，向市场销售主要有两种方式，即客户订单与网络销售。两种销售方式各有特点，其经营方式、运作方法不同，产生的效益也不同，同时受市场竞争激烈的影响，销售量和价格会随时变化。

(4) 客户订单

客户订单的获取对于组装公司有十分重要的意义。客户订单的获取决定因素很多，包括产品自身品质、企业的市场地位、品牌效应、广告宣传效应、公共关系与客户认知等。因此，公司的销售部门每年都会组织最优秀的营销与策划人员参加各种宣传和市场活动，以使得企业的产品能够深入人心，争取到尽可能多的订单。

(5) 电子商务

网络销售是企业通过在网络渠道发布产品供应信息，与客户签约实现销售产品的方式。

2) 获得市场订单

由于市场竞争激烈，市场环境时刻都在发生着变化，决定企业获得订单价格的因素，也会随着企业的经营状况发生变化，同时由于对企业竞争策略、战略目标、战略经营方向等自身因素所进行的调整，都将影响市场竞争，所以市场订单价格是一个动态过程。影响市场订单价格主要因素有市场地位、广告投入、认证宣传与服务维护投入等。

(1) 市场地位

市场地位是一个衡量企业市场销售情况的指标，针对每个市场而言，它的数值是不一样的。企业的市场地位排序是根据上一年度所有在该市场参与竞争销售企业的销售额为基础，由高到低进行排列，销售额最高的企业称为该市场的"市场领导者"。

(2) 广告投入

广告投入是企业为扩大品牌影响争取客户的方法。投入广告可以选择市场、选择产品、选择投入额，投入 1 百万元有一次选取市场订单机会，以后每增加 1 百万元增加一次选单机会，最多三次机会，最终能否拿到三张订单还取决于市场需求和竞争态势。

(3) 认证宣传、服务维护投入

企业要想保持市场占有率就需要持续的对 ISO 9000 和 ISO 14000 服务体系进行宣传和维护，对某些市场而言开发完成认证和服务只是取得了认证资质，对进入该市场的产品进行保证，所以，如果希望在该市场获得 ISO 认证的订单，就必须在该市场投入相应费用，ISO 9000、ISO 14000 分别为 1 百万元。

组装公司获得市场订单的规则与销售公司相同。

3) 组装公司运营规则

(1) 认证

认证是客户对质量及环境的要求，它最终会反映在订单中，企业进行认证需要一些条件。

① 可以自行选择是否需要通过 ISO 9000 或 ISO 14000 的资格认证。
② ISO 资格认证通过以后,可挑选部分对 ISO 认证有相应要求的订单。
③ 两种 ISO 资格认证可以同时开拓,每种认证每年投资 1 百万元。具体费用如表 2-28 所示。

表 2-28 资格认证

认证编号	认证资格	开拓周期	每年开拓费用	开拓费用
01	ISO 9000	1 年	1 百万元	1 百万元
02	ISO 14000	1 年	1 百万元	1 百万元

(2) 产品生产

P 系列产品是通过离散制造产生,包括 P1、P2、P3、P4。其 BOM 结构如图 2-17 所示。
F 产品是 Y 原料通过流程制造产生,其 BOM 结构如图 2-18 所示。

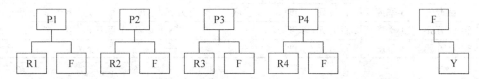

图 2-17 P 系列产品 BOM 图   图 2-18 F 系列产品 BOM 图

不同产品在生产线上加工,其单个产品加工费相同。加工费情况见表 2-29。

表 2-29 不同产品加工费

产品	手工线	半自动线	全自动线	柔性线	超级线
P1	1 百万元	1 百万元	1 百万元	1 百万元	2 百万元
P2	1 百万元	1 百万元	1 百万元	1 百万元	2 百万元
P3	1 百万元	1 百万元	1 百万元	1 百万元	2 百万元
P4	1 百万元	1 百万元	1 百万元	1 百万元	2 百万元
F	1 百万元	1 百万元	1 百万元	1 百万元	2 百万元

(3) 产品研发
① 产品研发费计入当期费用。
② 产品必须在研发完成后才可开工生产,但可以提前为其采购备料。
③ 产品研发可以随时中断或中止,但已经投入的研发费用不可收回。具体研发费用见表 2-30。

表 2-30 产品研发费

产品编号	产品	研发周期	每季度投资	研发费合计
08	P1	—	—	—
09	P2	6 季度	1 百万元	6 百万元
10	P3	8 季度	2 百万元	16 百万元
11	P4	8 季度	3 百万元	24 百万元
12	F	—	—	—

(4) 材料采购

① R 系列原料年初下达订单，按季度交货，可选择先后顺序。
② R 系列原料的价格按集团订单协商决定，收货立刻付款。
③ Y 材料采购需要先下订单，在到期后拿现金到供应商处购买。

(5) 生产线

生产线的投资不能中断或中止。投资完成后才能开始使用。不论生产线是何种状态，只要有生产线，就需要支付维护费，有几条，就支付几条生产线的维护费，维护费1百万元/条，生产线转产其他产品有转产周期同时需要支付转产费用。具体费用见表2-31。

表 2-31 生产线费用

生产线	设备价格	安装周期	每季投资	转产周期	转产费用	维护费用	公允残值
手工线	5百万元	无	5百万元	—	—	1百万元/年	1百万元
半自动	10百万元	2季度	5百万元/季度	1季度	1百万元	1百万元/年	2百万元
全自动	15百万元	3季度	5百万元/季度	2季度	2百万元/季度	1百万元/年	3百万元
柔性线	20百万元	4季度	5百万元/季度	—	—	1百万元/年	4百万元
超级线	32百万元	4季度	8百万元/季度	—	—	1百万元/年	4百万元

生产线完工投产的第一年可不用计提折旧，以后分四年折旧完毕。每年的折旧费用值见表2-32。

表 2-32 生产线折旧

生产线	第1年	第2年	第3年	第4年
手工线	1百万元	1百万元	1百万元	1百万元
半自动	2百万元	2百万元	2百万元	2百万元
全自动	3百万元	3百万元	3百万元	3百万元
柔性线	4百万元	4百万元	4百万元	4百万元
超级线	7百万元	7百万元	7百万元	7百万元

当出售生产线时，如果生产线的净值等于其公允残值（即折旧已计提完毕），则按生产线的净值变现；如果生产线的净值大于其公允残值，则按公允残值变现，其余部分计入当期损失费用。

(6) 贷款与融资

① 贷款额度根据上年度所有者权益的2倍计算出贷款总额，短期和长期贷款都在这个额度内获得，每次贷款都会减少总额度。
② 集团融资必须在年初预算中申请，经原料公司、销售公司一致同意后获得指标，指标获得后可以不用，年底将由集团收回。公司贷款与融资的方式及费用见表2-33。

表 2-33 贷款与融资

贷款类型	贷款时间	贷款上限	贷款期限	年利率	还款方式
集团融资	每季度初	年初预算申请	1年	5%	到期一次还本付息
短期贷款	每季度初	上年权益的2倍	1年	5%	到期一次还本付息
长期贷款	每年年末	上年权益的2倍	5年	10%	每年付息，到期还本
应收款贴现	任何时间	—	—	1:5	变现时贴息

(7) 信息化

① 信息化的投资可以随时中断或中止。但必须在投资完成后才可开始使用。

② 信息化模块安装过程中,只有至少一个信息化完成后,年底才需要支付 1 百万元维护费。信息化投资费用见表 2-34。

表 2-34 信息化投资

模块编号	模块名称	研发周期	每季开拓费用	开拓费用
01	销售管理信息化	4 季度	1 百万元	4 百万元
02	运营管理信息化	4 季度	1 百万元	4 百万元
03	财务管理信息化	4 季度	1 百万元	4 百万元
04	经营分析信息化	4 季度	1 百万元	4 百万元

(8) 厂房(包括土地)

① 每季有一次机会可以选择是否卖掉厂房。如果卖掉了厂房,则需要支付全年的租金。

② 每年年底有一次选择是否购买厂房。如果买下厂房,则全年不用支付租金。厂房购置与租赁费用见表 2-35。

表 2-35 厂房

厂房	买价	售价	租金
一分厂房	50 百万元	50 百万元(4 季度的应收账款)	5 百万元/年
二分厂房	50 百万元	50 百万元(4 季度的应收账款)	5 百万元/年

(9) 现货市场买卖产品

① 每季度有一次机会发布供应(见表 2-26)和需求信息(见表 2-27),可以进行产品买卖。供应信息发布后,所要出售产品会在库存中被锁定(不能用作其他用途),只有在撤销发布信息后锁定才会被解除。

② 进行买卖交易时系统根据报价表自动进行现金交易。

③ 如果运行至年末发布的供应产品没有被采购,信息会被自动删除。

(10) 订单违约及税金

① 当年没有按时完成的订单,将按照订单总额的 50% 进行罚款,同时该订单合约取消。

② 税金的计算:每年所得税计入应付税金,在下一年初交纳,税金为本年税前利润的 20%(四舍五入)。

4. 原料公司市场与企业运营规则

原料公司生产 R 系列产品,R 系列产品是组装公司生产 P 系列产品的主要原料,同时 R 产品随着 P 产品的需求增长,在市场上也是市场需求很大的原材料。R 产品市场需求量大,竞争激烈。原料公司的生存和发展离不开市场,作为集团公司主要基础原材料产品生产者,一方面需要满足内部需求,同时需要赢得市场。市场是瞬息万变的。原料公司面对的市场环境复杂,竞争与对抗,增加了企业生存的复杂性。

1) 市场划分与市场准入

市场是进行商品交换的场所,也是企业进行产品营销的场所,R产品的市场销售潜力由多种因素决定。目前,原料公司仅拥有期货市场,还有南方市场、北方市场、国际市场有待开发。

(1) 原料公司市场开发

原料公司根据订单向组装公司供应产品和向市场出售产品,两者都是原料公司战略规划重要部分,R是系列产品,有着不同的用途,在市场销售什么产品,在进入市场之前,都需要进行市场调研、宣传品牌、规划市场发展等一系列工作。市场开拓工作无论在哪里进行都需要消耗资金和时间。由于市场的社会背景、人文环境、地理位置、生活习惯、地区划分等因素,开发不同的市场所需的时间和资金投入也不同,在市场开发完成之前,企业没有进入该市场的权利。开发不同市场所需的时间和资金投入如表2-36所示。

表2-36 市场开拓

市场编号	市场	开拓周期	每年开拓费用	开拓费用
QH	期货	1年	1百万元	1百万元
NF	南方	1年	2百万元	2百万元
BF	北方	1年	3百万元	3百万元
GJ	国际	2年	2百万元	4百万元

(2) 市场准入

当原料公司根据战略规划,在某市场投入资金和时间并完成开发后,就取得了进入该市场经营的资格(有市场准入证),此后就可以进行市场策划与运作,争取客户订单了。

2) 市场销售

原料公司是一家以流程制造为主的企业,原料公司销售团队依据战略规划,进入各级市场进行产品销售,是原料公司的最终目的。原料公司产品销售方式主要有三种,即通过组装公司订单将产品交付组装公司、通过网络销售(电子商务)、向市场销售。

(1) 客户订单

客户订单的获取对于原料公司有十分重要的意义。客户订单的获取决定因素很多,包括产品自身品质、企业的市场地位、品牌效应、广告宣传效应、公共关系与客户认知等。因此,原料公司每年都会组织最优秀的营销与策划人员参加各种宣传和市场活动,以使得企业的产品能够深入人心,争取到尽可能多的订单。

(2) 电子商务

网络销售是企业通过在网络渠道发布产品供应信息,与客户签约实现销售产品的方式。

3) 获得市场订单

由于市场竞争激烈,市场环境时刻都在发生着变化,决定企业获得订单价格的因素,也会随着企业的经营状况发生变化,同时由于企业竞争策略、战略目标、战略经营方向等自身因素的调整,都将影响市场竞争,所以市场订单价格是一个动态过程。影响市场订单价格的主要因素有企业市场地位、广告投入、认证宣传与服务维护投入等。

(1) 市场地位

市场地位是一个衡量企业市场销售情况的指标,针对每个市场而言,它的数值是不一样的。企业的市场地位排序是根据上一年度所有在该市场参与竞争销售企业的销售额为基础,由高到低进行排列,销售额最高的企业称为该市场的"市场领导者"。

(2) 广告投入

广告投入是企业为扩大品牌影响争取客户的方法。投入广告可以选择市场、选择产品、选择投入额,投入1百万元有一次选取市场订单机会,以后每增加1百万元增加一次选单机会,最多有三次机会,最终能否拿到三张订单还取决于市场需求和竞争态势。

(3) 认证宣传、服务维护投入

企业要想保持市场占有率就需要持续地对 ISO 9000 和 ISO 14000 服务体系进行宣传和维护,对某些市场而言开发完成认证和服务只是取得了认证资质,市场要求对进入该市场的产品进行保证,所以,如果希望在该市场获得 ISO 认证的订单,就必须在该市场投入相应费用,ISO 9000、ISO 14000 分别为1百万元。

原料公司获得市场订单的规则也与销售公司相同。

4) 原料公司运营规则

(1) 认证

① 企业可以自行选择是否需要通过 ISO 9000 或 ISO 14000 的资格认证。
② ISO 资格认证通过以后,可挑选部分对 ISO 认证有相应要求的订单。
③ 两种 ISO 资格认证可以同时开拓,每种认证每年投资1百万元(如表 2-29 所示)。

(2) 产品生产

① R 系列产品是通过流程制造产生,包括 R1、R2、R3、R4。其 BOM 结构如图 2-19 所示。

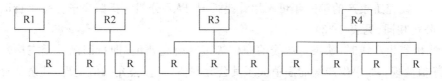

图 2-19　R 系列产品 BOM 结构

② 不同产品在生产线上加工,其单个加工费相同。加工费情况见表 2-37。

表 2-37　产品加工费

产品	手工线	半自动线	全自动线	柔性线	超级线
R1	1百万元	1百万元	1百万元	1百万元	2百万元
R2	1百万元	1百万元	1百万元	1百万元	2百万元
R3	1百万元	1百万元	1百万元	1百万元	2百万元
R4	1百万元	1百万元	1百万元	1百万元	2百万元

(3) 产品研发

① 产品研发费计入当期费用。
② 产品必须在研发完成后才可开工生产,但可以提前为其采购备料。
③ 产品研发可以随时中断或中止,但已经投入的研发费用不可收回。产品研发费用见表 2-38。

表 2-38　产品研发

产品编号	产品	研发周期	每季度投资	研发费合计
04	R1	—	—	—
05	R2	6 季度	1 百万元	6 百万元
06	R3	8 季度	2 百万元	16 百万元
07	R4	8 季度	3 百万元	24 百万元

(4) 材料采购

① 每个原材料的价值为 1 百万元。

② 材料采购需要先下订单,在到期后拿现金到供应商处购买。材料购买费用如表 2-39 所示。

表 2-39　材料采购

材料	采购提前期	举例说明
R	1 季度	在第 1 年 1 季度时下订单,在 2 季度时方可拿现金到供应商处购买

(5) 生产线

① 生产线的投资不能中断或中止。投资完成后才可开始使用。

② 不论生产线是何种状态,只要有生产线,就需要支付维护费,有几条,就支付几个维护费,维护费 1 百万元/条,生产线转产其他产品有转产周期同时需要支付转产费用(与组装公司相同,如表 2-32 所示)。

③ 生产线完工投产的第一年可不用计提折旧,以后分四年折旧完毕。每年折旧费用值(与组装公司相同,见表 2-33)。

④ 当出售生产线时,如果生产线的净值等于其公允残值(即折旧已计提完毕),则按生产线的净值变现;如果生产线的净值大于其公允残值,则按公允残值变现,其余部分计入当期费用。

(6) 贷款与融资(与组装公司相同,如表 2-34 所示)

① 贷款额度根据上年度所有者权益的 2 倍计算出贷款总额,短期和长期贷款都在这个额度内获得,每次贷款都会减少总额度。

② 集团融资必须在年初预算中申请,经组装公司、销售公司一致同意后获得指标,指标获得后可以不用,年底将由集团收回。

(7) 信息化

① 信息化的投资可以随时中断或中止。但必须在投资完成后才可开始使用。

② 信息化模块安装过程中,只有至少一个信息化完成后,年底才需要支付 1 百万元维护费(与组装公司相同,如表 2-37 所示)。

(8) 厂房(包括土地)

① 有一次机会可以选择是否卖掉厂房。如果卖掉了厂房,并且在年底时没有重新买回,则需要支付全年的租金,见表 2-40。

② 年底有一次选择是否购买厂房。如果买下厂房,则全年不用支付租金(与组装公司相同)。

表 2-40　厂房

厂房	买价	售价	租金
厂房	50 百万元	50 百万元(4 季度的应收账款)	5 百万元/年

(9) 现货市场买卖产品

① 每季度有一次机会发布供应(见表 2-26)和需求信息(见表 2-27),可以进行产品买卖。供应信息发布后,所要出售产品会在库存中被锁定(不能用作其他用途),只有在撤销发布信息后锁定才会被解除。

② 进行买卖交易时系统根据报价表自动进行现金交易。

③ 如果运行至年末发布的供应产品没有被采购,信息会被自动删除。

(10) 订单违约及税金

① 当年没有按时完成的订单,将按照订单总额的 50% 进行罚款,同时该订单合约取消。

② 税金的计算:每年所得税计入应付税金,在下一年初交纳,公式为

$$税金 = 本年税前利润 \times 20\%(四舍五入)$$

第三阶段:起始年初始状态设定

为了使学生们能够形成创建企业的基本思路,本教程让学生接手一家刚刚经营起步的集团企业,使学生对集团企业有一个基本的了解,包括股东期望、企业目前的财务状况、市场占有率、产品、生产设施、盈利能力等。基本情况描述以集团各企业起始年的两张主要财务报表(资产负债表和利润表)为基本索引逐项描述了集团各企业目前的财务状况和经营成果,并对其他相关方面进行补充说明。具体描述和操作将在第 4 章进行详细讲解。通过初始状态设定,可以使学员深刻地感觉到财务数据与集团各企业业务的直接相关性,理解到财务数据是对集团企业运营情况的一种总结提炼,为今后"透过财务看经营"做好观念上的准备。

特别说明:这一过程的具体操作在第 4 章进行详细讲解。

第四阶段:企业经营竞争模拟

多组织企业经营竞争模拟是 ERP 沙盘模拟课程的主体部分,按企业经营年度展开。经营伊始,通过发布市场预测资料,对每个市场每个产品的总体需求量、单价、发展趋势做出有效预测。每一个集团企业组织在市场预测的基础上讨论企业战略和业务策略,按一定程序开展经营,做出所有重要事项的经营决策,决策的结果会从集团企业经营结果中得到直接体现。

特别说明:这一过程的具体操作在第 4 章进行详细讲解。

第五阶段:现场案例解析

现场案例解析是沙盘模拟课程的精华所在。每一年经营下来,企业管理者都要对企业的经营结果进行分析,深刻反思成在哪里?败在哪里?竞争对手情况如何?是否需要对企业战略进行调整?这部分内容单组织企业和多组织集团企业有共性,讲师更要结合课堂整体情况,找出大家普遍困惑的问题,对现场出现的典型案例进行深层剖析,用数字说话,使学员们感悟管理知识与管理实践之间的距离。

本章开创了以创业为起点的企业经营实战模拟,对于还未踏入社会的学生或者刚刚毕业的学生而言,经过上述几个阶段的学习后,至少懂得了企业经营管理活动不是单个人活

动,而由一个团队经营,每个人都要想办法发挥其优势,总经理要关注每个整体企业(集团)的发展,将多方资源整合为企业(集团)所用。经过本章学习和准备,下一章开始实际模拟运营。

思考题

1. ERP 的出现给企业带来了怎样的影响?
2. 企业经营中产品的生产依据什么进行安排?
3. 营销在企业经营中处于怎样的地位?发挥怎样的作用?
4. 企业经营中的利润点在哪里?

第3章 企业经营管理基础

本章学习目标
1. 了解决策类型与决策方法
2. 了解企业战略管理内容
3. 了解企业生产运作管理内容
4. 了解企业营销管理相关内容
5. 了解企业资金管理相关内容

任何企业组织在具备一定资源条件下都需要通过管理活动实现企业经营效益的最大化。企业面临各种动荡的环境因素,要在复杂多变的环境因素中找到适合企业自己的生存发展道路,不仅需要具备一定的管理知识,也需要领导者的判断能力与决策能力。本章将着重介绍企业经营管理的一些基本知识,为同学尝试企业模拟经营提供一些基本思路和方法。

3.1 决策

3.1.1 决策概念

1. 广义与狭义概念

人们在处理问题时,常常会面临几种可能出现的自然情况,同时又存在着几种可供选择的行动方案。此时,需要决策者根据已知信息作判断,即选择出最佳的行动方案,这样的过程称为决策。广义上讲,为受益者获得更大利益,决定或判定行动方案的活动称为决策。狭义上讲,从两个以上方案中选择一个较优方案的活动称为决策。

对决策概念的片面理解:决策制定过程常被描述为"在不同方案中进行选择",这种观点显然过于简单了,因为决策制定是一个过程而不是简单的选择方案的行为。决策实际上是每天都在发生的事情,是生活中的决策。企业中所做的决策始终围绕着企业的经营目标。

管理者决策的质量会影响下属的工作,甚至会影响组织的生死存亡。"决策理论大师"西蒙就指出:"决策是管理的心脏,管理是由一系列决策组成的,管理就是决策。"

2. 决策类型

决策有多种类型,按决策需要解决的问题和顺序可分为初始决策和追踪决策;按照决策的重要程度可划分为战略决策、战术决策及业务决策;按决策所要解决的问题的重复程度可划分为程序化(常规、重复性、例行)决策和非程序化(非常规、例外)决策;按决策问题的可控程度可划分为确定性决策、风险性决策和不确定性决策。企业资金的投向可能就是一个战略决策问题,从一个行业转移到其他行业,风险很大,如零售业的一个新业态的转移。而资金的日常使用可能就是一个业务决策问题,可能涉及到成本、日常开支等。企业的高层领导者往往关注战略决策,而企业中层管理或基层管理者着重在战术决策和业务决策上。

非常重要的一点是直觉在决策中发挥着重要作用。决策与判断是密不可分的,都是人的思维活动,不是建立在数学公式上的逻辑关系,而是以人的感情、理念、经验、知识为基础的。因而,管理者通常是运用直觉来判断的,并帮助他们改进决策的制定。这是一种潜意识的决策过程,基于决策者的经验及其积累的判断。许多高层管理人员说他们平时做重大决策时并不依赖于任何逻辑分析。相反,他们利用的是"直觉"、"本能"、"预感"或"内心的声音",但他们无法更详细地描述这个过程。所以,要成就事业,得多一点知识,多一点经历,多一点接触,多一点感悟。死学专业,不能成就事业。

3. ERP 沙盘模拟经营课程中涉及的决策

ERP 沙盘模拟经营课程中,模拟企业可能涉及到的决策包括:

(1) 企业经营定位及战略目标的决策,即企业的战略决策;

(2) 生产决策,如设备购置决策,产能分析决策,材料采购数量决策等;

(3) 市场决策,如对不同市场行情的分析,企业决定要进入的市场,对即将进入的市场如何进行开发,市场广告的投放决策,订单如何获取等;

(4) 研发决策,如企业需要根据市场行情及消费需求,分析可能的产品组合,并确定拟开发的新产品项目;

(5) 资金决策,如根据企业经营过程所需要的资金预算,决定本企业的资金来源情况及使用情况;

(6) 其他决策。

在上述这些决策活动中,将企业经营的物流、信息流、资金流三大流全部反映在 ERP 沙盘模拟上,让同学们尽情发挥自己的想象空间和决断能力。

3.1.2 决策制定过程

决策过程可以简化为如图 3-1 所示。

步骤 1:识别决策问题

决策制定过程开始于一个存在的问题,或者更具体地说,开始于现状与希望状态之间的差异。例如企业经营投资方向选择,销售市场选择,目标消费者判断,企业生产成本控制,设备生产效率提高等,都构成企业的各种决策问题。我们以购买一台电脑为例说明这一决策过程。假设存在的问题是销售部门需要购买电脑用于记录和分析销售数据。

步骤 2:确认决策标准

管理者必须决定什么与制定决策有关。如我们需要采购电脑,决策者就需要评估一些与决策有关的因素,这些因素也许包括如下一些标准,如价格、产品型号、制造商、标准的配置、可选的设备、服务保证、维修记录以及售后服务支持等。在决策制定过程的这个步骤上,什么不作为标准和什么作为标准同样重要。

图 3-1 决策过程

步骤3：为决策标准分配权重

在第2步中确认的决策标准，并非都是同等重要的，所以决策制定者必须为每一项标准分配权重，以便正确的规定他们的优先次序。

例如：电脑采购决策的指标和权重如表3-1所示。

说明：在这个例子中，最高标准为10点。

表3-1 决策的指标与权重

指　　标	权重
可靠性	10
屏幕尺寸	8
保修	5
重量	5
价格	4
屏幕类型	3

步骤4：开发备选方案

要求决策制定者列出可供选择的决策方案，这些方案要能够解决决策所面对的问题，无须对这一步所列出的方案进行评估，只需要列出它们即可。比如电脑品牌选择购买联想、方正、IBM、SONY还是苹果？

步骤5：分析备选方案

对每一种方案的评价将其与决策标准进行比较，通过比较，每一种备选方案的优点和缺点就变得明显了。将每个备选方案的评价结果乘以它的权重，所得分数代表了每一个备选方案相对于标准的评价结果，以及相应的权重。

步骤6：选择备选方案

将所有相关的标准、各自的权重确定好，确认和分析各种备选方案后，仅需要从备选方案中做出选择即可，选择在第5步中具有最高得分的方案即可。

步骤7：实施备选方案

实施包含了将决策传送给有关的人员和部门，并要求他们对方案的实施结果做出承诺。如果即将执行决策的员工参与了决策的制定过程，那么此处的执行就是购买挑选出来的电脑，执行选择出来的方案。

步骤8：评估决策结果

看看问题是不是得到了解决，从第6步到第7步中选择的方案和实施的结果是否达到了期望的效果？初始的决策问题是否被错误地定义了？在评估各种备选方案时是否出现了偏差？方案的选择正确但实际情况并不理想？评估决策结果也许要求管理者重新回到决策过程前面的某个步骤，甚至可能需要重新开始整个决策过程。

3.1.3 抓住决策重点

管理者应该明确哪些决策应提前做，哪些后做，应清楚做决策的先后次序，把握重点。同时要具有全局观，即收集最充分的信息，不能遗漏，特别注意不利的信息。注意决策过程的逻辑分析应尽可能做到无懈可击；运用创新方法多列取优化方案；掌握基本的决策方法；了解做决策相关人员的个人背景避免掉入陷阱；保持一个良好的心态。

根据不同类型决策，应学会抓住决策重点。表3-2简单描述了各类决策的重点环节。

表3-2 决策类型与决策重点

序号	决策类型	决策问题	决策重点
1	程序化决策	理性问题的决策	重点抓程序制定
	非程序化决策	例外问题的决策	重点抓决策过程

续表

序号	决策类型	决策问题	决策重点
Ⅱ	事前决策	针对尚未实施的事项所做的决策	重点抓决策目标,避免损失
	事后决策	针对已经发生的事项所做的决策	重点抓决策速度,减少损失
Ⅲ	主动决策	在自己职权范围内的决策	重点抓决策过程
	被动决策	接受上级指令时的决策	重点对上级决策的理解

3.1.4 决策的方法

这里介绍几种决策方法：头脑风暴法、635法、六面思考法、决策树与定量分析法等。

1. 头脑风暴法

（1）头脑风暴法内涵

头脑风暴(Brain-storming)法也称智力激励法、BS法、自由思考法，是由美国创造学家A.F·奥斯本于1939年首次提出、1953年正式发表的一种激发性思维的方法。该方法是以专题讨论会的形式，通过辐射思维，进行信息催化，激发大量的创造性设想，形成综合创造力的集体创造技法。头脑风暴法又可分为直接头脑风暴法(通常简称为头脑风暴法)和质疑头脑风暴法(也称反头脑风暴法)。前者是在专家群体决策尽可能激发创造性，产生尽可能多的设想的方法，后者则是对前者提出的设想、方案逐一质疑，分析其现实可行性的方法。

（2）头脑风暴法的会议规则

为使与会者畅所欲言，互相启发和激励，达到较高效率，头脑风暴法必须严格遵守下列原则。

第一，禁止批评和评论，也不要自谦。对别人提出的任何想法都不能批判、不得阻拦。即使自认为是幼稚的、错误的，甚至是荒诞离奇的设想，亦不得予以驳斥；另外，也不要过分称赞别人，避免夸大其词的滥美之言。需要与会者充分发挥自己的想象力，彻底打破各种条条框框。坚持这一原则，是为了克服"评判"对创造性思维的压抑作用，形成良好的激励气氛。

第二，自由思考。激励与会者多角度、超常规地思考问题，运用自由联想、辐射思维、侧向思维、逆向思维等方法提出设想。换句话说，只需要大家提设想，越多越好，以谋取设想的数量为目标。有些设想看似可笑，但其中可能包含着合理因素或创造的成分，很可能对别人有启发。运用自由思考法，能够得到大量的实用提案，有可能从中发现一批新颖奇特的创造性方案。

第三，独立思考，结合改善。头脑风暴不允许私下交谈，而是鼓励巧妙地利用和改善他人的设想，与会者要努力把别人提出的设想加以综合、改善并发展成新的设想，或者提出结合改善的思路。

第四，平等自由。所有与会者都是平等的，不论是专家、学者、领导、员工，大家都是自由发言，提倡自由奔放、随便思考、任意想象、尽量发挥，主意越新、越怪越好，因为它能启发人推导出更好的观念。

上述规则有助于克服胆怯、倦怠、从众性、过分自我批评等阻碍创造力发挥的心理因素。BS会议规则可以激发与会者寻求异常设想的强烈兴趣，刺激新思路，而且使人们易于接受和发展相反的新设想。

ERP沙盘模拟经营课程就需要充分发挥每个模拟企业组成人员的聪明才智,学会运用头脑风暴法做好决策。

2. 635法

原联邦德国的创造学者鲁尔巴赫根据德意志民族惯于沉思的特点,对奥斯本的"头脑风暴法"加以改进,提出了默写式智力激励法——"635法"。

(1) 何为635

635法是以默写的方式,要求"6位参加者"在每一轮次里,用"5分钟"时间提出解决决策问题的"3个设想",共进行6轮循环的智力激励法。

(2) 635法的操作步骤

具体操作步骤如下:

A. 主持人宣布议题并作说明;

B. 每人发一张表格,在5分钟内填写3个设想然后传给右邻,并在下一个5分钟,每人从左邻的设想中受到启发,再写3个设想;

C. 30分钟共进行6轮,获得 $3 \times 6 \times 6 = 108$ 个设想;

D. 筛选并选定设想。

3. 六面思考法

六面思考法是英国学者爱德华·德·波诺博士提出的。这是一种从不同角度全面思考问题,鼓励创新的思考方法。它用6种颜色分别代表人类思考问题的6个方面,对从不同侧面思考得出的结论加以综合,便能对重大问题的决策提出创新的、科学的、全面的解决方案,如表3-3所示。

表3-3 六面思考法

颜色	含义	思考
白色	中性、客观	依据客观事实和数据看问题
红色	情绪、直觉、感情	从感情、直觉、感性看问题
黑色	冷静、严肃	从事物的缺点、危险、隐患看待问题 指出任一观点的风险所在
黄色	阳光、价值	乐观、充满希望的积极思考
绿色	丰富、肥沃、生机	勇于创新的思考
蓝色	天空	对思考过程和其他颜色思考的控制与组织

六面思考法既可以综合运用不同颜色下的思考,也可以采用单独颜色的思考。在使用时可短时间内让人们高度集中注意力来思考某方面的问题。

4. 决策树与定量分析法

(1) 决策树

决策树是用来解决风险性决策问题时使用的一种分析工具,具体来说是用树形图分析和选择行为方案的一种系统分析方法。

(2) 步骤

① 画出决策树形图。它是决策者对未来各种可能情况周密思考的结果,即决策树形图是人们对某个问题未来发展情况的可能性所作的预测在图纸上的反映。

风险性决策通常用决策树(树形图)分析方法。

简单的决策树如图 3-2 所示。

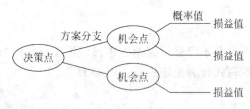

图 3-2　简单的决策树

② 计算损益值。损益值或称期望值是衡量决策利弊、优劣的定量表示方式,也是用以比较各个选择方案经济效益的准则。

当损益值大于零为正数时,就是益值;当损益值小于零为负数时,就是损值。益值越大,表示方案实施后可能获得的利益也就越大。

③ 比较损益值大小。损益值最大的一个方案分支,为选定的最优方案。

3.2　管理和领导

3.2.1　管理内涵

"管理"在大家的心目中已经是一个非常熟悉的字眼,但什么是管理呢?不同的人也许有不同的想法。有人认为管理就是和人打交道,把事情办好;更有人把管理和决策、命令、权力联系在一起。回归到管理最初的定义,就是法约尔提出的管理的五大职能:计划、组织、指挥、协调和控制。随后许多学者不断补充完善法约尔的职能说,也提出很多新的职能,但实践中,管理者往往同时执行以下几种职能:决策、计划、组织、控制和领导。

决策成为所有管理职能的首要工作。计划成为决策的具体化形式,即把决策结果具体化为工作目标和任务,对未来的管理活动进行规划和安排。组织是为了实施计划,通过建立相应的组织来实现计划,并强调组织内进行必要的任务分解和资源分配,还需要将权力适当地授予计划任务的接受者。控制是指管理人员为保证实际工作与计划一致所采取的一切行动。领导是指激励、指导、引导、促进和鼓励组织中的成员或下属,是通过领导者的影响力来影响下属或组织中的成员,使其明确目标纠正偏差。

上述五项管理职能大致可以分为三大类:一是基本问题类(决策职能),管理各个方面都需要有决策,决策是最基本的管理职能;二是行政问题类(计划职能和控制职能),通过组织的行政体系来实施;三是人事问题类(组织职能和领导职能),主要解决管理中人的问题。而管理的核心问题是处理好人的问题。

3.2.2　管理者

1. 谁是管理者

管理者是在协作过程中协调他人活动,并对组织完成预期任务负有责任的人。管理者在协调他人活动时要进行各种管理活动或管理工作。作为一个真正的管理者,必须直接参与解决问题和做出决策;必须有人在事情办理过程中贯彻和执行他的设想与意图,并向他汇报工作；必须参与计划、组织、领导和控制的活动。

管理者是组织中一个非常重要的群体。管理者，特别是高层管理者的战略决策决定着一个组织业绩的好坏，关系着组织的兴衰成败。正如彼得·德鲁克所言："管理者是事业的最基本、最稀有、最昂贵，而且是最易消逝的资源"；"管理比所有权更重要，更为优先，所有权必须依存于适当的管理体制之中"。

组织中的管理者可以分为三个层次：高层管理者、中层管理者、基层管理者，如图 3-3 所示。

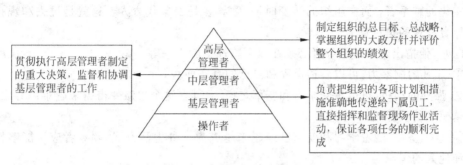

图 3-3 组织中管理者层次

2. 管理者技能

管理者应具备三种技能。

（1）技术技能

管理者应该具备的技术技能也就是具备工作要求的操作能力，是一个人运用一定的技术来完成某项组织任务的能力，包括方法、程序和技术。如营销人员对市场的调查和分析就是一项技术技能。

（2）人际技能

人际技能指无论是独自一个人还是在群体中与人共事、理解别人、激励别人的能力。管理者的核心工作是与人员的沟通协作。一个人的影响力不是通过权力来实现的，更多是通过激励、引导、排解纠纷和培养协作精神来获得他人的认可。

（3）概念技能

管理者的概念技能是要求管理者必须具备心智能力去分析和诊断复杂的情况。管理者需要站在一定的高度来洞察企业与外界环境之间的关系，全面考虑整个企业的各个部门应如何互相协调来生产公司的产品或提供服务的能力。

不同层面的管理者对上述三种技能的要求不同。对于高层管理者，要求的是概念技能和人际技能，对于基层管理者则要求技术技能和人际技能。

3.2.3 领导

领导能够激励并带领他人一起去实现大家共同的目标。领导能够鼓舞士气，领导指引大家展望未来，依靠的是领导力。领导力是一种特殊的人与人之间相互关系的影响力，组织中的每一个人都会去影响他人，同时受到他人的影响，因此每个员工都具有潜在的和现实的领导力。这种领导力包括两个方面：一个是组织的领导力，这与组织中赋予领导的职务有关；一个是个人领导力，这是源于个人的人格魅力形成的，而组织领导力基础源于个人领导力。有学者指出:"领导力是通过激发追随者价值观的共鸣以达成目标的能力。"其中的三个要素是激发共鸣、追随、达成目标。激发价值观的共鸣正是领导力的本源。所以领导力就是"给组织带来愿景,并带来实现愿景的能力"。

领导者所扮演的角色正在悄然发生变化,过去的领导者是实干家,现在的领导者是规划师,未来的领导者则是培训师。

管理大师埃德加·沙因详细地总结了曾改变的领导要素:组织的创建阶段,领导者是组织的心脏;在组织的建设阶段,领导者是文化的缔造者;在组织的维持和发展阶段,领导者是文化的维系者;而在组织的转变时期,领导者是变革代言人。这就是过去和现在成功的领导者展现的角色魅力。

同时,他指出未来的领导者必须在以下特性上胜人一筹:

① 非凡的洞察力,可以看透世界和自己的真实面貌;

② 强烈的动机,可以承受学习和变革之痛,尤其在这个忠诚变得越来越难以界定、边界越来越模糊的世界里;

③ 意志坚强,随着学习和变革已经越来越成为一种生活方式,领导者应该能够控制住自己和他人的焦虑;

④ 具备一系列新的技能,包括对文化前提的分析、区分适用和不适用的前提,并且通过培养文化的优势和适用的元素来扩大文化的内涵;

⑤ 愿意且能够让其他人参与、加入,因为任务太复杂、信息分布太广,领导者无法事必躬亲;

⑥ 愿意且能够按员工的知识水平和技能高低而相应地下放权力,也就是允许并鼓励组织内部各处的领导者崭露头角。

另一个管理大师、查尔斯·汉迪,从组织政治语言的角度,分析未来领导者需要学习包括"辅助"、"赢得的权利"及"虚拟"新"语言"的基础上培养自我更新的能力;而著名演说家威廉·布里奇斯则从"无工作框架组织"的未来组织架构分析未来的领导应该具有"正式的领导力"、"特殊领导力"和"个人领导力"。

3.2.4 团队建设

1. 团队

团队是为了共同目标而相互协作的正式群体。团队成员的共同努力能够产生积极的协同作用,其团队成员努力的结果使团队的绩效水平远大于个体成员绩效的总和。工作团队与工作群体的最大区别在于相互的协作,如图3-4所示。团队建设(Team construction)是企业真正的核心竞争力所在。

人才是工作团队中最宝贵的资源。创造工作氛围,形成团队凝聚力,让每一位团队人员都能够热忱投入、出色完成本职工作。要尊重人,并为优秀的人才创造一个和谐,富有激情的工作环境,是上至老总下至部门主管一切工作的核心和重点。在团队中,要尊重每一个员工的个性,尊重员工的个人意愿,尊重员工的选择权力,所有的员工在人格上人人平等,在发展机会面前人人平等,为员工提供良好的工作环境,营造和谐的工作氛围,倡导简单真诚的人际关系。工作本身应该能够给团队成员带来快乐和成就感,在工作之外鼓励所有的员工追求身心健康,追求家庭的和谐,追求个人生活的极大丰富。而作为组织的管理者,需要打

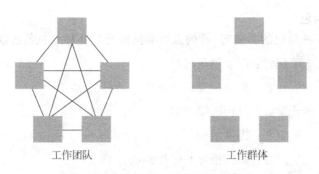

图 3-4 工作团队与工作群体的区别

造培养自己的管理团队,这是公司人才理念的具体体现,持续培养专业的富有激情和创造力的队伍,让每一个员工都成长为全面发展,能独挡一面的综合性人才,是企业一项重要使命。

2. 高效团队的特征

(1) 有明确的共同愿景,清晰的目标

工作如果没有愿景就会枯燥乏味,有愿景而没有实干只是一种空想,有愿景再加实干就成为希望。高效的团队,其成员对愿景具有高的认同度。同时,高效的团队对要达到的目标有清楚的理解,并坚信这一目标包含重大的意义和价值。而且,这种目标的重要性还激励着团队成员把个人目标升华到群体目标。在高效的团队中,成员愿意为团队目标做出承诺,清楚地知道希望他们做什么工作,以及他们怎样共同工作并实现目标。

(2) 相互信任、高效沟通、良好合作

团队成员间相互信任是高效团队的显著特征,也就是说,每个成员对其他人的品行和能力都确信不疑。只有信任他人才能换来被他人的信任,不信任只能导致不信任。所以,维持群体内的相互信任,是形成高效沟通、良好合作的基础。

(3) 高素质员工

团队成员具有积极的工作态度,具有不同的专业知识、技能和经验。高效的团队是由一群有能力的成员组成的。他们具备实现目标所必需的技术和能力,而且相互之间有良好合作的个人品质,从而能出色完成任务。

(4) 一致的承诺

高效的团队成员对团队表现出高度的忠诚和承诺,为了能使群体获得成功,他们愿意去做任何事情,我们把这种忠诚和奉献当作一致承诺。对成功团队的研究发现,团队成员对他们的群体具有认同感,他们把自己属于该群体的身份看作是自我的一个重要方面。因此,承诺一致的特征表现为对群体目标的奉献精神,愿意为实现这一目标而调动和发挥自己的最大潜能。

(5) 高效的领导

有效的领导者能够让团队跟随自己共同度过最艰难的时期,因为他能为团队指明前途所在,他们向成员阐明变革的可能性,鼓舞团队成员的自信心,帮助他们更充分地了解自己的潜力。团队领导往往以身作则、身先士卒、凡事以团队利益为重,具有较强的协调与激励他人的能力,并懂得有效授权。

3. 9种团队角色

团队需要有9种角色的扮演者，有的人可能同时是好几种角色的扮演者。

（1）创造者——革新者：产生创新思想。

（2）探索者——倡导者：倡导和拥护所产生的新思想。

（3）评价者——开发者：分析决策方案。

（4）推动者——组织者：提供结构。

（5）总结者——生产者：提供指导并坚持到底。

（6）控制者——核查者：检查具体细节。

（7）支持者——维护者：处理外部冲突和矛盾。

（8）汇报者——建议者：寻求全面的信息。

（9）联络者——合作与综合。

4. 团队建设的关键——沟通

沟通是团队协作的基础；沟通是团队相互学习的基础；沟通是建立互相信任的基础；沟通是建立良好人际关系的基础。

管理者每天都将70%～80%的时间花在"听、说、读、写"的沟通上。

领导的沟通圈如图3-5所示。

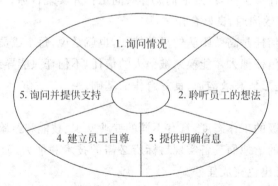

图3-5 领导的沟通圈

沟通的前提是：对别人感兴趣；尊重他人；接受自己；自信；先理解别人再求被理解；消除误解增强信任。不能进行很好的沟通，其障碍表现在：沟通者缺乏信息或知识；没有仔细倾听；没有完全理解问题和询问对方不当；只顾按自己预先设计的思路沟通；不理解他人的需要；没有经过慎重思考就得出结论；失去耐心；时间太仓促。而最致命的沟通过失是领导者表现出的：①傲慢无礼，评价、安慰、扮演或标榜为心理学家、讽刺挖苦、过分或不恰当的询问等；②发号施令，命令、威胁、多余的劝告；③回避，模棱两可、保留信息、转移注意力。

沟通在企业模拟经营课程中占有非常大的比例，所有的企业经营决策均在沟通中完成。

3.3 企业战略管理

3.3.1 企业战略概念与特征

1. 战略概念

在资源一定的情况下,企业必须选择做什么和不做什么。企业战略就是企业根据企业所处的外部环境和企业内部资源条件和能力状况,为谋求企业长期生存和稳定发展,为不断获得新的竞争优势,对企业发展目标、达成目标的途径和手段的总体谋划。企业战略同样是一个决策过程。

2. 战略特征

一个好的企业战略具有以下基本特征:

① 关注竞争优势。战略决策目的就是使组织在竞争中获取某些优势从而获得对市场领导的地位。

② 关注长期方向。战略考虑的是组织发展的长期方向,立足高远及未雨绸缪是战略决策的本质。

③ 关注活动范围。战略决策关注的是组织的活动范围,也就是要决定企业是只专注于一个领域还是做多个领域。犹如零售行业我们是进入一种业态呢还是多种业态,是关注同类产品的研发呢还是进入不同的领域研发新产品等。

④ 关注战略适应。战略也被看作是一个组织的资源和活动与其运营环境的匹配协调,即寻找战略适应——设法识别商业环境中存在的机会,对其配以相应的资源和能力以充分利用这些机会,并在此基础上制定发展战略。在确定战略适应时,进行正确的"战略定位"是很重要的。

⑤ 关注资源调整与战略延伸。这是企业持续发展的原动力,不仅要对企业现有资源整合利用还需要考虑未来的发展,是企业变成学习型组织,通过不断学习获取达到创造及把握新的机会及优势的系统性行为。

⑥ 关注运营决策。战略决策最终是通过企业的营运来实现,并对运营决策产生影响,因为唯有这样,战略的价值和意图才能得到真正的实现。要保证企业的运营决策与企业战略相一致,营运活动成为企业战略最终效果的体现。

⑦ 关注利益相关者期望。企业战略反映了那些对企业最具影响力的人(利益相关者)的态度和信念,不论企业的扩张还是稳定现有状况,都会反映出利益相关者的态度和价值观。

3.3.2 战略定位

企业战略由企业最高管理层制定。高层管理人员包括首席执行官、董事会成员、CEO、其他高级管理人员和相关的专业人员。董事会是企业战略的设计者,承担企业战略的终极责任。

企业战略规定了企业使命和目标、宗旨以及发展计划、整体的产品或市场决策,例如,是否需要开发新产品、扩张生产线、进入新市场、实施兼并收购,或如何获取足够的资金以最低的成本来满足业务需要。它还包含其他重大决策,例如,设计组织结构、搭建信息技术基础设施、促进业务发展、处理与外部利益相关者（例如，股东、政府和其他监管机构）之间的关系。

经营单位战略关注的则是在特定市场、行业或产品中的竞争力。在大型企业中，所属业务部门数量庞大，首席执行官很难适当地控制所有部门。因此，企业通常会设立战略经营单位，赋予业务部门在企业总体战略的指导下做出相应战略决策的权力，包括对特定产品、市场、客户或地理区域做出战略决策。

通过对企业目标宗旨、外部环境分析及内部能力的判断，企业将采用怎样的战略定位，由企业当家人决定。图3-6为企业战略定位过程，图3-7为企业战略选择内容。

图3-6 战略定位

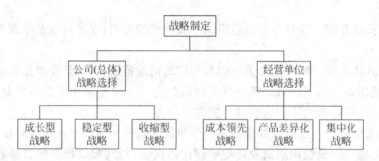

图3-7 战略定位中的选择

公司层面的战略选择包括成长型战略、稳定型战略和收缩型战略。成长型战略是以扩张经营范围或规模为导向的战略，包括一体化战略、多元化战略和密集型成长战略；稳定型战略是以巩固经营范围或规模为导向的战略，包括暂停战略、无变战略和维持利润战略；收缩型战略是以缩小经营范围或规模为导向的战略，包括扭转战略、剥离战略和清算战略。经营单位层面的竞争战略包括成本领先战略、产品差异化战略和集中化战略三个基本类型。

因此，企业战略定位应具备三个条件是：①符合企业使命和经营目标；②与环境一致，利用机会，避免威胁；③能利用核心专长，利用强势，避免弱势。

3.3.3 企业战略管理

企业战略管理过程可通过图3-8所示反映出来。

企业战略管理过程关键是三大步骤：第一，战略分析；第二，战略形成；第三，战略实施。企业愿景、使命和目标是企业战略制定的出发点。

1. 战略分析

（1）企业愿景、使命、目标

企业愿景与企业使命是企业制定战略的出发点，对愿景和使命的准确描述，可以指引企业的战略方向。

企业愿景。愿景是企业未来发展的路标，表明企业未来的发展方向，或者企业希望达到的经营地位，或者企业计划形成的能力，或者企业打算服务的顾客需求等。

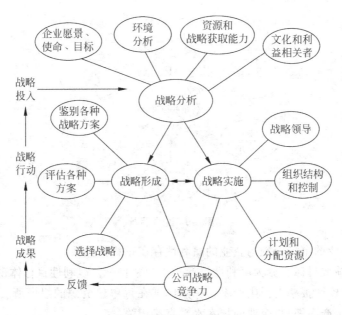

图 3-8　企业战略管理过程

企业使命。企业使命是指企业在社会活动中所扮演的角色和担当的责任。一般包括企业哲学和企业宗旨。企业哲学：价值观、态度、信念、行为准则。企业宗旨：什么样的事业，什么性质的企业。

企业使命的价值体现在使命的确立是战略制定的起点；使命的讨论增强了组织的凝聚力（使命的提升与聚焦）。

例如，美国艾维斯汽车租赁公司将其宗旨表述为：我们希望成为汽车租赁业中发展最快、利润最多的公司。这一宗旨规定着艾维斯公司的经营业务，它排除了该公司开设汽车旅馆、航空线和旅行社业务的考虑。

松下电器公司经营哲学包括以下几点。第一，纲领：作为工业组织的一个成员，努力改善和提高人们的社会生活水平，要使家用电器像"自来水"那样廉价和充足。第二，基本准则：①通过公司和顾客之间的互利来增长；②获利是对社会做贡献的结果；③在市场上公平竞争；④公司和供应商、经销商、股东之间互利；⑤全体雇员参与经营。第三，内部行为精神：①为整个产业服务；②公平和忠诚；③和谐和协作；④为改善而奋斗；⑤礼貌和谦让；⑥谢意。

企业目标。企业的使命要具体化为企业的中长期目标。企业目标是一个企业在未来一段时间内所要达到的预期状态，它由一系列的定性或定量指标来描述。美国行为学家J·吉格勒指出：设定一个高目标就等于达到了目标的一部分。没有目标的企业是没有希望的企业。企业的目标体系如图 3-9 所示。

企业目标与企业愿景的最大区别在于企业目标是具体的，而愿景是笼统的。目标是即将实现，能够通过努力实现的规划；愿景是一幅前景，能够指引员工前进的理想。愿景有助于确定发展目标，发展目标为实现愿景服务。

企业目标具体可以分为三类。

第一，市场绩效目标。主要体现在：企业已取得的销售额与市场份额；企业在市场上

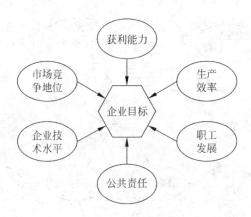

图 3-9　企业目标

的竞争地位。企业的市场份额与企业的赢利性存在正相关关系。

第二，财务绩效目标。分为赢利性目标与生产率目标。赢利性目标体现在目标利润率、销售利润率与投资回报率上。生产率目标则体现在每单位资源的投资所获得的产出，如劳动生产率、空间生产率等，与企业的技术水平直接相关。

第三，社会目标与个人目标。这一目标体现在企业解决劳动者就业、为国家上缴税收、为社会的捐助以及企业内部公平及职工发展上。

(2) 环境分析

战略制定的环境分析分为宏观环境和行业环境两个层次。宏观环境因素包括：政治环境、经济环境、技术环境、社会文化环境等。这些因素对企业及其微观环境的影响力较大，一般都是通过微观环境对企业间接产生影响的。行业环境因素，包括市场需求、竞争环境、资源环境等，涉及行业性质、竞争者状况、消费者、供应商、中间商及其他社会利益集团等多种因素，这些因素会直接影响企业的生产经营活动。

(3) 企业资源和战略获取能力

企业资源包括人、财、物、技术、信息等，可分为有形资源和无形资源两大类。企业战略获取能力是通过分析企业文化和企业经营能力进行判断。企业文化是企业战略制定与成功实施的重要条件和手段，它与企业内部物质条件共同组成了企业的内部约束力量。企业能力主要体现在企业的研发能力、生产管理能力、市场营销能力、财务能力和组织管理能力等方面。

通过识别企业资源优势和劣势，企业领导者应要识别什么是企业与众不同的能力，并决定作为企业竞争武器的独特技能和资源，从而形成自己的核心竞争力，进而决定了企业战略的定位与选择。

(4) 战略分析工具

① SWOT 分析。SWOT 分析法是当前最实用也最流行的一种制定战略的方法。即通过综合分析企业内部的优势和劣势、外部环境的机会和威胁，并以此为基础制定企业的战略。SWOT 分析法四个字母的含义分别是优势（strength）、劣势（weakness）、机会（opportunity）、威胁（threat）四个单词的首字母。SWOT 分析法的基本点就是：企业战略的制定必须使其内部能力（优势和劣势）与外部环境（机会和威胁）相适应，以获得经营与投资的成功。SWOT 分析可以帮助企业把资源和行动集中在自己的强项和有最多机会的

地方。

SWOT分析既可以采用SWOT分析图也可以采用SWOT分析表进行。图3-10、表3-4列出四种战略供企业决策者参考。

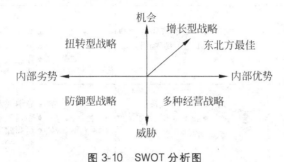

图3-10　SWOT分析图

表3-4　SWOT分析表

企业外部机会与威胁	企业内部优势与劣势	
	内部优势S	内部劣势W
外部机会O	SO成长型战略 依靠内部优势,利用外部机会	WO扭转型战略 利用外部机会,克服内部劣势
外部威胁T	ST多种经营型战略 利用内部优势,回避外部威胁	WT防御型战略 减少内部劣势,回避外部威胁

② BCG矩阵和GE矩阵。BCG矩阵是波士顿成长——份额矩阵的简称,和通用电气公司的吸引力——竞争力矩阵(简称GE矩阵)是两种常用的业务组合分析方法。该方法将组织的每一个战略事业单位标注在一种二维矩阵图上,从而显示出哪个战略事业单位提供高额的潜在收益,以及哪个战略事业单位是组织资源的漏斗。

BCG矩阵是将组织的每一个战略经营单位标在按照销售增长率与相对市场占有率为标志的二维矩阵图上,从而划分出4种业务组合：问题类业务(高增长率,低市场份额),明星类业务(高增长率,高市场份额),奶牛类业务(低增长率,高市场份额),劣狗类业务(低增长率,低市场份额),如图3-11所示。

相对市场份额是指各经营单位与最大竞争对手在市场占有率方面的比值。例如某经营单位的市场份额为30%,最大竞争对手的市场份额为15%,则该经营单位的相对市场份额为2,也就是说,该经营单位的市场份额最大竞争对手的2倍,应该是行业的"主导者"。

GE矩阵法又称通用电器公司法、麦肯锡矩阵、九盒矩阵法、行业吸引力矩阵,是美国通用电气公司(GE)于20世纪70年代开发的一种投资组合分析方法。GE矩阵可以根据经营单位在市场上的实力和所在市场的吸引力对经营单位进行评估。按市场吸引力和业务自身实力两个维度评估现有业务(或事业单位),每个维度分三级,分成九个格以表示两个维度上不同级别的组合。两个维度上可以根据不同情况确定评价指标。

总的来说,这是一种用从市场吸引力和竞争能力来评估经营单位的一种有效方法。市场吸引力取决于市场大小、年市场增长率、历史的利润率等；竞争能力由该单位的市场占有率、产品质量、分销能力等因素决定,如图3-12所示。

多因素投资组合矩阵图分为三个地带：①绿色地带,对这个地带的行业吸引力和战略

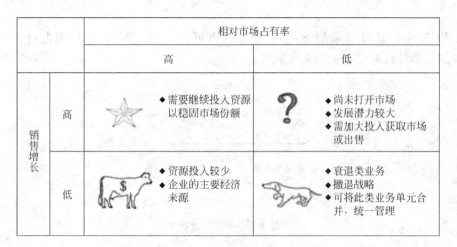

图 3-11 BCG 矩阵图

业务单位要"开绿灯",采取增加投资和发展的战略;②黄色地带,对这个地带的行业吸引力和战略业务单位要"亮黄灯",采取维持原来的投资水平;③红色地带,对这个地带的行业吸引力和战略业务单位要"亮红灯",采取"收割"或"放弃"的战略。

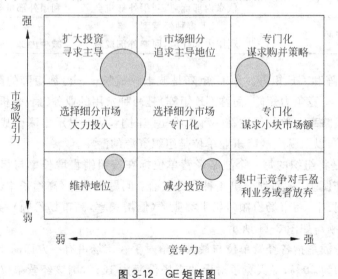

图 3-12 GE 矩阵图

注:圆圈的大小表示市场规模;圆圈的阴影部分表示企业业务的市场份额

2. 战略形成

在战略制定过程中会有多个战略方案的选择,这是一个非常关键的决策,决定了企业的发展方向,一个错误决定可能导致企业满盘皆输,甚至破产,这样的事例非常之多。战略要获得成功,应该建立在企业的独特技能以及与供应商、客户以及分销商之间已经形成或可以形成的特殊关系之上。对于很多企业来说,这意味着形成相对于竞争对手的竞争优势,这些优势是可以持续的;或者是某种产品的市场战略,例如市场渗透、新产品的开发以及多元化经营等。

3. 战略实施

战略实施,是指如何确保将战略转化为实践,其主要内容是组织调整、调动资源和组织与管理的变革。企业组织的结构、业务流程、权责关系,以及它们之间的相互协作都应适应企业战略的要求。战略的变化亦要求企业组织进行相应调整,以创建支持企业成功运营的组织结构。同时,企业能够调动不同领域的资源来适应新战略,包括人力、财务、技术和信息资源,以保证企业总体战略和业务单位战略的成功。企业在进行战略调整时,需要改变企业日常惯例,转变文化特征,克服政治阻力。为此企业能够诊断变革环境,根据变革环境的分析,确定变革管理的风格及确定变革的职责,包括战略领导和中层管理人员应当发挥的作用。

3.4 市场分析与营销决策

3.4.1 市场分析

市场分析就是对市场上可收集到的各种信息进行整理和分析,从中找出对企业经营决策有关的信息。市场信息成为决定企业成败的关键因素。企业战略的制定、营销决策等决策都是依据市场信息进行的。

日常我们每天都面对着大量的信息。一项研究发现,一位品牌经理每星期可以获得大约 100 万~10 亿条信息,超市 POS 机每天可以接受各种信息。特别是互联网技术的发展,使得信息传递速度、传递范围、传递内容都大大增加。换句话说,目前获取信息的途径渠道很多,但是,这些信息中有多少是对我们有用的,如何去发现这些具有真正价值的信息呢?市场分析成为企业经营者、营销者必须掌握的一项技能。这一项技能最基本的方法是进行市场调研,通过调研获得各种信息,包括一手信息和二手信息。对大量信息进行分类整理,从中找出数据间可能存在的相关性,从而来推断未来的趋势。

为了让学生充分体验市场信息给企业经营带来的机会和存在的风险,ERP 沙盘模拟经营中也给出了相应的市场信息,需要各个模拟公司领导人带领团队对市场信息进行充分的研究与挖掘,这样才能保证公司决策的正确。

进行市场分析,最主要的目的是明确自己企业所要进入的市场。对消费品而言,这里的市场就是指消费者。因而要对不同地区的消费者进行研究,判断现实和未来消费者(潜在消费者)的消费趋势所能达到的市场规模及变化趋势;不同产品未来的走势以及不同区域市场的变化等。根据上述信息,来判断企业可能采取的经营决策,如对新开发市场的广告投放,进入市场的方式、时间,不同营销渠道的选择等,同时还需要判断对手可能采取的行动。表 3-5 为市场信息系统的决策分析思路。

表 3-5 市场信息系统分析思路

信息领域	需要重点考虑的信息与问题
行业与市场信息	国家对行业的相关政策
	竞争者优势与不足:产品、市场推广、价格、促销等各方面
	消费者是怎样购买的,购买的时间、地点、原因与购买什么是否很清楚
	市场是否可以细分以及怎样细分;细分的市场将如何被量化
	行业结构与表现如何,本企业在行业中的地位
	是否存在潜在的行业进入者

续表

信息领域	需要重点考虑的信息与问题
企业信息	企业使命、目标与企业自身的独特优势
	企业的产品,以及对过去与当前的市场表现的描述
	企业目前的盈利能力、成本水平与同类企业相比的情况
	企业当前处于一个什么样的环境之中,这样的环境中什么因素是可以控制的
行动计划方面的信息	企业该采取什么样的行动计划比较合适
	采取这样的行动计划之后的收益将是多少,能否加以量化
	企业的行动计划与企业的战略是否吻合,执行过程如何控制
	企业想做什么,应该做什么,能做什么,这三个问题有无明显差别
可能的结果	顾客与竞争对手对企业的行动有可能采取什么样的态度
	我们所采取的行动能够满足顾客与企业本身的需求吗
	每一步行动的潜在利润有多少
	我们所要采取的行动将来能否满足企业本身的需求,能否提高企业的市场竞争力

3.4.2 市场细分

1. 市场细分含义

市场是庞大的,消费者的需求与爱好是多样,而企业的资源是有限的,企业只能用有限的资源为可能需要产品的消费者提供服务,而不可能面对所有的消费者,这个时候就需要进行市场细分,企业只需要为选定的一个或几个细分市场服务,并努力成为这个细分市场的领导者。

市场细分是根据消费者需求异质性理论将市场依据一定的划分标准分割为具有相似需求的细分市场。

市场细分,企业将精力专注于某个市场或某类市场,更易于企业发现存在的市场机会,更加关注这个市场的消费特点,更容易制定相应的营销策略,从而提升企业的市场竞争力。

对于消费者市场而言,市场细分可依据:①地理变量;②人口变量;③心理变量;④行为变量,这四个变量的组合发现多个可能的细分市场,帮助企业在可能细分的市场中选择自己能够进入的市场,成为企业的目标市场。

2. 市场细分的关键

市场细分的第一关键是确定放弃什么、保留什么。

市场细分的第二关键是做到市场机会与企业实力的平衡。

市场细分的第三关键是保持自己的特色。

市场细分实质是将大市场分为若干小市场,使得每个小市场具有类似的需求与特点。这就要求企业决策者学会放弃。人们最大的而且是一种不可控制的心理就是不愿放弃!因为,人们在很多可能与不可能之间,可有与可无之间,都选择试一试的心理,原因很简单,即,"如果有可能为什么不试一试呢?"于是就出现了什么都抓的情况,于是精力被分散了,这是一种思维上的惯性,而且是很难克服的惯性。企业在细分市场的时候亦会如此。

3. 市场细分目的

市场细分目的是选择目标市场。目标市场是指企业打算进入并实施相应营销组合的细分市场,或打算满足的具有某一需求的顾客群体。为使目标客户得到极大满足,企业需要在局部市场形成战略优势以有效利用资源,最终在目标市场上获得盈利。

ERP沙盘模拟经营的决策过程,将市场的细分简单化了,只要同学在虚拟给定的市场中进行决策即可。目前给定的市场有本地、区域、国内、亚洲和国际市场,需要自己判断所进入的目标市场及提供的相关产品,关键是想办法避开竞争对手可能进入的市场,从而减少市场风险。

3.4.3 市场与产品决策的常用工具

通过对目标市场的分析,制定适合的营销组合策略,成为企业在目标市场获得竞争优势的关键。这里对五力模型和营销组合策略进行介绍。

1. 五力模型

五力模型如图3-13所示。企业经常面临来自五个方面的竞争压力。

(1) 潜在进入者带来的竞争压力

通常的情况是,潜在进入者一般具有夺取市场份额的强烈愿望,有的甚至还有强大的实力作为后盾。潜在进入者能不能、敢不敢进入这个行业,通常由进入壁垒的高低决定,而行业内现存企业的反应在很大程度上决定了进入壁垒的高低。

(2) 供应商议价能力

供应商提高价格,或者降低产品质量,是它们对在行业内进行竞争的企业施加影响的常见方式。如果企业不能消化提价所造成的成本增加,那么企业的赢利能力注定要被供应商削弱。当下面这些情况出现时,供应商的抬价能力往往很强:供应商处于某种垄断地位;没有替代品;在供应商面前,客户的重要性不足;供应商的产品对于客户在市场上能否成功举足轻重;如果客户想转而寻找另外的供应商,其转移成本非常高;供应商可以施行前向整合,进入客户的市场(例如,制衣厂决定开办自己的直销店,就将给衣服零售商造成巨大损害);供应商资源丰富,可以向客户提供新奇的产品。

(3) 客户议价能力

供应商总是想以最高的价格出售其产品,而客户则总是想以最低的价格购得想要的产品。客户为了降低自己的成本,就一定会压价,一定会要求更高的产品质量,一定会要求最好的服务。当下面这些情况出现时,客户的砍价能力最强:客户购买的产品,占了整个行业产品的大多数;客户所购的产品,是其成本的相当重要部分,为此,客户会努力压价;客户寻找另外供应商的转移成本很低;供应商的产品没有新意,是标准化的大宗产品;客户有可能后向整合,进入供应商的市场。

(4) 替代产品替代压力

所谓替代品,是指那些既能满足消费者的相似需要,又具有不同特点的产品。就是说,这种产品能发挥相同或者相似的作用,而且这种产品还实际上限制了企业对原先产品的售价。一般来讲,在消费者的转移成本很低,或者替代品的价格具有竞争性的时候,或者替代品的质量不比原先的产品质量差,甚至还比原先的产品质量高的时候,其威胁是相当大的。降低替代品的吸引力,生产原先产品的企业,就必须考虑使自己的产品有所不同,降低售价,提高质量,加强售后服务。一句话,要让消费者在购买产品时感到更满意,否则就会在竞争中处于不利的地位。

(5) 竞争者的竞争压力

竞争者是企业在该行业内直接面对的竞争对象,其竞争强度一般与以下基本因素有关:如果行业进入障碍较低,势均力敌的竞争对手就会较多;市场越趋于成熟,产品需求增长越缓慢,竞争会越激烈;如果行业内存在众多不同性质的竞争者,它们采取的竞争方式就可能存在极大差别,加剧了行业的不稳定性,导致竞争强度增强;如果一些企业当前采取的战略具有很高的机会成本,也会增加这个行业内企业的竞争程度;退出行业障碍高,导致退出竞争要比继续参与竞争代价更高,竞争也越激烈。

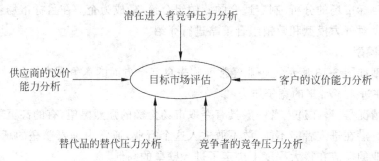

图 3-13　五力模型

2. 目标市场竞争战略

根据公司在目标市场所处的地位,可把它分为领导者战略、挑战者战略、追随者战略与补缺者战略。企业可以根据自身的实际情况进行选择。

(1) 领先者战略

领先者战略,是企业在其产品已成为所在市场的领头羊时采用的。这是通过市场占有率来确定的,并且在价格调整、新产品市场投放、市场销售区域、促销等方面,该企业在该行业中能起到领导作用。

在 ERP 沙盘模拟经营中,我们以销售额来确定市场领先者,并给以一定的优惠政策,因此各模拟公司应根据自己的实际情况及企业制定的战略目标来确定自己是不是要成为市场领先者。

(2) 挑战者战略

挑战者往往也是市场的主动者,是紧随领先者之后的企业,其努力将市场领先者作为自己的对手,希望有机会能够超越对手。同时还需要关注其他对手,以防后来者超越自己。

在 ERP 沙盘模拟经营中,各模拟经营公司需要明确自己的竞争对手,制定好详细的应对策略,才能获取更大胜利。

(3) 追随者战略与补缺者战略

追随者与补缺者是中小企业经营的法宝。在自己不够强大的时候往往采取这两种战略,实施过程要稳扎稳打,否则可能会导致不良后果。

企业在目标市场上竞争地位不同,其可以根据目标市场情况与企业的实际情况采取主动策略和被动策略,如图 3-14 所示。

3. 营销组合战略

企业选择的目标市场不同,相应的营销战略也就有所不同。概括起来,主要有三种不同的目标市场营销战略可供企业选择:无差异性营销战略、差异性营销战略、集中性营销战略，如图 3-15 所示。

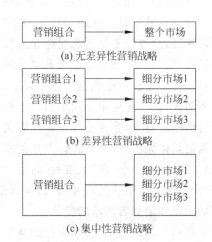

	主动策略	被动策略
领导者	拓展市场 保护占有率 先发制人	阵地防御 机动防御
挑战者 或跟随者	正面策略 侧翼策略 围堵策略	跟随策略
补缺者	迂回策略	维持现况 百分率？

图 3-14　不同市场竞争者的策略选择　　图 3-15　三种目标市场营销战略

(1) 无差异性营销战略

无差异营销是指企业把整体市场看作一个大的目标市场，不进行细分，用一种产品、统一的市场营销组合对待整体市场。采取无差异营销策略基于原有的老产品已获得市场的认可，认为没必要进行市场细分，只需提供标准化的产品。另外在企业认为某些产品消费需求差异不大时也会采取无差异营销策略。其最大的好处是成本的经济性。但从目前的消费情况看，这个策略是难以应用的。

(2) 差异性营销战略

采用差异性营销战略的企业，通常是把整体市场划分为若干个需求与愿望大致相同的细分市场。然后，根据企业的资源及营销实力选择不同数目的细分市场作为目标市场，并为所选择的各目标市场制定不同的市场营销组合策略。

采用差异性市场营销战略的最大长处，是可以有针对性地满足具有不同特征的顾客群的需求，提高产品的竞争能力。但是，由于产品品种、销售渠道、广告宣传的扩大化与多样化，致使生产成本、管理费用和销售费用等市场营销费用大幅度增加。

(3) 集中性营销战略

集中性营销战略是将整体市场分割为若干细分市场后，只选择其中一个或少数细分市场为目标市场，开发相应的市场营销组合，实行集中营销。也就是把企业的人、财、物集中于某一个细分市场或几个性质相似的小型市场归并的细分市场，希望在一个较小的市场上占有较大的市场占有率。该战略也称"弥隙"战略，即弥补市场空隙的意思。它适合资源较少的小企业。

3.4.4　全方位营销

美国营销学权威菲利普·科特勒近来出版了他的新作《营销动向：利润、增长和更新的新方法》，中文版译为《科特勒营销新论》。他在书中打破其创立、传播并给其带来国际声誉的经典范式，提出了营销的新模式，即"全方位营销"的动态概念。他认为，互联网、全球化和超竞争，正戏剧化地重塑市场并改变企业的运作方式，而目前的问题是营销没有跟上市场的步伐,所以,传统的营销方法需要被解构、重新定义、扩展,以反映这一现实情况。

全方位营销是一种新经济形势下的新的营销观念。相对于传统的推销观念和营销观念不同的是,全方位营销观念是指企业针对个别客户的需求,整合企业的全面关系网络,通过掌握客户占有率、顾客忠诚度和客户终生价值来达到获利性的成长。随着市场竞争的加剧,竞争对手无论从产品到营销策略都表现出了越来越严重的趋同现象,原有的竞争优势越来越不明显,促使企业重新定位自己的营销理念。建立顾客与企业之间的理解与信任关系比销售产品更重要,企业更加注重顾客关系管理。所以,在这样的环境下,营销观念转变为努力满足具体顾客的特殊需求,营销的主要任务就是发掘出适应情境变化的新产品,以符合个别客户的实际需求,由"大批量"转变为"个性化"定制,把传统的"一对多"营销转变为"一对一"的营销。营销从大众营销、目标营销到一对一营销,每一种营销新理论的提出都是顺应市场发展和消费者需求的变化。一对一营销更加突出了顾客的个性化需求。

营销大师科特勒认为,以往的营销偏重于发掘新客户,今天的营销已经把重心放在如何维系和培养顾客方面。营销不但要把顾客吸引过来,还要把顾客留住变为长期客户。科特勒告诫说,关注老顾客比吸引新顾客更重要。失去一个顾客远不是仅仅失去一笔买卖这么简单,而是失去了这个顾客在整个"购物生命期"内可能发生的全部购物量。挽留顾客的关键,是提高顾客价值和满意程度。顾客价值不是产品价值,而是顾客从使用某种产品中获得的价值和支付的成本之差;顾客满意也不是产品本身的质量,而是产品效能和顾客期望值的吻合程度。要真正留住顾客,就必须开发顾客使用价值。也就是要帮助顾客降低他们的订购、仓储和行政成本,同时将公司的产品和服务顾客化,实践"体贴顾客"的观念;不仅提供更快更好的产品,还要协助、训练和指导顾客,从所提供的产品中获得更大的使用价值。图 3-16、图 3-17 较为全面地描述了全方位营销的基本理念和架构。

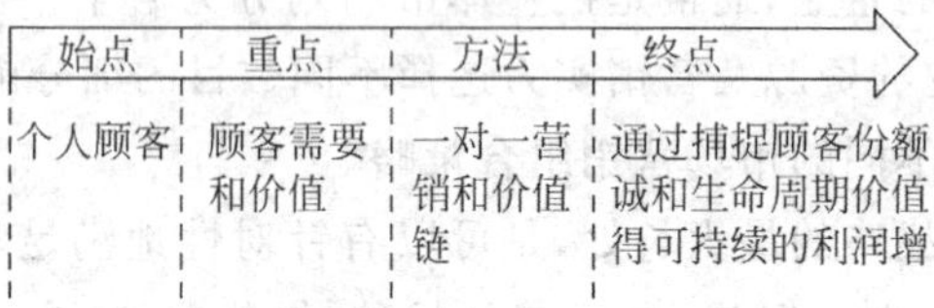

```
始点      重点        方法         终点
个人顾客   顾客需要    一对一营     通过捕捉顾客份额、忠
          和价值      销和价值     诚和生命周期价值,获
                      链           得可持续的利润增长
```

图 3-16　新的营销哲学——全方位营销

3.4.5　市场营销 4P 策略

市场营销 4P 策略是指产品策略、产品定价策略、分销渠道策略和广告策略。这是市场营销中最基本的策略,即面对不同的目标市场提供不同的产品,制定消费者可接受的价格,利用中间商,将产品转移到消费者手中,而当中需要通过各种促销方式传递给消费者各种信息。

1. 产品策略

产品策略包括企业可能提供的产品的种类(产品组合决策)、各种产品的生命周期情况(产品生命周期决策)、产品的名称(产品品牌决策)、包装(包装决策)等内容。

面对消费者的不同需求,企业往往会提供多种产品。企业要通过分析目前的产品线、产品项目构成情况,分析企业产品线宽度、长度、深度及相关性等情况,分析不同产品的市场表现力和盈利能力情况,进而做出产品的组合决策。

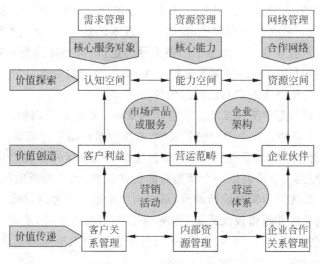

图 3-17 全方位营销的架构

任何产品都有生命周期，一般可分为投入期、成长期、成熟期和衰退期。产品生命周期是一个非常重要的概念，是企业制定产品市场与营销策略的基础，如表 3-6 所示。

表 3-6 生命周期与营销策略

生命周期阶段	引入期	成长期	成熟期	衰退期
营销目标	创造产品知名度与试用	最大限度提高市场占有率	维持市场占有率获取最大利润	对该品牌削减支出和汲取收益
产品策略	提供一个基本产品	提供产品的扩展品、服务和担保	品牌和样式的多样性	逐步淘汰疲软项目
价格策略	成本加成	市场渗透价格	竞争定价	削价
分销策略	选择性分销	密集性分销	更密集的分销	淘汰无盈利网点
广告策略	在早期采用者和中间商建立产品的知名度	在大量市场中建立知名度，引起顾客兴趣	强调品牌区别和利益	减少到保持坚定忠诚者需求的水平
促销策略	大力加强销售促进，吸引试用者	利用有大量消费者需求的有利条件适当减少促销	增加对品牌转换的鼓励	减少到最低水平

品牌是公司最持久的资产，也是企业必须精心发展和管理的强有力资产。品牌代表了消费者对产品及其性能的认知和感受。品牌核心价值理性层面是以产品为基础的，它带给消费者实际的利益，也是消费者愿意用金钱、时间、风险等购买成本去交换的。如果能让消费者喜欢上某个品牌，也就是获得消费者对品牌的价值、文化、个性的认同，就会获得消费者对品牌忠诚度和信任度的提升，是形成良好客户关系的基础。

包装最根本的目的是保护商品，可以借助包装让消费者牢牢记住产品或品牌，通过包装促进销售。

2. 产品定价策略

产品价格的制定受到多方面因素的影响，如企业自身的定价目标、产品制造成本、市场的供求状况、商品的需求特性、竞争状况、消费者心理、政府的干预等。价格制定有多种方法,可归结为三大类:①成本导向定价,即以产品成本的基点,加上成本利润率即构成产品价格,并推算出厂价、批发价和零售价;②需求导向定价,这是按消费者对产品价值的认知和需求的程度来决定价格,是一种倒推定价方式,即先确定的是市场价;③竞争导向定价,企业根据竞争对手的价格来制定自己产品的价格。

价格制定的关键是定价策略实施。企业定价策略主要有以下四种。

(1) 新产品定价策略。在企业营销实践中,常用的新产品定价策略主要有三种,即撇脂定价策略、渗透定价策略和满意定价策略。撇脂定价策略是指针对某些消费者求新、炫耀的特点开发新产品,使其刚上市时以一个相当高的价格出售,然后随着时间的推移,逐渐降价的一种定价策略。渗透定价策略恰恰相反,是在新产品刚上市时以较低价格进入市场,以便很快地吸引大量购买者并赢得较大的市场占有率。满意定价策略,有时也称为温和式定价策略,是为了建立企业与产品的良好形象,把价格定在适中水平上的策略,以获取行业平均利润为目标。

(2) 系列产品定价策略。系列产品通常是指在消费上具有一定替代性或互补性的一组产品。系列产品定价策略分为替代品定价、互补品定价和分级定价三种策略。在形成替代关系的两种产品中,企业有意抬高一种产品的价格,以便将消费需求引向企业真正意欲销售的另一种产品,这就是替代品定价策略。在形成互补关系的产品结构中,一般策略是企业以低价销售主件产品(价值大、使用寿命长),而配以高价销售购买频率高的次件产品,从而实现总体利润的最大化,此为互补品定价策略。分级定价策略是企业将系列产品按等级分组,形成相对应的几个档次的价格,而不是为每一个产品制定价格。

(3) 心理定价策略。是利用消费者的消费心理,根据不同类型消费者购买产品或服务的心理动机来制定企业产品或服务价格的定价策略。同样的产品或服务,不同的消费者因其需求动机和需求偏好的不同会有不同的价格要求。一般有尾数定价、整数定价、声望定价、招徕定价和小剂量单位定价等几种策略。

(4) 折扣定价策略。企业在基本价格的基础上,根据交易对象、成交数量、交货时间、付款条件等情况采用各种不同方式给购买者以一定比例的价格折让,常见的折扣价格主要有现金折扣、数量折扣、交易折扣、季节折扣和折让等。

在ERP沙盘模拟经营决策中,产品价格是由客户订单决定的,模拟企业只能根据订单价格提交产品,因而需要企业经营者做好企业内部的成本与费用控制。

3. 分销渠道决策

制造企业生产出来的产品,需要通过中间环节才能将产品转移到消费者手中。这些中间环节即构成分销渠道。

分销渠道一般有几种类型,如图3-18所示。

企业需要根据自己的产品性质和市场情况,分析可采取的营销渠道类型。图3-18只是提供了可能的分销渠道的长度模型,还需要考虑产品面向的目标顾客的分散程度来决定营销渠道的宽窄度。

在ERP沙盘模拟经营决策中,并未涉及这个环节的决策,而是规定了制造者与购买者之间是直接渠道,减少了中间环节。

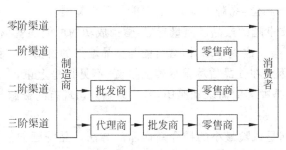

图 3-18　分销渠道类型

4. 广告决策

(1) 制定广告决策要考虑的因素

制定广告决策常常需要考虑如下因素：

① 将向谁直接做广告；

② 想实现什么样的目标；

③ 将做什么样的广告；

④ 要说些什么；

⑤ 打算在哪儿做广告；

⑥ 要多长时间才做一次广告。

(2) 成功广告特点

一般来说，成功的广告内容应具有以下特点：

① 能引起注意，至少要能引起人们驻足观看，这对广告内容能否引起人们注意并阅读起到决定性的作用。

② 能吸引人们的视线，能否在相对短的时间里留下印象是一个重要的衡量标准。画面、声音、符号等都构成重要因素。

③ 主要部分容易被记住，如果能够引起预期的联想和感觉那就更好了。有些广告看一眼就能长久地被记住，这就很说明问题。

④ 考虑使用产品代言人，代言人要与产品有联系，也要与目标市场有联系，否则会起反效果。

⑤ 要避免夸张，从长期来看表现产品特征的广告要比那些非常夸张的广告更有吸引力。

⑥ 认识和考虑产品的特性，这有助于进行准确的产品定位，然后有的放矢地做广告。

(3) 营销与广告决策常见误区与陷阱

① 市场份额决定盈利，企业需要永远争做市场领先者。在许多行业、公司和经营单位中，市场份额对盈利起着强有力的积极作用。企业可以"买"到市场份额，比如打折扣和大力度的促销攻势能够人为地建立起市场份额优势，相应形成规模经济，获得高投资回报率。今天，企划者对市场份额与盈利能力间的关系已不那么有把握了。为抢占市场而不惜利润的行为，就像呼吸不含氧的空气一样，虽然暂时无事，最终却是死路一条。

② 固守老的品牌。消费者往往认为产品质量与品牌有极大关系，好的品牌必然带来优质的质量，选择品牌是他们做购买决策的主要因素。品牌是消费者识别优质产品和服务的

捷径，但是如果做得不到位，品牌不提升，有可能导致声誉滑坡。

③ 必须提供品质卓越的产品。质量越好，营销成功的可能性就越大。但生产高品质产品，并不断加以完善，会造成成本攀升，有可能与产品增加的价值不相称，产品价格因此高高在上，与市场脱节。因此在使品质尽善尽美上投资，不见得是上策，企业应该在两方面之间寻求最佳平衡：一边是顾客的需求和愿望，另一边是公司现有的资源、生产能力及维持品质标准所需的成本。

④ 拓展产品系列是风险最小的推介新产品的方法。品牌延伸能够使延伸产品迅速得到市场认同，节省广告和促销开支，但品牌延伸也有风险：某产品的失败会打击品牌，损害核心品牌的声誉；即使新产品表现不俗，核心品牌也不一定合适它；过滥会使核心品牌丧失在消费者心目中的独特定位仅仅留下一堆看似同类却联系松散的品牌。企业应把增加利润而不是销售作为评估拓展产品系列的依据。

⑤ 产品越诱人就越有可能成功，而最诱人的产品构想却往往最没有利润可求。

我们把营销与广告决策常用工具用图3-19反映出来。

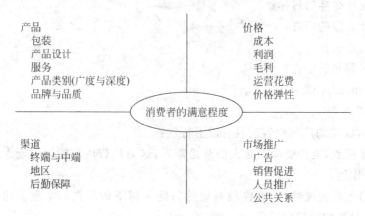

图3-19 营销决策常用工具

3.5 生产运作决策

3.5.1 对生产的理解

生产，简单说是制造具有某种用途、对社会有用的物品。其过程存在三个基本问题。

① 完成时机：交货期。

② 制造的内容：有形产品—品质和无形产品—服务。

③ 制造所需的费用：成本。

由此，生产的本质是：使用材料(Material)、机械设备(Machine)、员工(Men)，结合作业方法(Method)即4M，达成品质(Quality)、成本(Cost)、交期(Delivery)，即Q、C、D要求的活动。

生产这一活动过程从最初只为客户提供具体产品发展为全方位提供产品和服务，通过为客户创造效用而增加附加价值的过程称为营运。

3.5.2 企业生产运作系统

任何企业组织都存在三个基本的职能部门：财务、营销、营运。财务部门负责筹资、预算、分析投资方案和资金分配等；营销部门负责对客户需求作出分析、销售产品并提供服务；营运部门则是企业的核心部门（如果企业是一辆小汽车，营运部门就是汽车的发动机）。营运过程是一个输入—转换—输出过程。

输入——生产加工过程需要的各种资源要素，如4M、技术文件、工艺文件等。

转换——加工全过程（一般的机械加工过程：毛坯制造、机械加工、装配三大基本环节）。

输出——产品和提供的服务。

注意：转换过程不仅是产品制造过程，转换的整个过程就是产品价值形成的过程，也是企业关键过程。需要明确我们为客户提供什么产品（数量、质量），什么时间交货（交货期、交货地点），什么服务（安装、调试、人员培训、指导使用、问题解决等）。

生产过程是企业运行系统的关键环节。

3.5.3 生产管理

生产管理目标：达到"输出＞＞输入"，也就是利用各种资源实现低投入高产出。可用一个概念"生产率"描述。

$$生产率 = 产出/投入（生产绩效关键因素）$$

如何提高生产率？需要组织高效的生产运作系统（现在也称为营运系统），即需要输入具有良好技能的员工、采购合格的物料、提供良好的设备、设计规范的作业标准、创造适宜的作业环境、高效的监控体系及现场督导等。

因此，生产管理实际包含了工程管理、品质管理、成本管理、作业管理、设备管理、物料管理、生产安全管理等内容，这是广义的生产内容；而狭义的生产管理主要就是工程管理，包括生产计划和生产控制。因此，生产计划的制定是生产管理的首要工作，所有后续工作都要依据生产计划来组织实施。

3.5.4 生产计划的制订

1. 生产计划涉及的相关部门

生产计划是对生产系统所涉及的人、机、料的合理安排，以实现企业资源的低投入与高产出，实现企业目标。或者说是通过调整生产率、劳动力水平、存货水平、工作时间以及其他可控因素，来决定满足预测需求（或客户订单）的最合理生产方式的一个安排。请注意，这里使用的是"合理"，生产计划的制订是对资源使用的决策，决策所涉及的方法往往是不可兼得的。

生产计划又是企业制订物料需求计划的依据、计算产能需求计划的依据和其他相关计划制订的依据。一般地讲，有两种计划模式：按订单生产（Make to Order，MTO）和按库存生产（Make to Stock，MTS）。第一种模式多发生在专用产品、投标项目或大的明确的订单的生产。以这种模式生产的企业一般在接到最终用户的订单或中标之前，是不备有成品库存的。而客户也同意等待一定的交付期。第二种模式则适用于通用产品的生产。这种企业,由于最终用户往往不愿过多地等待时间,而不得不自己保有或在渠道中保有一定的库存。而企业认为库存不够时,再通过生产来补足。多数企业可能会遇到第二种模式。

生产计划制订不仅仅是生产部门的事情,涉及到企业很多相关部门,如销售部门、生产部门、设备管理部门、质量管理部门、产品设计与工艺部门、采购部门、仓储部门、人力资源部门等,如图3-20所示。

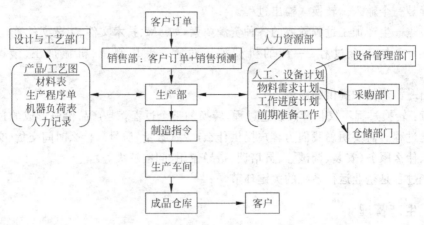

图 3-20　生产计划与相关部门的关系

其中,

客户——销售部关系:订单下达与订单回复;

销售部——生产部关系:订单通知与交货期确认;

生产部——客户关系:交货期变更通知与交货期变更协调;

生产部——生产车间关系:制造命令与生产变更通知。

2. 生产计划内容

一份成功的生产计划必须包含 4W1H 内容:

生产什么东西(what)——产品名称、零件名称;

生产多少(how much)——数量和重量;

是谁在哪里生产(who、where)——部门、单位;

要求什么时候完成(when)——期间、交期。

生产计划涉及几项指标:品种(多少种产品)、产量(每种产品生产多少)、质量(每种产品应达到的质量标准)、产值(用货币表示的产量指标,反映的是企业综合经营活动成果)、出产期(每种产品出产时间)。

计划需要具备几个条件:

(1) 企业管理者需要测算总的销售及产出量(两者均可能实现均衡);

(2) 管理者必须在给定的资源条件下对合理的中期计划时间作出一定的预测;

(3) 管理者对生产中产生的成本必须要有清醒认识;

(4) 管理者能够在计划实施过程进行督导,并与其他部门进行有效沟通。

在 ERP 沙盘模拟经营中,我们希望模拟企业根据市场信息作出准确判断,做好生产储备,以应对市场的变化。

3.5.5 资源的合理配置

1. 选择工艺和设备

(1) 选择工艺,即选择产品的主要制造技术和基本制造流程。在选择制造技术时要考虑能否将企业所需的产品加工出来、产品的关键功能能否较好地实现、质量能否保证、成本是否适宜、能否大幅度地提高产品附加价值;选择产品基本制造流程时要综合考虑产品的特点、生产规模、品种数量及不同的工艺方法,以便提高设备的利用率和劳动生产率。

(2) 选择设备。可以运用年费法选择设备。首先把购置设备一次支出的设备费(指投资费)依据设备的寿命周期,按复利计算,换算成相当于每年的费用支出,然后加上每年的使用费,得出不同设备的总费用,在进行比较、分析、选择最佳方案。

运用现值法选择设备。将设备寿命周期内每年的使用费,按复利计算,换算成相当于最初一次性投资的总额,再加上设备的最初购置投资额,得到设备的寿命周期费,以较少寿命周期费作为决策标准。

目前 ERP 沙盘模拟经营课程中,设备有手工线、半自动生产线、全自动生产线和柔性线。不同生产线的投资成本及每年的运营维护费用均不等,每种设备的产能也不同,在模拟经营中需要同学根据实际情况进行设备的选择。

2. 选择生产地点

要分析交通是否方便,离生产需要的原材料产地是否较近,以及是否有生产所需要的水资源等;要分析当地的购买能力、当地可能的融资能力、是不是某类商品的集散地,以及当地经贸等其他行业的发展程度等;要分析当地的政策是否对生产有利,当地的人群消费倾向和经济意识,以及当地的劳动力供给与最低工资政策对生产造成的影响等。

3. 配备合适员工

制造型企业需要具有掌握一定技术的员工,因而招聘技术型员工和培养技术型员工是制造型企业人力资源管理的关键环节。

3.5.6 生产能力与效率

生产能力,是一个系统在某一特定时间内能够完成的产出量。

生产能力利用率反映的是企业的实际生产状况与最佳作业水平(即设计生产能力)之间的符合程度。

$$生产能力利用率 = \frac{已利用的生产能力}{设计生产能力}$$

企业在扩大生产能力时,应考虑许多方面的问题,其中最重要的三点如下所示。

(1) 保持生产系统的平衡。每一生产阶段的最佳作业水平通常并不一样,变化的产品需求以及来自于生产过程本身的一些问题也会导致生产不平衡的现象发生。

解决生产系统不平衡问题的方法有很多。其一,增大瓶颈阶段的生产能力;其二,可以在生产瓶颈之前预留缓冲库存,以保证瓶颈环节持续运转;其三,如果某一部门的生产依赖于先前某一部门的生产,那么就重复设置前一部门的生产设备,以便充足地供应后续部门的生产所需。

(2) 生产能力扩容的频率。在扩大生产能力时,应考虑两种成本问题:生产能力升级过于频繁造成的成本。

（3）外部生产能力。有些情况下，不扩大本企业的生产能力，而代之以利用现有的外部生产能力来增加产量，可能是一种更为经济有效的办法。

3.6 财务决策

3.6.1 融资决策

1. 融资决策含义

对于企业而言，如何选择融资方式，怎样把握融资规模以及各种融资方式的利用时机、条件、成本和风险，这些问题都是企业在融资之前就需要进行认真分析和研究的。

随着经济的发展，融资已成为中小企业的热门话题，很多企业热衷于此。然而，在企业进行融资之前，先不要把目光直接对向各式各样令人心动的融资途径，更不要草率地做出融资决策。首先应该考虑的是，企业必须融资吗？融资后的投资收益如何？因为融资意味着需要成本，融资成本既有资金的利息成本，还有可能是昂贵的融资费用和不确定的风险成本。因此，只有经过深入分析，确信利用筹集的资金能达到的总收益要大于融资的总成本时，才有必要考虑如何融资。这是企业进行融资决策的首要前提。

由于企业融资需要付出成本，因此企业在筹集资金时，首先要确定企业的融资规模。筹资过多，有可能造成资金闲置浪费，增加融资成本；也有可能导致企业负债过多，使其无法承受，偿还困难，增加经营风险。而如果企业筹资不足，则又会影响企业融资计划及其他业务的正常开展。因此，企业在进行融资决策时，要根据企业对资金的需要、企业自身的实际条件以及融资的难易程度和成本情况，量力而行来确定企业合理的融资规模。

ERP沙盘模拟经营课程中，涉及的融资方式主要是借款，具体有三种方式：银行长期贷款、银行短期贷款和高利贷。不同的贷款方式其贷款利息不同，导致融资成本不同。企业选择哪一种融资方式，要根据企业自身的实际情况决定，不可盲目贷款。

2. 企业最佳融资机会选择

所谓融资机会，是指有利于企业融资的一系列因素所构成的有力的融资条件和时机。企业选择融资机会的过程，就是企业寻求与企业内部条件相适应的外部环境的过程，这就有必要对企业融资所涉及的各种可能影响因素作综合具体分析。一般来说，要充分考虑以下几个方面。

① 由于企业融资机会是在某特定事件所出现的一种客观环境，虽然企业本身也会对融资活动产生重要影响，但与企业外部环境相比较，企业本身对整个融资环境的影响是有限的。在大多数情况下，企业实际上只能适应外部融资环境而无法左右外部环境，这就要求企业必须充分发挥主动性，积极寻求并及时把握住各种有利时机，确保融资获得成功。

② 由于外部融资环境复杂多变，企业融资决策要有超前预见性，为此，企业要能够及时掌握国内外利率、汇率等金融市场的各种信息，了解国内外宏观经济形势、国家货币及财政政策以及国内外政治环境等各种外部环境因素，合理分析和预测能够影响企业融资的各种有利和不利条件，以及可能的各种变化趋势，以便寻求最佳融资机会，果断决策。

③ 企业在分析融资机会时，必须要考虑具体的融资方式所具有的特点，并结合本企业自身的实际情况，适时制定出合理的融资决策。比如，企业可能在某一特定的环境下，不适

合发行股票融资,但可能合适银行贷款融资;企业可能在某一地区不适合发行债券融资,但可能在另一地区却相当适合。

3. 降低企业融资成本

一般来说,融资成本是指企业为筹措资金而支出的一切费用。它主要包括:融资过程中的组织管理费用、融资后的资金占用费用以及融资时支付的其他费用。

企业融资成本是决定企业融资效率的决定性因素,对于中小企业选择哪种融资方式有着重要意义。由于融资成本的计算要涉及很多种因素,具体运用时有一定的难度。一般情况下,按照融资来源划分的各种主要融资方式按融资成本的排列顺序依次为财政融资、商业融资、内部融资、银行融资、债券融资、股票融资。这仅是不同融资方式融资成本的大致顺序,具体分析时还要根据具体情况而定。比如,财政融资中的财政拨款不仅没有成本,而且有净收益,而政策性银行低息贷款则要有较少的利息成本。对于商业融资,如果企业在现金折扣期内使用商业信用,则没有资金成本;如果放弃现金折扣,那么,资金成本就会很高。对股票融资来说,其中发行普通股与发行优先股,融资成本也不同。

4. 制定最佳融资期限决策

企业融资按照期限来划分,可分为短期融资和长期融资。企业做融资期限决策,是在这两种方式之间进行权衡和选择,主要取决于融资的用途和融资人的风险性偏好。

从资金用途上来看,如果融资用于企业流动资产,则根据流动资产具有周转快、易于变现、经营中所需补充数额较小及占用时间短等特点,选择各种短期融资方式,如商业信用、短期贷款等;如果融资用于长期投资购置固定资产,由于这类投资要求资金数额大、占用时间长,因而适宜选择各种长期融资方式,如长期贷款、企业内部积累、租赁融资、发行债券、股票等。

从风险性偏好角度来看,融资期限决策可分为中庸型、激进型和稳健型三种类型。中庸型融资的原则是,企业对波动性资产采用短期融资的方式筹资,对永久性资产则采用长期融资的方式筹资。这种融资决策的优点是,企业可以避免因资金来源期限太短引起还债风险,也可以减少由于过多地介入长期资金而支付高额利息。激进型融资的原则是,企业用长期资金来满足部分永久性资产对资金的需求,余下的永久性资产和全部波动性资产,都靠短期资金来融通。激进型融资的缺点是具有较大的风险性,这个风险既包括旧债到期难以偿还和可能借不到新债,还包括利率上升、再融资成本要升高的风险。当然,高风险也可能获得高收益,如果企业的融资环境比较宽松,或者企业正赶上利率下调的好时机,则具有更多短期融资的企业会获得较多利率成本降低的利益。稳健型融资的原则是,企业不但用长期资金融通永久性资产,还融通一部分甚至全部的波动性资产。当企业经营处于淡季的时候,一部分长期资金用来满足波动性资产的需要;在经营旺季时,波动资产的另一部分资金需求可以用短期资金来解决。

5. 寻求最佳资本结构

中小企业融资时,必须要高度重视融资风险的控制,尽可能选择风险较小的融资方式。企业高额负债,必然要承受偿还的高风险。在企业融资过程中,选择不同的融资方式和融资条件,企业所承受的风险大不一样。比如,企业采用变动利率计息的方式贷款融资时,如果市场利率上升,则企业需要支付的利息额增大,这时企业需要承受市场利率风险。因此,企业融资时应认真分析市场利率的变化,如果目前市场利率较高,而预测市场利率将呈下降走势,这时企业贷款适宜按浮动利率计息;如果预测市场利率将呈上升趋势,则适宜按固定利率计息。这样既可以减少融资风险,又可以降低融资成本。对各种不同的融资方式,企业承担的还本付息风险从小到大的顺序一般为:股票融资,财政融资,商业融资,债券融资,银行融资。

企业为了减少融资风险,通常可以采取各种融资方式的合理组合,制定一个相对更能规避风险的融资组合策略,同时还要注意不同融资方式之间的转换能力。比如,对于短期融资来说,其期限短,风险大,但其转换能力强;而对于长期融资来说,其风险较小,但与其他融资方式间的转换能力却较弱。

企业在筹措资金时,常常会面临财务上的提高收益与降低风险之间的两难选择。那么,通常该如何进行选择呢?财务杠杆和财务风险是企业在筹措资金时通常要考虑的两个重要问题,而且企业常常会在利用财务杠杆作用与避免财务风险之间处于一种两难处境;企业既要尽力加大债务资本在企业资本总额中的比重,以充分享受财务杠杆利益,又要避免由于债务资本在企业资本总额中所占比重过大而给企业带来相应的财务风险。财务杠杆是指企业利用负债来调节权益资本收益的手段,指由于债务的存在而导致普通股每股利润变动大于息税前利润变动的杠杆效应。当负债在全部资金中所占比重很大,从而所支付的利息也很大时,若出现投资利润率大于负债利息率时其所有者会得到更大的额外收益;若出现投资利润率小于负债利息率时,其所有者会承担更大的额外损失。通常把利息成本对额外收益和额外损失的效应称为财务杠杆的作用。在进行融资决策与资本结构决策时,一般要遵循的原则是:只有当预期普通股利润增加的幅度将超过财务风险增加的幅度时,借债才是有利的。财务风险不仅会影响普通股的利润,还会影响到普通股的价格,一般来说,股票财务风险越大,它在公开市场上的吸引力就越小,其市场价格就越低。

因此,企业在进行融资决策时,应当在控制融资风险与谋求最大收益之间寻求一种均衡,以寻求企业的最佳资本结构。

3.6.2 折旧

折旧是固定资本在使用过程中因损耗而逐渐转移到新产品中去的那部分价值的一种补偿方式。就固定资产折旧而言,折旧不是现金流量,但由于它会对企业净利润产生影响,而间接产生抵税效果,影响企业的现金流量。因此,在进行固定资产投资分析时,折旧方法是决策必须考虑的重要因素。固定资产的折旧应作为折旧费用记入产品成本和期间费用,这不仅符合收入与费用的配比原则,也使企业在将来有能力重置固定资产。

固定资产折旧的方法很多,有直线折旧法、双倍余额递减法、倍率余额递减法、年数总和法等,在此主要介绍几种常用的方法。

(1) 直线折旧法

直线折旧法(Straight Line)又称平均年限法,是将固定资产的折旧均衡地分摊到各期的一种方法。采用这种方法的每期折旧额均是等额的,其计算公式如下:

$$年折旧额 = \frac{原始成本 - 预计净残值}{预计使用年限}$$

(2) 双倍余额递减法

双倍余额递减法(Double Declining Balance)是加速折旧法的一种,它是在不考虑固定

资产残值的情况下,根据每期期初固定资产账面余额的双倍的直线法折旧率计算固定资产折旧的一种方法,其计算公式如下:

$$年折旧率 = \frac{2}{预计使用年限} \times 100\%$$

$$年折旧额 = 股东资产账面净值 \times 年折旧率$$

(3) 倍率余额递减法

倍率(Factor)余额递减法是指可以用不同倍率的余额递减法计算某个时期内折旧额的方法。双倍余额递减法是倍率等于2的倍率余额递减法,是倍率余额递减法的特例。

(4) 年数总和法

年数总和法(Sum of Years' Digits)又称合计年限法,也是加速折旧法的一种。它是将固定资产的原值减去净残值后的净额乘以一个逐年递减的分数计算每年的折旧额,其中这个分数的分子代表固定资产尚可使用的年数,分母代表使用年数的逐年数字总和,其计算公式如下:

$$年折旧额 = (原始成本 - 预计净残值) \times \frac{尚可使用年限}{预计使用年限的年数总和}$$

3.6.3 税收

每年年末,应对企业本年的财务状况及经营成果进行核算统计,按时上报"资产负债表"和"利润表"。如果企业经营盈利,需要按国家规定上缴税金。每年所得税计入应付税金,在下一年初缴纳。所得税按照弥补以前年度亏损后的余额为基数计算。

当上年权益≤初始所有者权益时,其税金计算公式:

$$税金 = (上年权益 + 本年税前利润 - 初始所有者权益) \times 30\% (取整)$$

当上年权益>初始所有者权益时,其税金计算公式:

$$税金 = 本年税前利润 \times 30\% (取整)$$

说明:不同产品税率是不同的。在企业ERP模拟经营中采取30%取整计算税金,多组织设计为20%的税金。近年来受到国际金融危机的影响,为改善企业经营状况,2011年开始,经国务院批准,财政部、国家税务总局联合下发"营业税改征增值税"试点方案。从2012年1月1日起,在上海交通运输业和部分现代服务业开展营业税改征增值税试点。据统计上海市有89%的试点企业在改革后税负得到不同程度的下降,"营改增"给企业带来了好处,使企业享受到结构性减税。自2012年8月1日起至年底,国务院将扩大营改增试点至10省市。

3.6.4 运用财务指标诊断、分析企业状况

运用财务指标可从五个方面反映企业的财务业绩,用于评价企业的财务、经营状况。五力包括:收益力、成长力、安定力、活动力、生产力。如果企业在上述五个方面处于优良水平,说明企业业绩优良。

1. 收益力

收益力表明企业是否具有盈利能力。主要是通过毛利率、销售利润率、总资产收益率、净资产收益率来反映。

(1) 毛利率

毛利率,是一个经常使用的指标。在沙盘模拟经营课程中基本计算公式为:

$$毛利率 = \frac{销售收入 - 直接成本}{销售收入}$$

毛利率说明每 1 元销售收入所产生的利润。毛利率是获利的初步指标,利润表中的毛利率反映的是整体的毛利率,不能反映单个产品对整体毛利的贡献。单个产品的贡献需要分别计算。

(2) 销售利润率

销售利润率是毛利率的延伸,是毛利减掉综合费用后的剩余。在沙盘模拟经营课程中其计算公式为:

$$销售利润率 = \frac{折旧前利润}{销售收入} = \frac{毛利 - 综合费用}{销售收入}$$

该指标反映了主营业务的实际利润,反映企业经营的好坏。两个企业可能在毛利率一样的情况下,最终的销售利润率是不一样,原因是综合费用的不同。

(3) 总资产收益率

总资产收益率是反映企业资产的盈利能力的指标,包含了财务杠杆概念的指标。其计算公式为:

$$总资产收益率 = \frac{息税前利润}{资产合计}$$

(4) 净资产收益率

净资产收益率反映的是投资者投入资金的最终获利的能力。计算公式为:

$$净资产收益率 = \frac{净利润}{所有者权益合计}$$

该指标是投资者最为关心的指标之一,是公司总经理向公司董事会年终交卷时的指标,涉及对企业负债的运用。负债与净资产收益率的关系是显而易见的。在总资产收益率相同时,负债的比率对净资产收益率有着放大和缩小的作用。

2. 成长力

成长力表示企业是否具有成长的潜力,即持续的盈利能力。成长力指标由三个反映企业经营成果增长变化的指标组成:销售收入成长率、利润成长率、净资产成长率。

(1) 销售成长率

销售成长率是衡量产品销售收入增长的比率指标,以衡量经营业绩的提高程度,指标值越高越好。计算公式为:

$$销售收入成长率 = \frac{本期销售收入 - 上期销售收入}{上期销售收入}$$

(2) 利润成长率

利润成长率是衡量利润增长的比率指标,指标值越高越好。计算公式为:

$$利润成长率 = \frac{本期(利息前)利润 - 上期(利息前)利润}{上期(利息前)利润}$$

(3) 净资产成长率

净资产成长率是衡量净资产增长的比率指标,以衡量股东权益提高的程度。计算公式为:

$$净资产成长率 = \frac{本期净资产 - 上期净资产}{上期净资产}$$

3. 安定力

安定力是衡量企业财务状况是否稳定,会不会有财务危机的指标。由四个指标构成,分别是:流动比率、速动比率、固定资产长期适配率和资产负债率。

(1) 流动比率

流动比率计算公式为:

$$流动比率 = \frac{流动资产}{流动负债}$$

该指标体现企业偿还短期债务的能力。流动资产越多,短期债务越少,则流动比率越大,企业的短期偿债能力越强。一般情况下,运营周期、流动资产中的应收账款和存货的周转速度是影响流动比率的主要因素。

(2) 速动比率

速动比率比流动比率更能体现企业偿还短期债务的能力。其计算公式为:

$$速动比率 = \frac{速动资产}{流动负债} = \frac{流动资产 - 在制品 - 产成品 - 原材料}{流动负债}$$

从公式中可以看出,流动资产尚包括变现速度较慢且可能已经贬值的存货。因此将流动资产扣除存货再与流动负债对比,以衡量企业短期偿债能力。一般低于1的速动比率通常被认为是短期偿债能力偏低,影响速动比率的可信性的重要因素是应收账款的变现能力,账面上的应收账款不一定都能变现,也不一定非常可靠。

(3) 固定资产长期适配率

固定资产长期适配率,其计算公式为:

$$固定资产长期适配率 = \frac{固定资产}{长期负债 + 所有者权益}$$

该指标应小于1,说明固定资产的购建应该使用还债能力较小的长期贷款和股东权益,这是因为固定资产建设周期长,且固化的资产不能马上变现。如果用短期贷款来购建固定资产,由于短期内不能实现产品销售而带来现金回笼,势必造成还款压力。

(4) 资产负债率

这是反映债权人提供资本占全部资本的比例,该指标也被称为负债经营比率。其计算公式为:

$$资产负债率 = \frac{负债}{资产}$$

负债比率越大,企业面临的财务风险越大,获取利润的能力也越强。如果企业资金不足,依靠欠债维持,导致资产负债特别高,偿债风险就应该特别注意。资产负债率在60%～70%比较合理稳健,当达到85%以上,应视为发出预警信号,企业应引起足够重视。该指标也不是绝对的,需要根据企业本身条件和市场情况决定。

4. 活动力

活动力是从企业资产的管理能力方面对企业的经营业绩进行评价，主要包括：应收账款周转率、存货周转率、固定资产周转率和总资产周转率。

(1) 应收账款周转率(周转次数)

应收账款周转率是在指定的分析期间内应收账款转换为现金的平均次数，指标越高越好。计算公式为：

$$应收账款周转率(周转次数) = \frac{当期销售净额}{当期平均应收账款} = \frac{当期销售净额}{(期初存货余额 + 期末存货余额)/2}$$

应收账款周转率越高，说明其回收越快；反之，说明营运资金过多呆滞在应收账款上，影响正常资金周转及偿债能力。

(2) 存货周转率

存货周转率是反映存货周转快慢的指标。计算公式为：

$$存货周转率 = \frac{当期销售成本}{当期平均存货} = \frac{当期销售成本}{(期初存货余额 + 期末存货余额)/2}$$

从指标本身看，销售成本越大，说明因为销售而转出的产品越多，赚的利润就越多。库存越小，周转率越大。

该指标反映了企业中采购、库存、生产、销售的衔接程度。周转率大说明衔接得好，原材料适合生产的需要，没有过量的原料，产成品(商品)适合销售的需要，没有积压。

(3) 固定资产周转率

固定资产周转率计算公式为：

$$固定资产周转率 = \frac{当期销售净额}{当期平均固定资产} = \frac{当期销售净额}{(期初固定资产余额 + 期末固定资产余额)/2}$$

该指标反映的是固定资产占用的资金参加了几次经营周转，赚了几次钱，用以评价固定资产的利用效率，即产能是否充分发挥。

(4) 总资产周转率

总资产周转率，该指标用于衡量企业运用资产赚取利润的能力，经常和反映盈利能力的指标一起使用，全面评价企业的盈利能力。其计算公式为：

$$总资产周转率 = \frac{当期销售收入}{当期平均总资产} = \frac{当期销售收入}{(期初资产总额 + 期末资产总额)/2}$$

该指标反映总资产的周转速度，周转越快，说明销售能力越强。企业可以采用薄利多销的方法，加速资产周转，带来利润绝对额的增加。

5. 生产力

生产力是衡量人力资源产出能力的指标。通过计算以下两个指标衡量。

$$人均利润 = \frac{当期利润总额}{当期平均职工人数} = \frac{当期利润总额}{(期初职工人数 + 期末职工人数)/2}$$

人均利润指标衡量人力投入与利润的关系，指标越大越好。

$$人均销售收入 = \frac{当期销售净额}{当期平均职工人数} = \frac{当期销售净额}{(期初职工人数 + 期末职工人数)/2}$$

人均销售收入指标衡量人力投入与销售收入之间的关系，指标越大越好。

生产力指标说明：企业规模扩大，员工数量增加，增加的这些员工生产是否有效率。

思考题

1. 企业经营目标、使命、企业战略是什么关系？
2. "管理就是决策"，你如何理解这句话？
3. 在企业生产制造中，什么因素会影响到企业的生产效率？
4. 你如何理解企业的负债经营？

第 4 章 沙盘模拟实战

本章学习目标
1. 了解 ERP 沙盘模拟公司与多组织集团公司的初始状况
2. 理解模拟公司各岗位需要完成的任务
3. 学习与他人的沟通
4. 学习记录企业经营各项活动
5. 学会经营活动的总结与分析

企业如何能够在变化动荡的市场环境中生存与发展,如何实现企业经营目标,企业经营的战略分析、目标制定,经营中的各种决策活动等,都将在 ERP 沙盘模拟的企业环境及给定的市场规则情况下,在各个模拟公司展开的激烈竞争中实践。竞争的结果就是经营不善的公司将被市场所淘汰。这一过程的学习将给参与学习者很多的启示。

为了便于教学的开展,各家模拟公司在成立之后其初始状态设定为同一条件,作为一个起点,各家公司将根据自身企业的条件、对市场的分析与判断、在充分讨论的基础上做出正确的经营决策,以争取获得良好的经营成绩。

4.1 模拟企业初始状况

这是一家典型的离散制造型企业,已经经营了两年,一直专注于某产品(P1 产品)的生产与经营。

特别说明:为了增加课程的兴趣点,授课教师可以在实验一(公司组建)中,将公司生产的产品进行设定,如电子类产品等。

目前该企业拥有自主厂房——大厂房,其中安装有三条手工线和一条半自动线,运行状态良好。所有生产设备全部生产 P1 产品,目前在本地市场进行销售,有一定知名度,客户也很满意。

4.1.1 企业结构情况

当各家公司经营团队组建后,按照实验一(公司组建)的内容,团队成员各自扮演的角色职位与分管的部门分别是:①总经理,全面管理;②营销总监,分管营销与规划中心;③营运总监,分管生产中心;④采购总监,分管物流中心;⑤财务总监,分管财务中心,如图 4-1 所示。

最近,一家权威机构对该行业的发展前景进行了预测,认为 P1 产品将会形成系列产品,从目前相对低端产品发展成为一个高技术产品,以满足不同层次的消费者。由于企业原

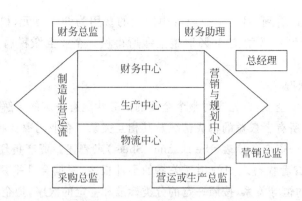

图 4-1 模拟公司各职能部门划分与角色扮演

来的管理层对市场的判断不够准确,缺乏开发高技术产品的动力,导致企业缺乏活力。为此,董事会及全体股东决定将企业交给一批优秀的新人去发展,他们希望新的管理层能做到:

投资新产品的开发,使公司的市场地位得到进一步的提升;

开发本地市场以外的其他新市场,进一步扩展市场领域;

扩大生产规模,采用现代化生产手段,获取更多的利润。

当新管理层接手这家企业时,需要对这家企业做一个基本情况的了解。

4.1.2 企业财务与经营状况

1. 企业经营状况

首先需要分析企业经营情况。企业在一定期间的经营成果表现为企业在该期间所取得的利润,它是企业经济效益的综合体现,由利润表(又称损益表或收益表)来表述。利润表是用来反映收入与费用相抵后确定的企业经营成果的会计报表。利润表的项目主要分为收入和费用两大类。费用表现为综合费用,由综合费用表反映,表明企业在经营周期发生的所有费用。当一个经营周期结束后,经营者必须要考虑自己在这个经营周期内发生了哪些费用,哪些费用是可以压缩的,这样经营成本就可以降下来。初始状态下企业发生的费用为 900 万元,税前利润达 400 万元,企业初始状态的综合费用表与利润表见表 4-1 及表 4-2。

表 4-1 综合费用表

综合费用表	
项目	金额(单位:百万元)
管理费	4
广告费	1
保养费	4
租金	
转产费	
市场准入开拓	
ISO 资格认证	
产品研发	
其他	
合计	9

表 4-2 利润表

利润表	
项目	金额(单位:百万元)
销售收入	36
直接成本	14
毛利	22
综合费用	9
折旧前利润	13
折旧	5
支付利息前利润	8
财务收入/支出	4
其他收入/支出	
税前利润	4
所得税	1
净利润	3

从两张表中可以看到,目前企业经营中发生的费用为 900 万元,税前利润达到 400 万元,为简化所得税计算,按税前 30% 取整上缴所得税。企业上缴税后,所得净利润为 300 万元。

2. 企业财务状况

新管理层接手该企业,首先应对整个企业的财务状况有一定的了解。所谓财务状况,是指企业资产、负债、所有者权益的构成情况及其相互关系。企业的财务状况由企业对外提供的主要财务报告——资产负债表(the Balance Sheet)来表述。资产负债表反映的是企业全部资产、负债和所有者权益之间的相互关系的会计报表,根据会计平衡原则,即"资产＝负债＋所有者权益"的恒等关系,按照一定的分类标准和一定的次序,把企业特定日期的资产、负债、所有者权益三项会计要素所属项目予以适当排列,并对日常会计工作中形成的会计数据进行加工、整理后编制而成的,其主要目的是为了反映企业在某一特定时点的财务状况。通过资产负债表,可以了解企业所掌握的经济资源及其分布情况;了解企业的资本结构;分析、评价、预测企业的短期偿债能力和长期偿债能力;正确评估企业的经营业绩。

在 ERP 沙盘模拟经营课程中,根据课程设计要求将资产负债表中所涉及的项目进行了适当的简化。该公司目前的财务状况如表 4-3 所示。表中现金收入计为"＋",现金支出计为"－",合计用"＝"表示。

表 4-3 资产负债表

资产		金额(单位:百万元)	负债＋权益		金额(单位:百万元)
现金	＋	20	长期负债	＋	40
应收款	＋	15	短期负债	＋	0
在制品	＋	8	应付款	＋	0
成品	＋	6	应交税	＋	1
原材料	＋	3	一年到期的长贷	＋	0
流动资产合计	＝	52	负债合计	＝	41
固定资产			权益		
厂房	＋	40	股东资本	＋	50
生产线	＋	13	利润留存	＋	11
在建工程	＋	0	年度净利	＋	3
固定资产合计		53	所有者权益合计		64
总资产		105	负债＋权益	＝	105

从表中我们了解到,目前企业总资产 1.05 亿元,即每个小组拥有 105 个单位为 1 百万元(1M,1M 用 1 个灰币表示)的币值。表中反映企业固定资产中有厂房,有生产线,价值达到 5300 万元(即 53 个 M);流动资产中有现金 2000 万元(20 个 M),应收款 1500 万元(15 个 M),在制品价值 800 万元(8 个 M),成品价值 600 万元(6 个 M),原材料价值 300 万元(3 个 M),流动资产总计 5200 万元(即 52 个 M)。企业负债中,有长期负债 4000 万元(即 40 个 M),无短期和其他负债,上缴税金 1 百万元(即 1M),企业总的负债为 4100 百万元(即 41 个 M);股东资本为 5000 万元(即 50 个 M,这个值始终不变),上年度利润留存 11 百万元(即 11 个 M),本年度净利 3 百万元(即 3 个 M),所有者权益达到 6400 万元(即 64 个 M)。企业总资产＝总负债＋所有者权益。

4.1.3 摆盘

根据第 2 章介绍的沙盘道具,将企业的经营情况分别用不同道具摆放在沙盘盘面相应的位置上。

1. 财务中心

财务总监按图 4-2 所示,根据企业资产负债表,将沙盘中表示资金的灰币放置于沙盘盘面中财务中心位置上。

沙盘道具中灰币表示资金,1 个灰币代表 100 万元,用 1M 表示。

企业有 2000 万元现金,将一桶灰币(共计 20M)放置于财务中心现金位置,三季度的应收款 1500 万元,将一桶灰币(共计 15M)放置于应收账款的三期位置;企业有长期贷款,贷款年限分别为四年、五年,将两个空桶口朝下分别放置于盘面长贷款期第四年与第五年位置上(注意,空桶口朝下表示贷款,按第 2 章财务规则贷款为 20 整数倍,一只空桶表示 20 个单位贷款,即 2000 万元)。

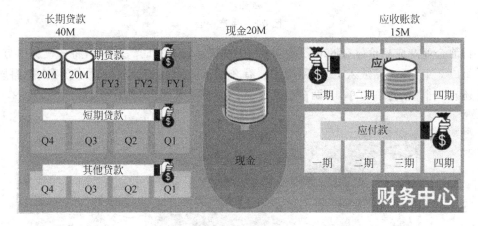

图 4-2 财务中心

2. 生产中心

生产总监按图 4-3 所示及资产负债表将厂房、生产设备、在制品等放置于沙盘盘面生产中心相应的位置上。

目前企业有一个大厂房,将 4000 万元(即两桶灰币,计 40M)放在右上角的厂房价值处;厂房内有正在使用的四条生产线,其中三条为手工线和一条为半自动线。所有生产线都生产 P1 产品。请将表示生产线的卡片及产品标识摆放在盘面上。经过前两年的经营,扣除折旧后目前每条手工线的净值为 300 万元(即 3M/条),将 3 个灰币放在空桶中,分别摆放在三条手工线下方的净值处,半自动线的净值为 400 万元(即 4M/条),将 4 个灰币放在空桶中,摆放在半自动线下方的净值处。

企业还有在制品,其价值共计 800 万元。分别在每条生产线上的不同周期。请生产总监按照零件组成结构组成 4 个 P1 产品,分别摆放在手工线的第一、第二、第三周期,半自动线的第一期。

3. 物流中心

采购总监按图 4-4 所示将材料、产成品、订单等放置于沙盘盘面物流中心相应位置上。

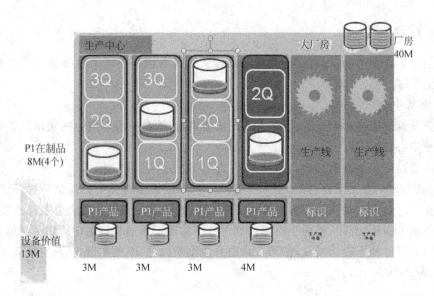

图 4-3　生产中心

目前企业产成品价值有 600 万元，3 个 P1 的成品。在 P1 产品库中，将 3 枚灰币与 3 枚红币组成 3 个 P1 产品放入 P1 产品库中。有 3 个 R1 原料，将 3 枚红币放在 R1 原料库中，并且还有 2 个 R1 原料订单，将两个空桶（口朝上）放在 R1 订单处。

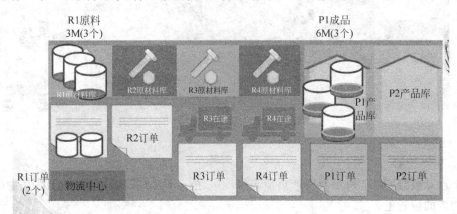

图 4-4　物流中心

4. 营销与规划中心

营销总监按图 4-5 所示将有关卡片放置于营销与规划中心相应位置上。

目前企业只具备生产 P1 产品资格，产品销售也仅仅在本地市场上。因此，将具有生产 P1 产品的生产资格卡及表示本地市场的准入证放置于相应位置上。

企业还没有取得生产 P2、P3、P4 产品的资格，需要经过企业对市场消费者的需求趋势研究判断是否要进行产品开发。另外，企业还可以不断扩大市场范围，还有区域市场、国内市场、亚洲市场、国际市场未开发，也需要企业进行研究来决定。为提高产品进入市场的门槛，企业还可以投入资金进行 ISO 9000 或 ISO 14000 系列标准化管理以保证通过较好管理水平，生产出高质量的产品。

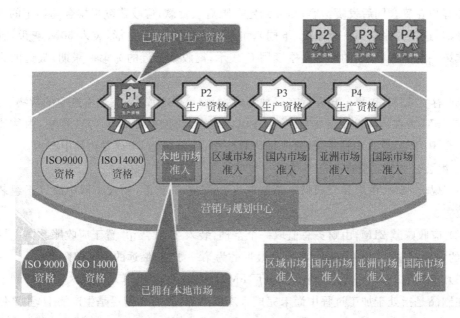

图 4-5 营销与规划中心

4.2 多组织企业集团初始状态

从集团各公司的资产负债表和利润表这两份主要财务报告中虽然可以了解企业的财务状况及经营成果,但是不能得到更为详细的细节内容。在集团的各个子公司中都有自己独立的经营市场、财务系统与业务流程,为了保证多组织企业经营实践平台有一个公平的模拟竞争环境,平台设置了统一的初始状态。

从集团的资产负债表上可以看出,初始状态下,多组织企业集团总资产为 8.13 亿元(模拟货币单位,下同),因此各集团公司目前拥有 813 个单位为 100 万元(简记为 M,下同)的币值(灰色币)。其中,销售公司总资产为 1.75 亿元;组装公司总资产为 2.89 亿元;原料公司资产为 1.59 亿元。(各公司利润表、资产负债表见图 4-3~图 4-20)

下面按照资产负债表上各项目的排列顺序将多组织企业资源分布状况通过代表工具模拟摆放到沙盘上,工具摆放的过程可以由公司的各个角色完成,借此机会熟悉本岗位工作。

4.2.1 流动资产

流动资产包括现金、应收账款、存货等,其中存货又细分为在制品、成品和原料。

1. 集团公司流动资产

现金 140M,由集团财务总监取出 140M 等值灰币,装入小桶中放置于集团现金位置。

2. 销售公司流动资产

(1) 现金 47M,由销售公司财务总监取出 47M 等值灰币,装入小桶中放置于销售公司现金位置。

(2) 应收账款 60M,赊销是企业销售经营中的一种策略,目的是获得尽可能多的客户,即允许客户在签合同后发货给客户,在约定期限后收货款,应收账款根据合同约定的不同分多种账期,这里的账期为一个季度(下同),由财务总监取一个空桶,装入 60M 灰币,置于应收账款第一期位置(账期的单位是季度用 Q 表示,离收款最近的为第一账期,最远的为第四账期)。

(3)存货 15M,销售公司存货有三种形式,即物流中心库存、在运输途中的货物、当地市场库存。5M 为在运输途中货物,货物运往国内市场,物流中心内有 10M 存货,由物流总监取出一个 P1 产品放入小桶中,置于国内物流中,取出两个 P1 放置物流中心内。

3. 组装公司流动资产

(1)现金 88M,由组装公司财务总监取出 88M 等值灰币,装入小桶中放置于组装公司现金位置。

(2)应收账款 21M,由财务总监取一个空桶,装入 21M 灰币,置于应收账款第一期位置(账期的单位是季度,用 Q 表示,离收款最近的为第一账期,最远的为第四账期)。

(3)在制品 28M(一分厂 20M,二分厂 8M)。

在制品是指处于加工过程中尚未完成入库的产品,其所在位置是生产线上,生产线分为手工、半自动、全自动,加工周期分别为三个季度(季度用 Q 表示)、两个季度、一个季度。一分厂(生产 P 系列产品)中有两条手工生产线,当前在第一季度和第三季度各有一个 P1 产品在制,有半自动生产线一条当前在第一季度生产 P1 产品,有一条全自动生产线当前在第一季度生产 P1 产品。二分厂(生产 F 产品)中有两条手工生产线当前在第一季度和第二季度各有一个 F 产品在制,有一条半自动生产线当前在第二季度生产 F 产品,有一条全自动生产线当前在第一季度生产 F 产品。

注意,每个 P1 产品成本由三部分组成:R1 原料费用、F 原料费和生产加工费。每个 F 产品由两部分组成:Y 原料费用和生产加工费用。取出一个空桶放入一个 R1,一个 F 和一个 1M 灰币构成一个 P1;取出一个空桶放入一个 Y 和一个 1M 灰币构成 F,由生产总监和财务总监共同配合,制作四个 P1 和四个 F 在制产品,放置于一分厂和二分厂各种生产线上相应的季度位置。

(4)成品 14M,一分厂 P1 成品库中有 2 个成品,二分厂 F 成品库中有 2 个成品。由生产总监、财务总监配合取出 P1 和 F 产品放置在 P1 和 F 成品库中。

(5)原料 6M,一分厂原料库中有 2 个 R1,每一个价值 2M。二分厂原料库中有 2 个 Y,每个价值 1M。由采购总监取出 2 个 R1 和 2 个 Y 分别放入两个空桶中放置于原料仓库。

4. 原料公司流动资产

(1)现金 60M,由原料公司财务总监取出 60M 等值灰币,装入小桶中放置于销售公司现金位置。

(2)应收账款 20M,由财务总监取一个空桶,装入 20M 灰币,置于应收账款第 3 期位置(账期的单位是季度,用 Q 表示,离收款最近的为第一账期,最远的为第四账期)。

(3)在制品 8M,在制品是指处于加工过程中尚未完成入库的产品,其所在位置是生产线上,原料公司生产线分为手工、半自动,加工周期分别为三个季度(季度用 Q 表示)、两个季度。原料公司生产 R 系列产品,现有三条手工生产线当前在第一季度、第二季度、第三季度各有一个 R1 产品在制,有一条半自动生产线当前在第一季度生产产品。

注意：每个 R1 产品成本由两部分组成,R 原料费用和生产加工费,由生产总监和财务总监共同配合,制作四个 R1 在制产品,放置于生产线上相应的季度位置。

(4) 成品 6M,R1 成品库中有 3 个成品。由生产总监、财务总监配合取出 R1 产品放置 R1 成品库中。

(5) 原料 3M,原料库中有 3 个 R,每一个价值 1M。由采购总监取出 3 个 R 放入空桶中并置于原料仓库。

4.2.2 固定资产

固定资产包括房产、土地、生产设施等。

1. 集团公司固定资产

(1) 集团公司房产 30M,由集团财务总监取出 30M 等值灰币,装入小桶中放置于集团房产位置。

(2) 集团公司土地价值 20M,由集团财务总监取出 20M 等值灰币,装入小桶中放置于集团土地位置。

(3) 集团公司投资销售公司 80M,组装公司 150M,原料公司 90M,由集团财务总监分别取出 80M、150M、90M 等值灰币,装入小桶中放置于集团各公司股本位置。

2. 销售公司固定资产

(1) 销售公司物流中心价值 30M,由销售公司财务总监取出 30M 等值灰币,放置于物流中心库房价值处。

(2) 销售公司土地价值 20M,由销售公司财务总监取出 20M 等值灰币,放置在物流中心土地价值处。

(3) 销售公司专卖店价值 3M,销售公司当前在国内市场开设有一个 P1 产品专卖店,专卖店现价值为 3M,务总监记录专卖店价值。

3. 组装公司固定资产

(1) 组装公司房产 60M,由销售公司财务总监取出两组 30M 等值灰币,分别放置在一分厂厂房价值处和二分厂厂房价值处。

(2) 组装公司土地价值 40M,由组装公司财务总监取出两组 20M 等值灰币,分别放置在一分厂土地价值处和二分厂土地价值处。

(3) 组装公司设备价值 32M,企业两个分厂现有生产线八条,其中一分厂手工线两条、半自动线一条、全自动线一条,经过计提折旧后,现账面价值分别为手工线两条 1M 和 2M,半自动线为 4M,全自动线为 9M;二分厂手工线两条、半自动一条、全自动一条,经过计提折旧现账面价值分别为手工线两条 1M 和 2M,半自动线为 4M,全自动线为 9M。由财务总监取八个空桶,分别放入 2 个 1M、2 个 2M、2 个 4M、2 个 9M,分别放置于相应的生产线下方的"生产线净值"处。

4. 原料公司固定资产

(1) 原料公司房产 30M,由原料公司财务总监取出 30M 等值灰币,放置在厂房价值处。

(2)原料公司土地价值20M,由原料公司财务总监取出20M等值灰币,放置在土地价值处。

(3)原料公司设备价值12M,企业现有生产线四条,其中手工线三条、半自动线一条,经过计提折旧后,现账面价值手工线三条为3M、2M、3M,半自动线为4M。由财务总监取四个空桶,分别放入3M、2M、3M、4M,分别放置于相应的生产线下方的"生产线净值"处。

4.2.3 负债

负债包括长期负债、短期负债、集团借款及各项应付款。

1. 销售公司负债

(1)销售公司有长期借款50M,将在四年后到期。现在约定放置一个空桶,里面放置一个标识代表50M的借款,由财务总监放置于第五年位置(长期借款箭头方向指向还款年方向)。

(2)销售公司上一年利润总额为26M,按规定需交纳税金5M。税金下一年度交纳,此时没有对应操作。

2. 组装公司负债

(1)组装公司有长期借款100M,将在四年后到期还50M和三年后到期还50M。现在约定放置两个空桶里面分别放置标识代表50M的借款,由财务总监放置于第五年位置与第四年位置(长期借款箭头方向指向还款年方向)。

(2)组装公司上一年利润总额为29M,按规定需交纳税金6M。税金下一年度交纳,此时没有对应操作。

3. 原料公司负债

(1)原料公司有长期借款50M,将在四年后到期还30M和三年后到期还20M,现在约定放置两个空桶里面分别放置标识代表30M、20M的借款,由财务总监放置五年位置与第四年位置(长期借款箭头方向为距离还款年方向)。

(2)组装公司上一年利润总额为11M,按规定需交纳税金2M。税金下一年度交纳,此时没有对应操作。

各公司财务状况如图4-6~图4-9所示。

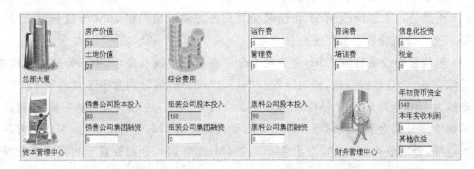

图4-6 集团公司电子沙盘盘面

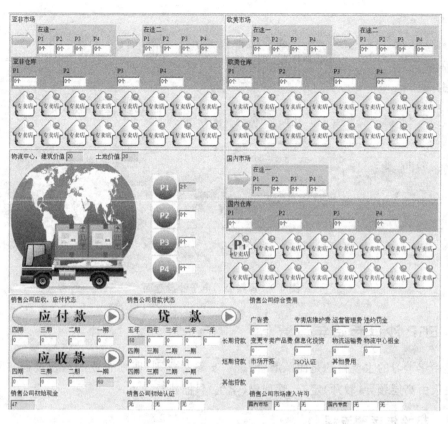

图 4-7 销售公司电子沙盘盘面

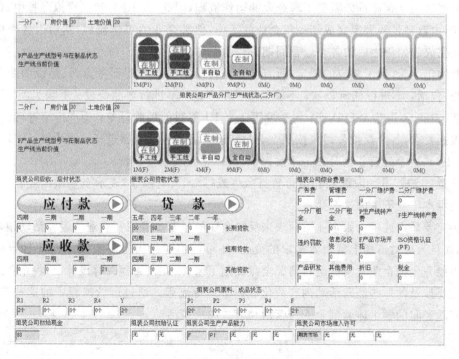

图 4-8 组装公司电子沙盘盘面

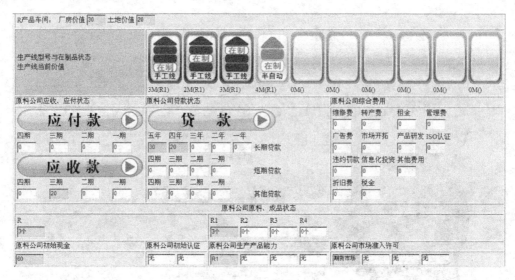

图 4-9　原料公司电子沙盘盘面

4.3　ERP 沙盘起始年运营

起始年学习的主要目的是团队磨合、进一步熟悉规则、明晰企业的运营过程。因此，企业的决策由高层领导（教师）定夺，管理层（学生）只能执行。

4.3.1　起始年运营流程

要创建一个企业首先需要了解企业的运作流程，因此，在 ERP 沙盘模拟课程中，设计了起始年，由教师带领大家完成新一年企业的运作，熟悉企业的工作流程，然后由各个模拟公司独立完成起始年之后的各个经营周期。

起始年运营，做了相应的规定，所有涉及经营决策的问题都不考虑，只是说明企业运营的流程，包括：不进行任何贷款；不投资新的生产线；不进行产品研发；不购买新厂房；不开拓新市场；不进行 ISO 认证；每季度下 1 个 R1 原料的采购订单；生产持续进行。

根据要求，各个模拟公司应按照企业每年运营流程表按步骤进行。表中共计 29 个步骤（见表 4-4），一个经营年度分四个季度完成，模拟企业按季度运行。

注意：完成一个步骤，在相应位置打"√"或打"×"。打"√"表示企业做出经营决策，打"×"表示本年度不考虑这一要素。

为何要采用这样一张企业运营表来反映企业的经营步骤呢？企业的经营活动很多是并行的，而且为应对市场上消费者需求的变化，还可能临时做出很多决策。ERP 沙盘模拟经营不可能完全把企业真实的运行情况全盘复制下来，因此在课程内容设计上，将企业经营活动中主要涉及的一些经营活动内容简化成一个运行流程。通过运营流程中的这些步骤，让没有实践经验的学生体验到企业经营活动有关的决策活动。

表 4-4　企业运营流程表

企业运营流程

请按顺序执行下列各项操作。

注：每执行完一项操作，CEO 在相应方格内打"√"，财务总监在方格中填写现金收支情况。

		项　　目	一季	二季	三季	四季
年初	(1)	新年度规划会议				
	(2)	参加订货会/登记销售订单				
	(3)	制订新年度计划				
	(4)	支付应付税				
各季度工作	(1)	季初现金盘点（请填余额）				
	(2)	更新短期贷款/还本付息/申请短期贷款（高利贷）				
	(3)	更新应付款/归还应付款				
	(4)	原材料入库/更新原料订单				
	(5)	下原料订单				
	(6)	更新生产/完工入库				
	(7)	投资新生产线/变卖生产线/生产线转产				
	(8)	向其他企业购买原材料/出售原材料				
	(9)	开始下一批生产				
	(10)	更新应收款/应收款收现				
	(11)	出售厂房				
	(12)	向其他企业购买成品/出售成品				
	(13)	按订单交货				
	(14)	产品研发投资				
	(15)	支付行政管理费				
	(16)	其他现金收支情况登记				
年末	(1)	支付利息/更新长期贷款/申请长期贷款				
	(2)	支付设备维护费				
	(3)	支付租金/购买厂房				
	(4)	计提折旧				
	(5)	新市场开拓/ISO 资格认证投资				
	(6)	结账				
季度末	(1)	现金收入合计				
	(2)	现金支出合计				
	(3)	期末现金对账（请填余额）				

1. 年初工作

年初有四项工作。

（1）新年度规划会议

总经理带领大家召开每一年年度经营工作会议。做完此步骤在运营流程表新年度规划会议处打"√"。

新的一年，企业经营团队要在总经理带领下制定企业战略，并根据企业战略制订年度经营规划，如市场开拓、设备投资、营销方案、产品研发等。一个企业经营的好坏，关键就是企业的经营规划的制订。

而要做好经营规划,预算不可少。预算是对企业未来一年内因经营决策可能要发生的各项收入、支出等现金流的总体计划,是将各种经营活动用货币形式给表现出来。所以,总经理带领企业经营团队召开经营会议的一个关键内容是对拟要做的决策所产生的费用做好预算。销售预算是编制预算的关键点,销售预算是对本年度要达到销售目标的预测,包括销售数量、单价与销售收入。销售预算来源于对市场可能获取的客户订单的判断,以及对企业可能完成的生产任务、库存量大小的判断,因此产能计算将直接影响到对客户订单的交付承诺。如果不能按时交纳订单要求的产品,将要受到一定处罚。

(2) 参加订货会/登记销售订单

年度会议还需要做好营销方案,即对不同市场不同产品的广告投入。按照市场规则,没有广告投入,没有参与竞标的资格,也就无法获取客户订单。因此,年度会议结束,营销总监需要将广告竞标单填写好,并提交给授课教师(广告竞标单见第2章市场规则中的第二条)。由于是起始年,规定广告投入,所有公司均为100万元(即1M),因此,起始年不填写广告竞标单。总经理在企业运营表中"参加订货会/登记销售订单"处登记"-1",财务总监从沙盘盘面现金处拿出一枚灰币放入综合费用的广告费区,表明企业已经支付的广告费。当获取订单后,营销总监做好销售订单登记。

这里要提醒,客户订单就是客户与企业签订的购销合同,需要进行登记管理,做好订单台账,记录好每张订单的订单号、所属市场、所订产品、产品数量、订单销售额、应收账期等。

起始年各家公司的订单都是一样的,见图4-10所示。

```
第0年 本地市场LP1-1/6

产品数量:6 P1

产品单价:5.3M/个

总金额:32M

应收账期:2Q
```

图4-10 起始年订单及订单登记表(总金额四舍五入取整)

(3) 制订新年度计划

总经理带领大家制订新年度计划。当企业获取订单后,即确定了企业的销售任务,以销定产,所以生产总监就需要根据销售订单制订产能计划及产品生产周期,采购总监则要根据销售订单,确定原材料采购数量,计算采购提前期周期。这样企业产销发生联动,财务总监则要做好这些经营活动发生的费用预算。做完此步骤在制订新年度计划处打"√"。

(4) 支付应付税

每个企业、每个公民都应该依法纳税。按照利润表,企业目前应纳税金为100万元(即1M)。财务总监在支付应付税处登记"-1",并从盘面现金中拿出1枚灰币放入综合费用的税区。

2. 各季度工作

(1) 季初现金盘点（请填余额）

财务总监需要盘点当前现金库中现金数量，由于已经支出了 100 万元(1M)广告费、100 万元(1M)税金，目前现金数量由当初的 2000 万元(20M)变成 1800 万元(18M)，在表格中填写 18M。

(2) 更新短期贷款/还本付息/申请短期贷款（高利贷）

如果企业有短期贷款，财务总监需要将表示贷款的空桶在盘面贷款区域往现金库方向移动一格，当移动到现金库表明短期贷款到期。

按照财务规则，短期贷款的期限为 1 年，年利率为 5%，到期还本付息。每次贷款为 20M 的倍数，如果贷款 20M，则连本带息共计 20M×5%+20M＝21M。财务总监需要从现金库中拿出 20M 还给银行，另外 1M 放置于沙盘盘面"利息"处，并做好记录。

起始年，由于不做什么贷款，因此在表中第一季度相应位置打"×"。

(3) 更新应付款/归还应付款

财务总监将应付款往现金库方向移动一格，当移动到现金库时，取出现金将应付款付清，并做好记录。

起始年没有应付款，因此在表中第一季度相应位置打"×"。

(4) 原材料入库/更新原料订单

企业要生产产品，需要供应商提供原材料。当供应商依据订单发货到企业时，必须全盘接收，并支付原料款。采购总监要将原料订单区中的空桶向原材料库方向移动一格，当移动到原材料库时，向财务总监申请原材料款，支付给供应商，并换取相应的原料。

起始年盘面上有两个原料订单，因此从现金区拿出 2M 作为原材料款，换取 2 枚红币放到原料库中，运营表第一季度的"原材料入库/更新原料订单"处登记"－2"。

(5) 下原料订单

采购总监根据年初经营规划会议制订的采购计划，决定采购原材料的品种、数量，用空桶表示。每一个空桶代表一批原材料，并放在盘面相应的位置上。

起始年，根据要求下一个原料订单，在盘面 R1 订单处放置一个空桶表示，在运营表第一季度下原料订单处用"(1)"表示。

(6) 更新生产/完工入库

由生产总监将各生产线上的在制品推进一格。当生产线上产品的加工周期结束时，即表示产品完工，将产品放置于相应的成品库中。

起始年，将所有生产线上的在制产品推进一期，根据初始状态的设定，将有一个产品下线，将该产品放入 P1 产品库中，并在第一季度"更新生产/完工入库"处打"√"。

(7) 投资新生产线/变卖生产线/生产线转产

由于不同生产线的加工能力不同，加工周期不同，投资额度也不同，因此，生产总监要根据年初制订的生产计划，做好设备更新工作，其方式是可以投资新生产线，也可以变卖生产线，也可以改装生产线，具体费用参看第 2 章 2.3 沙盘模拟课程设计小节中的"生产线购买、转产与维修、出售"。

这里应提醒，当生产线建成以后，不得在各厂房内随意移动。

起始年，根据要求我们不投资新生产线，在第一季度该步骤打"×"。

(8) 向其他企业购买原材料/出售原材料

企业运营时,要注意保证原材料库中有足够的数量,否则可能会出现停工待料。一旦发生这种情况,采购总监可以考虑从其他企业购买原材料,如果按原值购入,购方视同"原材料入库"处理,售方采购总监从原材料库中取出原材料,向购方收取等值现金,放置于现金库,并做好记录。如果是高于原材料价值购入,购方需要将差额部分计入利润表中其他支出,而售方将差额部分计入利润表中其他收入。采购总监做好原材料出入库登记,财务总监做好收支记录。

起始年,不向其他企业购买原材料,第一季度该步骤打"×"。

(9) 开始下一批生产

当第(6)步完成时,已有某些生产线上的在制品下线入成品库,此时生产线已经空出来,就可以考虑下一批产品的生产。由生产总监按照零件结构,从原材料库中取出原材料,同时向财务总监申请加工费,把原材料与加工费放在一个空桶中并置于生产线上离原材料库最近的周期内。采购总监需要记录原材料出库记录。

起始年,目前有一条手工生产线是闲置的,因此我们可以将一枚红币(P1原材料)与现金区拿出1M组成P1产品放在手工生产线的第一周期开始生产。在运营表第一季度"开始下一批生产"处登记"−1"。

(10) 更新应收款/应收款收现

财务总监将应收款往现金库方向推进一格,当到达现金库时即成为现金,财务助理做好现金收支记录。

起始年,将第3期的应收账款推至第2期,在运营表第一季度(更新应收款)处打"√"表示。

(11) 出售厂房

当企业资金不足时,可以考虑出售厂房,得到4个账期的应收款。

起始年,根据要求不出售厂房,在第一季度此处打"×"。

(12) 向其他企业购买成品/出售成品

当企业不能按合同数量准时交付,出现违约时,可以考虑向其他企业购买产成品,来弥补本企业产能不足而导致的违约,违约金的计算是按接受订单总额的25%上缴违约金。当营销总监与其他企业进行购买成品的谈判时,如果以成本价购入,买卖双方按正常步骤处理。当高于成本价购买时,购方需要将差价部分计入直接成本,售方将差价部分计入销售收入,财务总监做好现金收支记录,营销总监记录好出入库产品数量。

起始年,根据要求不向其他企业购买成品,第一季度此处打"×"。

(13) 按订单交货

销售总监根据客户订单,从成品库中取出相应数量成品提交给客户,并在订单登记表中做好该批产品成本记录。当客户收取产品后,按订单规定账期条件进行付款。当订单账期为0账期时,财务总监直接将货款现金放置于现金库中,财务助理做好收支记录。如果是应收款,则将货款放置于应收款相应账期内。

起始年,因为没有生产出足够数量的产品交付订单(按订单交货),因此第一季度此处打"×"。

(14) 产品研发投资

按照年初经营会议上制订的产品研发计划,按照产品研发规则,投入相应的资金进行产品研发。注意,如果要生产新产品,没有研发过程,是不可以生产新产品的。

起始年,根据要求无产品研发投资,第一季度此处打"×"。

(15) 支付行政管理费

任何企业经营的日常活动中都会发生一定的费用,如管理人员工资、差旅费等,称之为管理费。沙盘模拟经营规定了企业每季度都发生 100 万元(1M)管理费。因此,财务总监从现金区拿出 1M 放入管理费区域中,并在第一季度相应位置登记"－1"。

(16) 其他现金收支情况登记

除去上述现金项目的现金收支尽可以在此记录,如应收账款贴现、高利贷利息、未按期交货的订单罚款等。

起始年,没有其他现金收支情况,在第一季度此处打"×"。

3. 各季度末工作

(1) 现金收入合计

将本季度发生的现金收入情况进行统计,并做好记录。

起始年,到目前为止,第一季度已经经营完成,各部门主管在总经理带领下盘点盘面,并与运营表进行对照。经盘点,我们发现,起始年第一季度企业没有任何收入,因此在"现金收入合计"处登记"0"。

(2) 现金支出合计

将本季度发生的现金支出情况进行统计,并做好记录。

起始年第一季度,发生有原材料购入、加工费支出、管理费支出,合计 4M,因此在"现金支出合计"处登记"－4"。

(3) 期末现金对账(请填余额)

财务总监盘点现金余额。起始年第一季度结束,此时的现金合计为 14M,因此在"期末现金对账"处登记"14"。

4. 年末工作

(1) 支付利息/更新长期贷款/申请长期贷款

长期贷款需要每年支付利息,到期还本,利息按 10% 计算,即贷款 20M 需要支付 $20M \times 10\% = 2M$ 利息,财务总监从现金库中拿出 2M 放于利息处。

如果企业目前有长期贷款,财务总监需要将贷款空桶向现金库方向移动一格。

特别提示,ERP 沙盘模拟中企业长期贷款要在年末才能够申请,贷款额度为上一年度所有者权益的 2 倍减去已有长期贷款后的值。

起始年,根据规则,目前企业共有长期贷款 40M,因此需要支付长期贷款的利息共计 4M,财务总监从现金区拿出 4M,放在盘面的利息处,在运营表上的"支付利息/更新长期贷款/申请长期贷款"处登记"－4"。

(2) 支付设备维护费

企业在用的每条生产线,均需要支付维护费。

起始年,企业有 3 条手工线,1 条半自动线,所以需要支付 4M 的维护费。财务总监从现金区拿出 4M 放在盘面上的维修费处。在运营表上的"支付设备维护费"处登记"－4"。

(3) 支付租金/购买厂房

对于企业厂房是否购买或租赁,企业需要根据实际情况,如果资金充足,可以采取购买方式,使企业固定资产增加;而当企业现金不是很充分时,可以考虑采取租赁方式。

起始年,根据要求既不购买厂房也不租赁厂房,因此在"支付租金/购买厂房"处打"×"。

(4) 计提折旧

按照企业运营规则,厂房不计提折旧,生产设备需要计提折旧。在建工程或当年新建设备不计提折旧。按照计提折旧的规则表来计提折旧,每条手工线计提 1M,而半自动线也正好在计提 1M 折旧的年份。注意,计提折旧是从生产线净值区拿出,因此从每条生产线的净值区各拿出 1M,放在盘面的折旧区域。在运营登记表处登记(4)。

(5) 新市场开拓/ISO 资格认证投资

新市场开拓,营销总监根据年初会议确定的企业要进入的市场,向财务总监申请开拓费用,投入拟开发市场区域。当开发时间及投入的资金足够时,可申请市场准入卡片,企业产品即可投入该市场。

生产总监根据年初企业经营会议,如果决定企业要进行 ISO 投资,则向财务总监申请投资经费。当认证完成,领取相应 ISO 资格卡片置于盘面相应位置。

起始年,根据要求不做新市场的开拓和 ISO 的认证,因此在"新市场开拓/ISO 资格认证投资"处打"×"。

(6) 结账

财务总监与财务助理根据企业运营流程表,编制企业综合费用表、利润表与资产负债表。自此,一整年的运营完毕。在运营表"结账"处打"√"。

4.3.2 起始年运营

上述已经完成起始年第一季度运行,并且将整体运行中每个阶段和每个步骤的操作做了说明,接下去介绍起始年第二、第三、第四季度的运行。各家模拟公司可根据第一季度的步骤和要求完成后三个季度的运行任务,以对企业整体的运行流程做进一步的了解与熟悉。

1. 第二季度运行

(1) 季初现金盘点,根据盘面显示已由原有资金 18M,经过一个季度后变成了 14M(即上一季度季末盘点的"期末现金对账"),因此表中登记"14"。

(2) 根据要求不做短贷,因此表中"更新短期贷款/还本付息/申请短期贷款"处打"×"。

(3) 没有应付款,因此表中"更新应付款/归还应付款"处打"×"。

(4) 盘面上有 1 个原料订单,因此需要购买原材料并入库,即从现金区拿出 1M 购买 P1 产品的原料,即将 1 枚红币放到原料库中。在表中"原材料入库/更新原料订单"处登记"−1"。

(5) 根据要求下一个原料订单,在盘面 R1 订单处放置一个空桶表示,在表中"下原料订单"处用"(1)"表示。

(6) 将所有生产线上的在制产品往后推进一个周期,有 2 个 P1 产品下线。将这 2 个 P1 产品放入 P1 产品库中,并在表中"更新生产/完工入库"处打"√"。

(7) 根据要求不做投资新生产线,在表中"投资新生产线/变卖生产线/生产线转产"处打"×"。

(8) 向其他企业购买原材料,没有发生这个活动,因此在表中"向其他企业购买原材料/出售原材料"处打"×"。

(9) 现在有一条手工生产线和一条半自动线是闲置的,因此做下一个产品的加工,按照P1产品零部件结构,将2枚红币与现金区拿出2M组成2个P1产品分别放到闲置的手工生产线和半自动线的第一周期处投入生产。在表中"开始下一批生产"处登记"-2"。

(10) 将2期的应收账款向现金库方向推至1期,在表中"更新应收款/应收款收现"处打"√"。

(11) 根据要求不做出售厂房,此处打"×"。

(12) 根据要求不做向其他企业购买成品,此处打"×"。

(13) 这时生产出足够数量的产品交付订单,因此将所生产的P1产品,加上原有的P1产品共6个按订单要求交货,并从客户处获得应收款3200万(即32M)放在2期的应收款区域,并在表中"按订单交货"处打"√"。

(14) 根据要求"产品研发投资"处打"×"。

(15) 从现金区拿出1M放入管理费区域中,并在表中"支付行政管理费"处登记"-1"。

(16) 其他现金收支情况没有,因此表中"其他现金收支情况登记"处打"×"。

(17) 本季度无现金收入,因此在登记表中"现金收入合计"处登记"0"。

(18) 由于本季度发生了购买原材料、产品加工费、行政管理费共计4M支出,因此表中"现金支出合计"处登记"-4"。

(19) 期末现金对账,即期初现金14M扣除支出的4M,因此表中"期末现金对账"处登记"10"。

2. 第三季度运行

(1) "季初现金盘点"登记10M(即上一季度"期末现金对账")。

(2) 根据要求不做短贷,因此表中"更新短期贷款/还本付息/申请短期贷款"处打"×"。

(3) 没有应付款,因此表中"更新应付款/归还应付款"处打"×"。

(4) 盘面上有1个原料订单,因此需要购买原材料并入库,即从现金区拿出1M购置1枚红币放置到原料库中。在表中"原材料入库/更新原料订单"处登记"-1"。

(5) 根据要求下一个原料订单,在盘面R1订单处放置一个空桶表示,在表中"下原料订单"处用"(1)"来表示。

(6) 将所有生产线上的在制产品往后推一期,将有1个产品下线,将该产品放入P1产品库中,并在"更新生产/完工入库"处打"√"。

(7) 根据要求不做投资新生产线,在表中"投资新生产线/变卖生产线/生产线转产"处打"×"。

(8) 向其他企业购买原材料,没有发生这个活动,因此在表中"向其他企业购买原材料/出售原材料"处打"×"。

(9) 现有一条手工生产线是闲置的,因此可以组成1个P1产品上线生产,并在表中"开始下一批生产"处登记"-1"。

(10) 在应收款处向现金库区推进一格,这时收到了15M的应收款,将15M的应收款放入现金区。在表中"更新应收款/应收款收现"处记"15"。

(11) 根据要求不做出售厂房,表中此处打"×"。

(12) 根据要求不做向其他企业购买成品,表中此处打"×"。

(13) 此时没有订单要求,在表中"按订单交货处"打"√"。

(14)根据要求"产品研发投资"处打"×"。

(15)从现金区拿出1M放入管理费区域中,并在表中"支付行政管理费"处登记"－1"。

(16)其他现金收支情况没有,此处打"×"。

(17)本季度有15M的现金收入,因此表中"现金收入合计"处登记"15"。

(18)本季度发生了购买原材料、产品加工费、行政管理费共计3M支出,因此表中"现金支出合计"处登记"－3"。

(19)期末现金对账,即期初现金10M,加上本季度现金收入15M,扣除支出的3M,因此表中"期末现金对账"处登记"10＋15－3＝22"。

3. 第四季度运行

(1)"季初现金盘点"登记22M(即上一季度"期末现金对账")。

(2)根据要求不做短贷,因此表中"更新短期贷款/还本付息/申请短期贷款(高利贷)"处打"×"。

(3)没有应付款,因此表中"更新应付款/归还应付款"处打"×"。

(4)盘面上有1个原料订单,因此需要购买一个原材料,即用现金1M购买1个P1产品原材料,并放入P1产品原材料库中,在表中"原材料入库/更新原料订单"处登记"－1"。

(5)根据要求下一个原料订单,在盘面R1订单处放置一个空桶表示,在表中"下原料订单"处用"(1)"表示。

(6)将所有生产线上的在制产品往后推一期,有1个P1产品下线,将这个P1产品放入P1产品库中,并在表中"更新生产/完工入库"处打"√"。

(7)根据要求不做投资新生产线,在表中"投资新生产线/变卖生产线/生产线转产"处打"×"。

(8)向其他企业购买原材料,没有发生这个活动,因此在表中"向其他企业购买原材料/出售原材料"处打"×"。

(9)现在有一条手工生产线和一条半自动线是闲置的,因此可以组成2个P1产品进行生产。在表中"开始下一批生产"处登记"－2"。

(10)这时收到了当时因为交付6个P1产品的2期的货款32M,将32M的应收款放入现金区。在表中"更新应收款/应收款收现"处记"32"。

(11)根据要求不做出售厂房,此处打"×"。

(12)根据要求不做向其他企业购买成品或出售成品,此处打"×"。

(13)此时无订单要求,在"按订单交货"处打"×"。

(14)根据要求"产品研发投资"处打"×"。

(15)支付管理费1,即从现金区拿出1M放入管理费区域中,在表中"支付行政管理费"处登记"－1"。

(16)没有其他现金收支情况,此处打"×"。

注意:以下(17)～(21)已在年底工作中做过介绍,在此仅将结果记录下来。

(17)第四季度需支付长期贷款利息共4M,在表中"支付利息/更新长期贷款/申请长期贷款"处登记"－4"。

(18)每条生产线均有维护费,因此从现金区拿出4M放在盘面上的维修费处。在表中"支付设备维护费"处登记"－4"。

(19) 根据要求不租赁购买厂房,因此在"支付租金/购买厂房"处打"×"。

(20) 按计提折旧表,折旧是从生产线净值区取出,即从每条生产线的净值区各拿出 1M 放在盘面的折旧区域。在表中"计提折旧"处登记"(4)"。

(21) 根据要求不做新市场的开拓和 ISO 的认证,因此在表中"新市场开拓/ISO 资格认证投资"处打"×"。

(22) 自此一整年的运营完毕。在运营表"结账"处打"√"。

(23) 由于第四季度有 32M 应收款到期入现金库,因此在"现金收入合计"处登记"32"。

(24) 本季度发生了购买原材料 1M、产品加工费 2M、行政管理费 1M、支付利息 4M、设备维护费 4M 共计 12M 支出,因此表中"现金支出合计"处登记"−12"。

(25) 期末现金对账,即期初现金 22M,加上本季度现金收入 32M,扣除支出的 12M,因此表中"期末现金对账"处登记"22+32−12=42",表中"期末现金对账"处登记"42"。

到此,起始年四个季度的运行全部完成。各自公司完成情况应该是完全一致的,沙盘盘面情况与运营表情况都是一致的。如果你的公司有问题,需要按步骤去核对检查。最终的起始年运营表如表 4-5 所示。

表 4-5 起始年四季度运行表

新年度规划会议	√			
参加订货会/登记销售订单	−1			
制订新年度计划	√			
支付应付税	−1			
季初现金盘点(请填余额)	18	14	10	22
更新短期贷款/还本付息/申请短期贷款	×	×	×	×
更新应付款/归还应付款	×	×	×	×
原材料入库/更新原料订单	−2	−1	−1	−1
下原料订单	(1)	(1)	(1)	(1)
更新生产/完工入库	√	√	√	√
投资新生产线/变卖生产线/生产线转产	×	×	×	×
向其他企业购买原材料/出售原材料	×	×	×	×
开始下一批生产	−1	−2	−1	−2
更新应收款/应收款收现	√	√	15	32
出售厂房	×	×	×	×
向其他企业购买成品/出售成品	×	×	×	×
按订单交货	×	√	×	×
产品研发投资	×	×	×	×
支付行政管理费	−1	−1	−1	−1
其他现金收支情况登记	×	×	×	×
支付利息/更新长期贷款/申请长期贷款				−4
支付设备维护费				−4
支付租金/购买厂房				×
计提折旧				(4)
新市场开拓/ISO 资格认证投资				×
结账				√
现金收入合计	0	0	15	32
现金支出合计	−4	−4	−3	−12
期末现金对账(请填余额)	14	10	22	42

4.3.3 财务报表的编制

完成一年的经营后，我们要根据使用的各项费用来填写财务报表，主要有利润表、综合费用表与资产负债表。

利润表的编制，依据表 4-6 所示的规则提示进行。

表 4-6 利润表编制规则

利润表

编制单位：百万元

序号	项目	数据来源
（1）	销售收入	产品核算统计表中的销售额合计
（2）	直接成本	产品核算统计表中的成本合计
（3）	毛利	销售收入－直接成本
（4）	综合费用	综合费用明细表费用合计
（5）	折旧前利润	毛利－综合费用
（6）	折旧	上年设备的价值的 1/3 向下取整（可依据折旧计提表）
（7）	支付利息前利润	折旧前利润－折旧
（8）	财务收入/支出	借款、高利贷、贴现等支付的利息计入财务支出
（9）	其他收入/支出	出租厂房的收入、购销原材料的收支
（10）	税前利润	支付利息前利润＋财务收入＋其他收入－财务支出－其他支出
（11）	所得税	（税前利润÷3）取整
（12）	净利润	税前利润－所得税

特别提示：若税前利润为负，则不需要缴纳所得税。前几年净利润为负，则应先用之后的盈利补足以前的亏损，再盈利的部分按 1/3 缴纳所得税。即本课程中所有者权益"超出初始所有者权益 66"的部分缴纳所得税。

资产负债表的编制规则如表 4-7 所示。

表 4-7 资产负债表编制规则

资产负债表

编报单位：百万元

资产	数据来源	负债和所有者权益	数据来源
流动资产：		负债：	
现金	盘点现金库中的现金	长期负债	长期负债－一年内到期的长期负债
应收款	盘点应收账款	短期负债	盘点短期借款
在制品	盘点生产线上的在制品	应付账款	盘点应付账款
成品	盘点成品库中的成品	应交税金	根据利润表中的所得税填列
原料	盘点原料库中的原料	一年内到期的长期负债	盘点一年内到期的长期借款
流动资产合计	以上五项之和	负债合计	以上五项之和
固定资产：		所有者权益：	
土地和建筑	厂房价值之和	股东资本	股东不增资的情况下为 50

续表

资产	数据来源	负债和所有者权益	数据来源
机器与设备	设备价值	利润留存	上一年利润留存＋上一年利润
在建工程	在建设备价值	年度净利	利润表中的净利润
固定资产合计	以上三项之和	所有者权益合计	以上三项之和
资产总计	流动资产合计＋固定资产合计	负债和所有者权益总计	负债合计＋所有者权益合计

综合费用表是对企业本年度实际发生各项费用金额的记录,如行政管理费、广告费、设备保养与维护费、市场开拓、ISO 资格认证、产品研发等。其中,市场开发、ISO 资格认证、产品研发发生费用项目处,既填写金额,又需要在相对应的市场、认证资格、产品处打"√",以反映企业具体从事的市场开拓、产品研发与 ISO 的资格认证,如表 4-8 所示。

根据所学的报表编制规则,公司财务总监可编制出起始年的财务报表,见表 4-9 和表 4-10。

表 4-8 起始年度综合费用明细表　　　　　　　　　　　单位:百万元

项　目	金额	备　注
管理费	4	
广告费	1	
设备维护费	4	
租金		
转产费		
市场准入		□区域　　□国内　　□亚洲　　□国际
ISO 资格认证		□ISO 9000　　　　□ISO 14000
产品研发		P2(　　)　P3(　　)　P4(　　)
其他		
合计	9	

表 4-9 起始年度利润表　　　　　　　　　　　　单位:百万元

项目序号	项　目		上年度	本年度
1	销售收入	＋	36	32
2	直接成本	－	14	12
3	毛利	＝	22	20
4	综合费用		9	9
5	折旧前利润	＝	13	11
6	折旧		5	4
7	支付利息前利润	＝	8	7
8	财务收入/支出	＋/－	4	4
9	其他收入/支出	＋/－		
10	税前利润	＝	4	3
11	所得税		1	1
12	净利润	＝	3	2

表 4-10 起始年度资产负债表　　　　　　　　　　　单位：百万元

资产				负债＋权益			
流动资产：		年初	本年	负债：		年初	本年
现金	＋	20	42	长期负债	＋	40	40
应收款	＋	15	0	短期负债		0	0
在制品	＋	8	8	应付款		0	0
成品	＋	6	6	应交税	＋	1	1
原料	＋	3	2	1年内到期的长期负债		0	0
流动资产合计	＝	52	58	负债合计	＝	41	41
固定资产				所有者权益			
土地和建筑	＋	40	40	股东资本	＋	50	50
机器设备	＋	13	9	利润留存		11	14
在建工程		0	0	年度净利		3	2
固定资产合计	＝	53	49	所有者权益	＝	64	66
总资产	＝	105	107	负债＋所有者权益		105	107

至此，所有沙盘运行规则与运行流程都已了解，各自模拟公司可以实施自主经营，按照股东要求，需要不断发展壮大这家企业。接下来，实战即将开始！

4.4 ERP 沙盘模拟实战

4.4.1 企业战略目标制定

企业的发展需要经营者认真分析企业具有的各种资源条件，以及企业面临的市场环境，对企业的未来做出规划，制定出战略目标。战略目标是对企业未来经营活动预期取得的主要成果的期望值，是企业在未来确定的经营领域展开经营活动所要达到的水平的具体规定。新管理层接手一家经营 2 年的企业，股东对新管理层寄予厚望，希望研发新的产品并投入市场，不断做大市场的规模，不断开拓新的市场，使股东的权益不断提高。因此，新的管理层还需要考虑股东的需求。为此经营者需要多方面制定企业的战略目标。

战略目标具体可以体现在以下几方面。

1. 市场方面的目标

企业的利润来自企业产品的销售收入，而销售收入来自客户订单。如果没有市场，没有客户订单，企业的产品无法销售，不仅导致库存积压，占用企业资金，还没有收入，直接导致经营困难。因此，在企业战略目标中管理层首先需要考虑清楚本企业到底希望进入什么市场，如何开拓这些市场，市场占有率将达到多少，处于市场中怎样的竞争地位等。在具体召开年度经营会议时，都需要围绕这个市场目标进行。

2. 产品研发方面的目标

企业的生命力来自产品与市场。当市场目标明确后，企业高层需要根据市场信息分析和确定在未来市场中哪些产品具有发展潜力，企业从目前的单一产品发展到未来的产品组合后应该选择怎样的产品组合。不同产品研发周期不同，投入资金不同，生产周期不同，因此需要管理层认真规划。

3. 生产能力方面的目标

对于制造型企业而言,产品的生产能力,即企业产能的大小会直接影响企业的获利能力。当企业具有一定实力,获得市场认可,取得了相应的市场客户订单,但是由于生产能力不足而无法及时供货又将直接影响到企业的信誉。所以企业高管要估算好企业在什么条件下能够达到什么样的生产能力,从而来满足市场需求,但又不可盲目扩大产能。

产能的大小,不仅与生产设备有关,也与原料供应商有关。因此,要考虑不同产品的原材料供应商的加工周期与供货时间,即需要考虑不同原材料的采购提前期,以保证生产顺利进行。

另外,还要注意,有的市场可能对产品准入门槛高一些,需要企业通过 ISO 9000 系列质量认证或者 ISO 14000 环保认证,或者是某些客户希望企业具有这样的质量管理或环保的认证资格。如果公司没有做这方面的工作,就会失去客户,失去市场机会。

4. 企业资金来源与运用方面的目标

企业发展如果仅仅依靠自有资金发展,速度将是非常缓慢甚至会出现资金流断裂无法经营的局面。企业的资金是企业的血液,资金可以购置厂房和生产设备,增加固定资产,可以购置产品原材料以保证生产过程连续,可以开发新市场、投入广告费,可以进行新产品开发,可以进行 ISO 资格认证体系建设等。所有上述企业发展目标所要思考的问题,都需要有资金的支持。企业高层管理者必须做好资金的筹划,利用可能的贷款途径和可能的贷款条件,获得相关金融机构的支持,同时又要结合上述战略目标做好资金使用计划,为年度经营计划制订提供保障。

企业战略目标还可以考虑品牌战略、供应链管理战略、人力资源战略、社会责任战略等,但在 ERP 沙盘模拟经营中淡化这些内容,而着重考虑上述几方面的内容。主要是让学生初步体验企业经营活动关键的几个环节。

4.4.2 企业年度经营计划

在公司制定战略目标规划后,每年初公司高管都需要在总经理带领下召开经营会议,根据公司战略目标制订年度经营计划。所谓年度经营计划,是对未来一定时间(1 个年度)内企业各项经营活动工作的具体安排,包括计划的时间、地点、执行者、如何做、为什么做五大因素的考虑。但在 ERP 沙盘模拟经营中经营计划需考虑其中四项因素,因为执行者就是团队成员。企业经营计划主要包括:市场开发计划、销售计划、设备投资计划、主生产计划、采购计划、资金计划、产品研发计划等。

1. 市场开发计划

根据企业战略规划目标,需要制订市场开发计划。市场开发,就是要明确企业未来可能要进入的市场,并确定何时投资进行市场开发,何时产品可以进入该市场。由于市场开发的时间和难度有所不同,因此企业在制定战略规划目标中就应该明确是占领国内市场还是国际市场,是希望成为市场领先者还是市场跟随者,将市场规划目标具体化,这样便于企业制订销售计划。

2. 销售计划

销售计划是依据企业市场方面目标制定的。一个简明的销售计划至少要回答以下问题:①企业可能提供哪些产品种类?②可能提供不同种类产品的数量是多少?③即将进入哪个市场进行销售？④不同市场不同产品如何组合才能实现利润最大化？⑤不同市场开发费用与广告的投入应该怎样组合最合理？所有这些问题的回答来自营销规划中心对市场信息的分析与判断，对企业自身产能的判断，对市场上竞争对手的判断。

　　一个好的销售计划一定是符合企业组织自身特点，并适用于本企业发展现状的计划。脱离实际情况的、过于宏观的销售计划会对实际的销售活动失去指导意义。一个好的销售计划同时也是一个全员参与的计划，是营销总监与公司全体同仁共同制订的计划，是被组织上下以及客户认可的计划。

3. 设备投资与改造

　　为保证销售计划的实现，就需要对企业现有生产设备进行分析。根据目前企业状况，仅有手工生产线与半自动生产线，这两种生产线的生产能力不如全自动与柔性生产线，但是要投资新设备就需要企业有足够资金。那么是否要投资新的生产设备呢？企业管理层需要考虑以下问题：①市场对产品需求数量足够大吗？②计算不同生产设备的产能情况，企业在不同设备使用情况下的产能为多少？③如果要有新产品投入生产，何时应该进行设备投资？④不同的产品组合，如何进行排产？⑤不同的产品生产，如何保证原材料采购能够按期到库？⑥如果企业上新设备，需要多少投资？⑦何时上新设备？⑧新设备应安置在哪里？等。

　　设备投资情况将直接影响到公司的产能，所以生产总监与总经理、财务总监要对公司未来设备投资进行很好的安排。

4. 主生产计划

　　企业 ERP 从 MRP、闭环 MRP 到 MRP Ⅱ 一步步发展过来，从最初订货点到物料需求计划到制造资源计划再到企业资源计划，制造企业的一个核心就是主生产计划。主生产计划就是确定企业在不同时间段内将要生产产品的数量和交货期。粗略地说，主生产计划是关于"将要生产什么"的一种描述，即说明了企业在可用资源条件下，在一定时间内，可生产什么、生产多少与什么时间生产。它需要根据客户合同和对市场的预测，把销售与生产规划中的产品组合具体化，确定会有哪些种类产品需要生产，为生产这些种类产品需要的物流计划与保障这些产品能够按交货期正常生产所需要具备的加工能力计划的运算提供依据，它起着承上启下、从宏观计划向微观过渡的作用。主生产计划是企业经营计划系统中的关键环节，是充分利用企业资源、协调生产与市场，对客户需求的一种承诺；同时又是确定企业其他计划，如物流需求计划、能力需求计划的依据。图 4-11 说明了主生产计划与其他计划的关系。

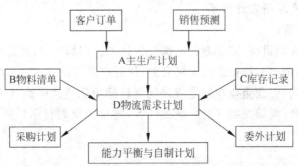

图 4-11　主生产计划与其他计划之间的关系

图 4-11 反映了以下问题。
A 主生产计划要回答：生产什么？生产多少？何时生产？
B 物料清单回答：用什么来生产？
C 库存记录回答：已经有什么？
D 物料需求计划回答：还应得到什么？
它们共同构成了制造业的基本方程：A×B－C＝D。

5. 采购计划

采购计划是根据物流需求计划制订的。如果企业战略规划中制订了产品组合，即 P1、P2、P3、P4 的任意组合，而这种产品组合最终都需要在主生产计划中能够实现的话，就需要根据这些产品的零件清单及主生产计划制订物流需求计划，最终才能实现零部件的采购。因此，采购计划要回答三个问题：采购什么？采购多少？何时采购？

（1）采购什么

从图 4-8 中不难看出，采购计划的制订与物料需求计划直接相关，并直接上溯到主生产计划。根据主生产计划，减去产品库存，并按照产品的 BOM 结构展开，就得到了为满足生产所需还需要哪些物料，哪些已有库存，哪些需要采购。

（2）采购多少

明确了采购什么，还要计算采购多少数量，这与物料库存和采购批量有直接联系。

（3）何时采购

要达到"既不出物料短缺，又不现库存积压"的管理境界，就要考虑采购提前期、采购政策等相关因素。

6. 资金计划

产品加工需要资金、原材料采购需要资金、设备投资需要资金、市场开发需要资金、广告促销需要资金、到期还债需要资金等，各项成本费用的支出都需要资金。如果每年没有一个准确详尽的资金使用计划，很快你就会焦头烂额、顾此失彼。因此，每年年初做资金计划是非常必要的，即要制订资金预算表，它可以使你运筹帷幄，游刃有余。

7. 产品研发计划

产品研发在企业战略目标中已有体现，但仍然需要落实到每个具体年度的产品研发投入力度，也就是根据企业产品开发的战略目标，制订好每年度应开发哪些产品，什么时间投入开发，投入金额为多少，确定什么时间可以开发出来新产品并进入生产阶段。

总之，企业各项经营计划都是对企业战略目标的具体落实与执行，计划是行动的纲领，只有制订了详细的年度经营计划，企业的运行与管理才能够有条不紊、循序渐进地向前发展，企业才能最终实现战略目标。

4.4.3　企业经营流程控制与管理工具

计划制订之后，企业的日常运营将在总经理带领下，按照企业运营流程表上的任务清单所指示的程序及顺序进行。企业运行中对每年各个季度的决策要点进行记录，以便于核查、分析。

1. 总经理：企业运营流程表

企业总体运行活动由总经理带领完成。企业运营流程表（见本章表 4-4）中各项任务清单,包括模拟企业日常运营时必须执行的工作任务及必须遵守的工作流程。由总经理主持,按照任务清单所列工作内容及先后顺序开展工作,每执行完一项操作,总经理在相应的方格内打勾确认,以示完成;如果涉及现金收支业务,则由财务总监在相应方格内填写现金收支情况。

2. 营销总监:市场、竞争与订单

作为企业的营销总监,不仅要关注市场环境变化,关注市场信息,学会用数据进行分析,并学会利用一些相关的管理工具对企业营销活动进行控制。

(1)市场开拓

按照市场开发与市场准入规则,企业需要确定进入的市场,可以用表 4-11 所示的市场最早可能销售产品的起始时间进行排列,做出安排。

表 4-11 市场准入最早时间

经营年度 市场	1	2	3	4	5
本地					
区域					
国内					
亚洲					
国际					

(2)竞争状况分析

竞争状况分析包括竞争对手的调查分析与竞争产品的调查分析。主要包括竞争对手的数量、生产能力、生产方式、技术水平、产品市场占有率、销售规模、产品价格、渠道状况、促销方式、竞争企业位置、竞争企业新产品研发等。在 ERP 沙盘模拟经营中,要关注哪些市场上存在哪些竞争对手,销售的产品情况及市场占有情况,通过这些来分析自己企业所能够找到的市场机会。竞争对手分析可以借助表 4-12 竞争对手分析工具进行分析。

表 4-12 竞争对手分析

本地市场	A	B	C	D	E	F	G	H
P1								
P2								
P3								
P4								

(3)市场增长潜力分析

结合企业当前经营情况,通过分析计算,把企业目前几种产品标注在波士顿矩阵中,如图 4-12 所示。

(4)竞标单

竞标单就是公司在某个市场的广告投入量。企业是依据竞标单来获取客户订单的。竞标单见表 4-13。

图 4-12 波斯顿矩阵

表 4-13 竞标单

第×年×组(本地/区域/国内/亚洲/国际)					
产品	广告	单额	数量	9K	14K
P1					
P2					
P3					
P4					

(5) 订单登记表

订单登记表(如本章图 4-10 所示)用于记录本年取得的客户订单。年初营销总监参加订货会,争取到客户订单,随后进行订单登记,填写订单登记表中的订单号、市场、产品、数量、账期、销售额项目。按订单交货时,登记成本项目,计算毛利项目。年末,如果有未按时交货的,在"未售"栏目中单独标注。

(6) 产品核算统计表

产品核算统计表是按产品品种对销售情况的统计,是对各品种本年销售数据的汇总,如表 4-14 所示。本年销售的数据一般是"订单登记表中合计数－本年未售＋上年未售"。

表 4-14 产品核算统计表

	P1	P2	P3	P4	合计
数量					
销售额					
成本					
毛利					

3. 生产总监:产能与设备投资

企业生产总监,不仅随时要与其他部门进行沟通,更要对企业生产环节中生产设备、产品加工周期做好计算,以保证按期交货,并使得库存达到最低限度。

(1) 产能计算

一般在营销总监在参加客户订货会前,生产总监应能够正确计算企业的生产加工能力(即产能),并向营销总监提供可承接的数量,如果这个数量与营销总监取得的客户订单数量有差异,一方面可能导致无法按期交货影响企业信誉,另一方面可能导致企业获利大大减少。因此,产能是一个非常重要的因素。可以简单按下列公式计算:

当前某产品可接单量＝期初库存＋本年产量＋可能的外协加工数量

为了准确计算产能，首先需要了解不同生产设备加工能力不同，加工效率不同，年初在制品状态不同，年末完成的产品数也会不同。因此，需要生产总监认真计算，可借用表4-15所示进行分析。

表4-15 生产线类型与年初在制品状态与产能

生产线类型	年初在制品状态	各季度完成的生产 1 2 3 4	年生产能力
手工生产线 四种状态	○○○	□□□■	1
	●○○	□□■□	1
	○●○	□■□□	1
	○○●	■□□■	2
半自动生产线 三种状态	○○	□□■□	1
	●○	□■□■	2
	○●	■□■□	2
柔性/全自动生产线 二种状态	○	□■□■	3
	●	■■■■	4

注：黑色图标表示在制品的位置或产品完工下线。

在实际操作中，如果考虑到企业进行生产设备投资，那么生产总监可以借用上表将企业已有生产线与即将投资生产线进行合并计算，就可以确定企业的产能了。

（2）产品开工计划与支付的加工费用

产品开工计划依据生产计划制订。当营销总监争取到客户订单后，生产总监就需要依据车间生产线进行产品开工的安排。注意生产线上有在制品时是不可再上线另一个产品加工的，同时加工一个产品需要支付1M的加工费。

4. 采购总监：采购计划

当生产计划确定后，就需要编制原材料的采购计划，如前所述。这里要特别提醒，不同产品的零件结构不同，原材料采购提前期不同，为满足生产需要，要计算清楚何时下订单，下多少个订单，何时到货，同时要与财务总监沟通资金预算情况，有多少资金用于购置原材料，几方面综合考虑后即完成采购计划制订。

5. 财务总监：资金预算、资金筹措与使用

财务总监对企业资金的筹措使用要做到心中有数，因此财务总监首先要学会资金的预算。

（1）资金预算

财务总监可以利用资金预算表进行预算，如附录中实验报告内容或第5章中的表5-2所示。在表上可以测算何时会出现资金短缺，以便采取合理的融资方式进行融资，做好资金成本控制。注意，资金预算需要全面考虑，涉及公司每个部门，需要人人参与，共同完成，任何环节出现问题都会影响企业的经营活动。在现实中的企业实施资金预算，具有全面性、全员性和全过程性的特点，很多企业也是实施"制度表格化，表格责任化"的预算管理模式，因此，这里ERP沙盘模拟经营也将资金预算简化为这样一张表格，将部门可能发生的经营活动所涉及的资金表现出来。

(2) 融资管理

在前述规则中已经阐明了 ERP 沙盘模拟经营的融资方式，各公司总经理与财务总监根据各部门的资金预算做好融资管理活动。也可以借用表 4-12 所示制订融资方案。

(3) 资金使用

企业经营活动所发生的资金活动是通过会计核算与报表反映的。其中，企业经营情况由综合管理费用明细表与利润表反映。综合费用明细表（见本章表 4-9）用于记录企业日常运营过程中发生的各项费用。利润表（见本章表 4-10）则反映了年末核算的企业当年的经营成果。企业财务状况由年末的资产负债表（见本章第 4-11）反映，表明企业经营中资产发生的变化、企业负债情况及所有者权益之间的相互关系。

通过对上述三张表格的分析，可以帮助企业管理层更好地做出下一年度的经营计划。

4.4.4 企业经营结果反思

每一年经营下来，需要反思自己的行为，分析实际与计划的偏差及其原因。聆听指导教师根据现场数据所做的点评及分析，记录收获，完善知识体系。具体分析考虑的内容参考第 5 章内容。

4.5 多组织企业集团经营流程

多组织企业集团的经营流程反映了集团内各个公司简化的协同运营业务流程，也表明多组织企业相互竞争模拟中各项工作需要遵守的执行顺序。各公司之间既相互独立，又相互协同。各公司有其自己的经营活动，同时又是在集团公司统一协调下共同完成经营任务，按照一定的规律和规则执行业务流程，协同解决运营中的业务关系。

4.5.1 集团公司经营流程

集团公司是整个公司运营的组织者与协调者，集团公司通过预算的制订、执行、监督、总结等工作流程来管理整个公司的运营。集团公司第 0 年初始经营状况如图 4-13、图 4-14 利润表与资产负债表所示。

1. 年初工作

(1) 制订年度战略规划

新的一年开始之前，集团公司管理团队要根据去年整体经营情况，分析各个公司的市场状态与企业的市场地位等因素，制订（调整）集团公司发展战略，做出整个集团公司本年度经营规划总体方案。

(2) 制订销售战略规划

制订公司整体市场开拓与销售计划。全公司各企业面对复杂的销售市场，需要考虑有选择有计划的开拓与发展市场。另外，各子公司需要从自身的条件出发评估自身优势后，综合整个集团公司优势，制订出自己的主要市场方向、主打产品、投资计划、产品研发计划等。

(3) 制订集团公司贷款计划

集团公司财务总监根据集团公司本年规划，整合集团公司资金，在明确各级销售任务后，需要以销售为龙头，结合各子公司当前现金与生产情况以及未来对资金的需求，编制资金预算计划，将有限的资金投入到最需要的地方，解决供应链整体发展问题。

利润表

项目	利润表（期初）	利润表（期末）
主营销售收入	353	
直接成本	202	
综合费用	35	
财务支出	25	
资产减值前利润	87	
资产减值（折旧）	26	
营业利润	61	
财务收入	0	
投资收益	0	
其他收入	6	
其他支出	0	
利润总额	67	
所得税费	13	
净利润总额	54	

利润分配表

项目	利润分配表（期初）	利润分配表（期末）
净利润总额	54	
盈余公积		
未分配利润累计	36	
分配给投资人利润	0	
未分配利润	90	

图 4-13　集团公司利润表

资产负债表

流动资产	期初数	期末数	负债	期初数	期末数
货币资金	335		长期负债	200	
应收账款	101		短期负债	0	
存货	80		集团贷款	0	
其他应收款	0		应付账款	0	
其它流动资产	0		应缴税费	13	
流动资产合计	516		应付股利	0	
			其他负债	0	
			负债合计	213	
非流动资产			所有者权益		
厂房/仓库	150		实收资本	510	
无形资产	100		盈余公积	0	
设备资产净额	47		年度未分配利润	90	
固定资产合计	297		所有者权益总计	600	
资产总计	813		负债与所有者权益总计	813	

图 4-14　集团公司资产负债表

（4）制订内部交易原则

集团公司内部各子公司存在着大量的产品交易，内部交易流程会因为市场的变化而发生变化。为了能使各子公司的利益得到平衡，集团公司需要协同各个子公司，根据市场变化情况，制订出本集团内部的各种产品交易价格，即内部产品交易价格。

2. 全年运营工作

（1）监督预算制订

制订预算是各子公司依据集团战略规划，预测完成全年工作计划所需要资源的预算计划，包括贷款、融资、原材料、投资、各种运营费用等，最后完成预测综合费用表、利润表、资产负债表。

(2) 关注子公司运行管理

在集团公司全年运营中,集团 CEO 和 CFO 都要密切关注各子公司预算的执行情况,"现金流"的变化情况,投资规模与方向,内部交易的优化,各子公司市场开发方向协同,信息化建设等经营问题,在发现经营风险时及时发出警告。

(3) 合理化解矛盾

集团内各子公司在经营过程中会因为内部管理体制、流程协调、原料交易价格、产品交易时间等种种问题发生矛盾,集团管理层要密切观察及时发现,化解矛盾。必要时进行人员调整,避免给公司带来损失。

3. 年末总结

年末工作有四项内容:支付集团公司运营综合费用、合并集团公司利润表、合并集团公司资产负债表、总结各子公司经营状况。

集团 CEO 总结全年经营状况,财务总监负责支付集团运营费用、编制集团利润表、编制集团资产负债表。

4.5.2 销售公司经营流程

销售公司是整个供应链的龙头企业,公司初始年工作流程代表销售公司简化的运营工作,是销售公司参与供应链竞争需要遵守的工作原则。经营流程分为销售管理、运营管理、财务管理、经营分析。公司的现金流在运营中反映出来,运营结束即进行财务结算,最后做出公司总结。销售公司第 0 年初始经营状况如图 4-15 和图 4-16 利润表和资产负债表所示。

利润表

项目	利润表(期初)	利润表(预测)	利润表(信息化)	利润表(手工)
本年计划增长率(%)				
主营销售收入	180			
直接成本	130			
综合费用	12			
财务支出	10			
资产减值前利润	28			
资产减值(折旧)	2			
营业利润	26			
财务收入	0			
其他收入	0			
其他支出	0			
利润总额	26			
所得税费	5			
净利润总额	21			

利润分配表

项目	利润分配表(期初)	利润分配表(预测)	利润分配表(信息化)	利润分配表(手工)
净利润总额	21			
盈余公积	0			
未分配利润累计	19			
上交集团利润	0			
未分配利润	40			

图 4-15 销售公司利润表

1. 销售管理

执行销售管理中的工作流程由集团公司 CEO 主持,各子公司 CEO 参与,销售公司 CEO 负责执行,销售公司团队成员各司其职,共同执行。

图 4-16 销售公司资产负债表

(1) 市场预测

新的一年开始之前,集团管理团队要根据去年整体经营情况,分析各个公司市场状态、企业的市场地位等因素,制订或调整集团发展战略,做出整个集团本年度经营规划总体方案。销售公司管理团队要根据集团总体战略计划,分析市场预测数据,分析竞争对手,制订或调整本年战略。

(2) 参加订货会议

参加订货会议是指在竞争订单之前,销售公司销售总监根据市场预测数据、公司在各级市场的地位、上一年销售结果、市场竞争态势、公司发展规划等市场因素,提出本年度销售计划方案。全体团队成员进行讨论,决策出最终的广告投放方向与额度。

(3) 竞争订单

客户订单采用竞争方式,由各集团的销售公司参与订单竞争会议,各销售公司派出营销总监参加签单会议,按照市场地位、广告投放、竞争态势、市场需求等条件,通过网络进行签单。

签订订单之前,集团各子公司根据自己的产能提出不同意见,经过协商确定订单。

(4) 订单记录

客户订单签约后,需要进行记录整理。营销总监查看订单后,负责分类统计,具体包括产品品名、数量、所属市场等信息,通过系统交给采购部门。

(5) 客户订单

销售公司采购部门,依据集团订单通过集团内部管理系统向组装公司下达采购订单。采购订单包括产品名称、需求数量、到货时间、单价等信息。

2. 运营管理

运营管理是销售公司本年经营工作的主要内容,分为年初运行、季度运行、年末运行三部分。运营管理由销售公司 CEO 主持,团队成员各司其职、各负其责、有条不紊、按照运营流程执行工作任务。

随着企业运营深入,每完成一项工作任务,运行系统会将各项活动进行记录,流程运行到企业的每个岗位时都有该岗位需要决策的问题。

(1) 年初运行

年初运行主要有四项工作,即年度预算制订、集团年度规划会议、预算审批、支付应付款。

① 年度预算制订

目标已经明确,订单合同已经下达,公司管理团队要为完成全年经营目标制订出科学合理的预算方案,包括资金预算方案、贷款方案、市场投资方案、专卖投资方案、运输方案、信息化方案等。

团队成员按季度预测上报所需资金,由财务总监编制预算表、预算利润表、预算综合费用表、预算资产负债表。

② 集团年度规划会议

集团年度规划会议是由集团CEO主持,各子公司CEO参加的预算协调会议,主要内容是协调各公司预算内容、审议各公司预算、协商集团贷款方向与金额。

注意:集团贷款的数额和时间申请是年初在预算表中提出的。

③ 预算审批

如果销售公司、组装公司、原料公司对各公司的预算内容、贷款方向、贷款金额没有异议,那么集团公司通过预算方案。

注意:如果销售公司、组装公司、原料公司三方有一方不同意预算方案,必须重新进行编报,重新召开集团年度规划会议。

④ 支付应付款

应付款包括两项内容,即所得税和广告费。依法纳税是每个企业及公民的义务。财务总监按照上一年度利润表的"所得税"一项的金额,从现金库中取出现金,放置于沙盘的"税金"位置处。广告费是销售公司争取订单时所支出的全部广告费用,财务总监按照支出总金额,从现金库中取出现金,放置于沙盘的"广告费"位置处。

(2) 季度运行

季度运行是全年每个季度需要完成的工作流程。

① 季初现金

财务总监通过管理系统查看现金情况,根据上季度末的现金余额填写本季度初的现金余额。第一季度现金账面余额是上年末库存现金减去年初广告费支出和税金支出后的余额。

② 集团融资贷款

集团贷款可以在本年任何一个季度申请获得,也可以不申请,但获得的总贷款金额不能高于预算方案中的申请贷款额度。

③ 支付短期贷款

财务总监通过管理系统查看短期贷款情况,如果销售公司有短期贷款,财务总监将向支付方向移动一格。移至最后一格时表示短期贷款到期,应还本付息。通过系统做好记录。

④ 申请短期贷款

短期贷款每季度可以申请一次。可以申请的最高额度可表示为公式:

申请贷款最高额度＝上一年所有者权益×2－已获得短期贷款－已获得长期贷款

由财务总监负责申请，借到贷款后，现金放入现金库中，取一个空桶放入贷款凭证置于沙盘短期贷款第四账期处。

⑤ 物流中心出售/租赁

销售公司资金不足时可以出售物流中心，按物流中心价值等价出售，但不能立刻得到现金，需要经过四个季度的应收账期。如果出售物流中心，当年必须支付租金。

财务总监通过管理系统发布出售指令，管理系统完成出售工作，出售物流中心后，财务总监将出售物流中心应收款凭证放入沙盘应收款项目第四期处。

⑥ 专卖店管理

营销总监根据销售计划，选择开设、变更、淘汰专卖店。专卖店开设需要投入资金，变更专卖产品同样需要投入资金，淘汰专卖店只能拿回残值。

⑦ 各市场产品入库

物流中心向各级市场发送的产品，经过运输后到达各级市场的中转中心。产品只有到达市场仓库后，才能按订单向市场客户和专卖店交付。

⑧ 现货市场买卖产品

每季度有一次发布买卖信息的机会，企业销售部门可以通过网络发布产品买卖信息，包括产品品名、数量、售价、总价等信息。产品售出后，出售现金会通过电子交易系统自动进入现金库。财务总监核对后在沙盘中现金库放入相等的现金。

⑨ 向各市场发货

物流总监根据销售部门销售计划，向各级市场发运产品。由于各级市场运输周期不同，所以发送产品时需要根据订单要求调整运输发运时间。

⑩ 向专卖店供货

各级市场物流部门根据专卖店的数量和销售价格向专卖店提供产品。产品不足时可以有选择地向专卖店提供产品。

⑪ 按订单交付

各级市场销售部门检查到货产品情况，向本市场的订单客户交付订购产品。本市场订单在本年任何一个季度交付都是按时交货，但应收账期从交货时开始计算。

⑫ 更新应收款

财务总监将沙盘上的应收款向收取方向移动一格，当到达1Q时表示应收款到期。

⑬ 到期应收款收现

财务总监查看到期应收款记录，可以将到期应收款凭证换成现金，现金放入现金库中。在资金出现不足，且不具备银行贷款的情况下，可以采用贴现的方式，将应收账款变成现金。

⑭ 物流运输费

每季度要向负责产品运输的被委托企业支付费用。由财务总监负责，从现金库中取出现金支付，将取出的现金放入沙盘运输费中。

⑮ 支付行政管理费

管理费用是销售公司为了维持经营而发放的管理成本，包括办公费用、人员工资、培训费等。由财务总监从现金库取出1M放入沙盘管理费中。

⑯ 信息化投资

根据企业需要完成的信息化投资,可以有多种选择,如果选择财务信息化建设,投资完成后,财务人员将不需要手工编制报表,报表将由系统自动生成。

⑰ 库存盘点

盘点物流中心、各市场仓库、运输在途物品。

⑱ 其他现金收支

登记正常收支以外的现金收支项目,如额外损失、贴现损失等。

⑲ 季末现金

每季度末,销售公司应对现金、库存、仓库、在途物品等进行盘点,并将盘点结果与账面结果存数进行核对。

注意:以上19项工作每个季度都要执行。

(3) 年末运行

① 更新长期贷款

更新长期贷款:如果企业有长期贷款,财务总监将装有贷款凭证的小桶向还款方向移动一格。当移动至贷款期限时,表示长期贷款到期,由财务总监按照凭证数额从现金库中取出等额现金归还银行。

支付利息:长期贷款的借贷规则是在贷款期限内每年付息,到期还本。如果当年贷款没有到期,需要向银行支付贷款总额的10%作为利息。由财务总监从现金库中取出长期贷款利息置于沙盘的"利息"处。

② 申请长期贷款

长期贷款只能在年末申请,可以申请额度可用以下公式表示:

$$长期贷款额度 = 上一年所有者权益的2倍 - 已贷短期贷款 - 已贷长期贷款$$

贷款申请成功后,将现金放入现金库中,同时将贷款凭证放入小桶中置于沙盘长期贷款处。

③ 支付专卖店维护费

专卖店每年都有一定的运行费用,如工资、水、电等费用。年末只要有专卖店无论今年销售多少产品每个专卖店都需要支付1M的维护费。财务总监从现金库中取出现金,置于销售公司沙盘上的"维护费"处。

④ 资产减值(折旧)

财务总监通过管理系统记录,从现金库中取出现金,置于组装公司沙盘上的"折旧"处。

⑤ 物流中心购买/租用

由于种种原因企业将物流中心出售后,此时可以根据现有资金的能力选择购买或租用。购买时由运营总监从财务总监处取出物流中心原价值等值现金,将物流中心购回,并在物流中心价值处放入持有凭证;租用时,由财务总监从现金处取出5M置于销售公司沙盘上的"租金"处。

⑥ 新市场开拓

根据战略规划,营销总监向财务总监申请开拓新市场所需的资金,放置在销售公司沙盘市场开拓准入处,等待开拓完成后,可以换取市场准入许可证。

⑦ 认证投资

营销总监根据市场规划向财务总监申请认证投资所需要的资金,放置在认证投资对应的位置,财务总监支付现金,等待投资完成后将现金换成认证标识。

⑧ 信息化维护费

信息化建设成功每年需要投入一定资金,对信息化进行升级与维护。由信息总监申请资金,财务总监从现金库中取出1M,放置于销售公司沙盘"维护费"中。

⑨ 年末结账

计算、核对现金余额并与现金库现金核对。编制各类报表,反映企业当年经营情况。报表包括综合费用明细表、利润表、资产负债表。

3. 财务管理与运营总结

当公司运营结束,财务总监即需要结账,编制财务报表,标志着本年度运营工作结束,所有数据不得更改。

公司需要召开年度总结会议,CEO召集团队成员,通过经营数据分析经营状况,总结得失,为明年经营进行谋划。

4.5.3 组装公司经营流程

组装公司是整个供应链中的重要企业之一,公司业务流程复杂,产品制造环节多。组装公司经营流程,是组装公司参与供应链竞争需要遵守的工作原则。组装公司经营业务流程分为销售管理、运营管理、财务管理、经营分析。组装公司第0年初始经营状况见图4-17与图4-18利润表与资产负债表。

项目	利润表(期初)	利润表(预测)	利润表(信息化)	利润表(手工)
本年计划增长率(%)				
主营销售收入	133			
P产品直接成本	56			
F产品直接成本	6			
综合费用	12			
财务支出	10			
资产减值前利润	48			
一分厂(折旧)	10			
二分厂(折旧)	10			
营业利润	29			
财务收入	0			
其他收入	0			
其他支出	0			
利润总额	29			
所得税费	6			
净利润总额	23			
项目	利润分配表(期初)	利润分配表(预测)	利润分配表(信息化)	利润分配表(手工)
净利润总额	23			
盈余公积	0			
未分配利润累计	10			
上交集团利润	0			
未分配利润	33			

图4-17 组装公司利润表

资产负债表

流动资产	期初数	预测	信息化	手工	负债	期初数	预测	信息化	手工
货币资金	88				长期负债	100			
应收账款	21				短期负债	0			
一分厂在制品	20				集团贷款	0			
一分厂产成品	10				应付账款	0			
一分厂原料	4				应缴税费	6			
二分厂在制品	8				应付股利	0			
二分厂产成品	4				其他负债	0			
二分厂原料	2								
其他应收款	0								
其他流动资产	0				负债合计	106			
流动资产合计	157								
非流动资产					所有者权益				
厂房/仓库	60								
无形资产	40				实收资本	150			
一分厂生产设备	16				盈余公积	0			
一分厂在建项目	0				年度未分配利润	33			
二分厂生产设备	16								
二分厂在建项目	0				所有者权益总计	183			
固定资产合计	132								
资产总计	289				负债与所有者权益总计	289			

图 4-18 组装公司资产负债表

1. 销售管理

组装公司销售管理分为内部市场销售管理和外部市场销售管理，内部销售管理工作流程执行由集团公司 CEO 主持，各子公司 CEO 参与制订，组装公司 CEO 负责执行，组装公司团队成员各司其职，共同执行集团内部交易；外部交易由组装公司团队根据市场竞争规则由营销总监负责执行。

① 市场预测

新的一年开始之前，集团管理团队要根据去年整体经营情况，分析各个公司的市场状态，企业的市场地位等因素，制订或调整集团发展战略，做出整个集团本年经营规划总体方案。

组装公司管理团队要根据集团总体战略计划，分析一分厂、二分厂的产能，预测产品市场数据，分析竞争对手，制订或调整本年战略。

② 参加订货会议

参加订货会议是指在竞争订单之前，组装公司销售总监根据市场预测数据、公司在各级市场的地位、上一年 F 产品销售结果、市场竞争态势、公司发展规划等市场因素，提出本年 F 产品销售计划方案。全体团队成员进行讨论，决策出最终的广告投放方向与额度。

③ 竞争订单

竞争订单是由各集团的组装公司参与并相互竞争获取 F 产品订单。各组装公司派出营销总监参加签单会议，按照市场地位、广告投放、竞争态势、市场需求等条件，通过网络进行签单。

④ 订单记录

客户订单签约后，需要进行记录整理。营销总监查看订单后，负责分类统计，具体包括产品品名、数量、所属市场等信息，通过系统交给采购部门。

⑤ 集团订单

组装公司的集团订单是集团公司内部订单。组装公司首先要保证内部订单完成,在此基础上,如果生产能力充分还可以承接外部订单。订单包括产品名称、需求数量、到付时间、单价等信息。

2. 运营管理

组装公司运营管理是组装公司本年经营工作的主要内容,主要分为年初运行、季度运行、年末运行三部分。运营管理由组装公司 CEO 主持,团队成员各司其职、各负其责、有条不紊,按照运营流程执行工作任务。

随着企业经营的深入,经营范围的扩大,市场结构的变化等,每完成一项工作任务,运行系统会将各项活动进行记录,流程运行到企业的每个岗位时都有该岗位需要决策的问题。

(1) 年初运行

年初运行主要有四项工作,即年度预算制订、集团年度规划会议、预算审批、支付应付款。

① 年度预算制订

集团经营目标已经明确,集团订单和市场订单合同已经下达,组装公司管理团队要为完成全年经营目标制订出科学合理的预算方案,包括资金预算方案、贷款方案、市场投资方案、专卖投资方案、运输方案、信息化方案等。

团队成员按季度预测上报所需资金,由财务总监编制预算表、预算利润表、预算综合费用表、预算资产负债表。

② 集团年度规划会议

集团年度规划会议是由集团 CEO 主持,各子公司 CEO 参加的预算协调会议,主要内容是协调各公司预算内容,审议各公司预算,协商集团贷款方向与金额。

注意:集团贷款的数额和时间申请是在年初预算表中提出的。

③ 预算审批

经过协商,销售公司、组装公司、原料公司对各公司的预算内容、贷款方向、贷款金额没有异议时,集团公司通过预算方案。

注意:销售公司、组装公司、原料公司三方有一方不同意预算方案时,必须重新进行编报,重新召开集团年度规划会议。

④ 支付应付款

应付款包括两项内容,即所得税和广告费。依法纳税是每个企业及公民的义务。财务总监按照上一年度利润表的"所得税"一项的金额,从现金库中取出现金,放置于沙盘的"税金"位置处。

广告费是组装公司争取订单时所支出的全部广告费用,财务总监按照支出总金额,从现金库中取出现金,放置于沙盘的"广告费"位置处。

(2) 季度运行

季度运行是组装公司全年每个季度需要完成的工作流程。

① 季初现金

财务总监查看管理系统,根据上季度末的现金余额核对本季度初的现金余额。

第一季度现金账面余额是上年末库存现金减去年初广告费支出和税金支出后的余额。

② 集团融资贷款

集团贷款是企业在预算中向集团申请的发展资金,资金可以在本年任何一个季度申请获得,也可以不申请,但获得的总贷款金额不能高于预算申请贷款额度。

③ 支付短期贷款

如果组装公司有短期贷款,财务总监将沙盘上的短期贷款向支付方向移动一格。移至最后一格时表示短期贷款到期,应还本付息。

④ 申请短期贷款

短期贷款每季度可以申请一次。可以申请的最高额度可用以下公式计算:

可申请短期贷款最高额度＝上一年所有者权益×2－已获得短期贷款－已获长期贷款

由财务总监负责申请,申请到贷款后,现金放入现金库中,取一个空桶放入贷款凭证,置于沙盘短期贷款第四账期处。

⑤ 厂房出售/租赁

组装公司资金不足时可以出售厂房,按厂房价值等价出售,但不能立刻得到现金,需要经过四个季度的应收账期。如果出售厂房,当年必须支付租金。财务总监通过管理系统发布出售指令后,管理系统完成出售工作,出售厂房后,财务总监将出售厂房应收款凭证放入沙盘应收款项目第四期处。

⑥ 扩大产能(一分厂、二分厂)

扩大产能是指为增加产品产量需要投资新的生产设备,运营总监通过系统申报投资设备型号、数量、用途等信息,财务总监根据每季度投资要求,从现金库中支付投资款。

运营总监将新增加的生产线标识放置于沙盘生产中心内,此时生产设备不能使用,运营总监将与设备安装周期数相同数量的空桶放置于上面,代表安装周期,每季度都在相应空桶中放入等值现金,显示本周期投资完成。

每周期投资额＝设备总购价/安装周期

全部空桶都装有相同的现金后,标志投资完成,放置设备所要生产产品型号标识,可在下一个季度使用此设备生产产品。

⑦ 原材料入库

组装公司二分厂生产F产品需要原材料Y,采购总监只有在提前期内签订原料订单,本季才能有此项工作。签订原料订货合同不用支付货款,下一季度供应商将原料运来时需要收货付款。

采购总监将原料订单区内的空桶放入原料库中,申请原料款,支付给供应商,在空桶中放入相应原料。财务总监从现金库中取出现金交给采购总监支付原料款。

⑧ 原料订单

采购总监根据预算采购计划,决定采购原料的数量。在管理系统中填写采购计划,包括原料品名、当量等信息,下达订单后,采购总监将装有订单计划的小桶放置于对应的原料订单处。

⑨ 成品下线(一分厂、二分厂)

生产总监查看生产管理系统,将已经生产完工的产品从生产线上转移到仓库。并将沙盘中还没有加工完成的产品向完工方向推进一格。

⑩ 旧生产线

此项工作指已经没有产品在线生产的设备如何处理,有三种选择:继续使用、淘汰、转产。继续使用就表示本季度可以在设备中投入新原料继续加工生产。

淘汰生产线:当生产线上的在制品完工后,可以淘汰生产线。淘汰时,生产总监从管理系统提出申请,将生产线和产品标识从沙盘中取出。如果此时该生产线净值等于残值,将生产线净值交给财务总监,直接转到现金库中;如果该生产线净值大于残值,从生产线净值中取出等值于残值的现金放入现金库中,将差额部分置于沙盘综合费用的其他项目中,表示淘汰生产线带来的损失。

生产线转产:生产线转产是指某生产线转产其他产品。如果选择转产,生产总监通过管理系统提出申请,系统根据转产要求进行处理。转产需要周期和费用,由生产总监转换生产产品标识,按季度向财务总监申请并支付转产费,将其放置于沙盘综合费用的转产费处,停工时长满足转产周期要求并支付全部的转产费用后,改换新的生产产品标识,开始新的生产。

⑪ 更新生产

更新生产是指新增的生产线、没有在制品的生产线、已经成功转产的生产线进行投入原料生产的工作。生产总监按照产品结构向采购总监领取生产产品所需的原料,采购总监通过管理系统将原料从原料库中放置于生产中心;生产总监同时向财务总监申请产品加工费,财务总监从现金库中支取加工产品所需现金;生产总监将加工费分别放入空桶并加入原料(一个组合代表一个产品),放置于生产线第一周期里。

⑫ 现货市场买卖

产品每季度有一次发布买卖信息的机会,企业销售部门可以通过网络发布产品买卖信息,包括产品品名、数量、售价、总价等信息。产品售出后,出售现金会通过电子交易系统自动进入现金库。财务总监核对后在沙盘中现金库放入相等的现金。

⑬ 向销售公司订单交货

销售部门根据销售公司订单要求,将已经完工的产品按订单交付给销售公司。通过销售公司采购验收后,销售公司财务部门通过管理系统按订单总金额支付全部货款。

⑭ 向市场订单交货

营销总监通过管理系统,检查成品库中成品数量是否满足客户订单要求,如果满足则按照客户订单要求,交付给客户合同约定数量的产品。客户按订单收货,并按订单上约定条件支付货款,若为现金付款(0账期),营销总监直接将现金交给财务总监置于现金库中;若为应收账款,营销总监将应收凭证交给财务总监置于沙盘应收账款相应账期处,并在管理系统做好登记。

⑮ 更新应收款

财务总监查看管理系统中应收款情况,将组装公司沙盘中应收款向收取方向移动一格,当到达 1Q 时表示应收款到期。

⑯ 到期应收款收现

财务总监查看管理系统中到期应收款记录,可以将组装公司沙盘中的到期应收款凭证换成现金,现金放入现金库中。在资金出现不足,且不具备银行贷款的情况下,可以采用贴现的方式,将未到期应收账款变成现金。

⑰ 投资新产品研发

组装公司按照集团战略规划及销售公司计划,需要研发新产品,必须投入研发费用。每季度的研发费用在此项工作流程中一次性支付。新产品研发完成后,可在下一季度投入生产。

按照年初预算制订的研发计划,生产运营总监通过管理系统申请研发资金,放置于产品研发对应位置的空桶内,财务总监通过系统支付研发费。

注意:产品研发投资完成,生产总监领取相应产品的生产许可证,可在下一季度生产该产品。

⑱ 支付行政管理费

管理费用是组装公司为了维持经营而发放的管理成本,包括办公费用、人员工资、培训费等。由财务总监从现金库取出1M放入沙盘管理费中。

⑲ 信息化投资

根据企业需要完成的信息化投资,可以有多种选择,如果选择财务信息化建设,投资完成后,财务人员将不需要手工编制报表,报表将由系统自动生成。

⑳ 本季出入库合计

盘点组装公司本季所有产品出入库数量。

㉑ 本季库存合计

盘点组装公司本季末产品库存数量。

㉒ 其他现金收支

登记正常收支以外的现金外收支项目,如额外损失、贴现损失等。

㉓ 季末现金

每季度末,组装公司应对现金、库存、仓库、在途物品等进行盘点,并将盘点结果与账面结存数核对。

注意:以上23项工作每个季度都要执行。

(3) 年末运行

① 更新长期贷款

更新长期贷款:如果企业有长期贷款,财务总监将装有贷款凭证的小桶向还款方向移一格;当移动至贷款期限时,表示长期贷款到期,由财务总监按照凭证数额从现金库中取出现金归还银行。

支付利息:长期贷款的借贷规则是在贷款期限内每年付息,到期还本。当年如果没有到期,需要向银行支付贷款总额的10%作为利息。由财务总监从现金库中取出长期贷款利息置于沙盘的"利息"处。

② 申请长期贷款

长期贷款只能在年末申请,可以申请额度为:上一年所有者权益的2倍减掉已贷短期贷和已贷长期贷款后的余额。贷款申请成功后,将现金放入现金库中,同时将贷款凭证放入小桶中沙盘长期贷款处。

③ 支付设备维护费

年末,只要有生产线,无论是否生产都要支付每条生产线1M的维护费。财务总监通过管理系统记录,从现金库中取出现金,置于组装公司沙盘上的"维护费"处。

④ 资产减值（折旧）

财务总监通过管理系统记录，从现金库中取出现金，置于组装公司沙盘上的"折旧"处。

⑤ 生产中心购买/租用

由于种种原因企业将生产中心出售后，此时可以根据现有资金的能力选择购买或租用。购买时由生产总监从财务总监处取出生产中心原价值等值现金，将生产中心购回，并在生产中心价值处放入持有凭证；租用时，由财务总监从现金处取出5M置于组装公司沙盘上的"租金"处。

⑥ 新市场开拓

根据战略规划营销总监向财务总监申请开拓新市场所需资金，放置在组装公司沙盘市场开拓准入处，等待开拓完成后，可以换取市场准入许可证。

⑦ 认证投资

营销总监根据市场规划向财务总监申请认证投资所需要的资金，放置在认证投资对应的位置，财务总监支付现金，等待投资完成后将现金换成认证标识。

⑧ 信息化维护费

信息化建设每年需要投入一定资金，对信息化进行升级与维护。由信息总监申请资金，财务总监从现金库中取出1M，放置于组装公司沙盘信息化维护费中。

⑨ 年末结账

计算、核对现金余额并与现金库现金核对。编制各类报表，反映企业当年经营情况。报表包括综合费用明细表、利润表、资产负债表。

3. 财务管理与运营总结

当公司运营结束，财务总监即需要结账并编制财务报表，标志着本年度运营工作结束，所有数据不得更改。

公司需要召开年度总结会议，CEO召集团队成员，通过经营数据分析经营状况，总结得失，为明年经营进行谋划。

4.5.4 原料公司经营流程

原料公司是集团供应链中最重要的基础制造企业，生产品种多，业务流程复杂。原料公司简化的运营工作，是原料公司参与供应链竞争需要遵守的工作原则。原料公司经营系统业务管理同样分为销售管理、运营管理、财务管理、经营分析。原料公司第0年初始经营状况见图4-19与图4-20利润表与资产负债表。

1. 销售管理

原料公司销售管理分为内部市场销售管理和外部市场销售管理，内部销售管理工作流程执行由集团公司CEO主持，各子公司CEO参与制订，原料公司CEO负责执行，原料公司团队成员各司其职，共同执行集团内部交易；外部交易由原料公司团队根据市场竞争规则由营销总监负责执行。

① 市场预测

新的一年开始之前，集团管理团队要根据去年整体经营情况，分析各个公司市场状态，企业的市场地位等因素，制订或调整集团发展战略，做出整个集团本年经营规划总体方案。

原料公司是集团发展的基础，所以管理团队要根据集团总体战略计划和公司产能，预测

利润表

项目	利润表（期初）	利润表（预测）	利润表（信息化）	利润表（手工）
本年计划增长率(%)				
主营销售收入	40			
直接成本	10			
综合费用	10			
财务支出	5			
资产减值前利润	15			
资产减值（折旧）	4			
营业利润	11			
财务收入	0			
其他收入	0			
其他支出	0			
利润总额	11			
所得税费	2			
净利润总额	9			

利润分配表

项目	利润分配表（期初）	利润分配表（预测）	利润分配表（信息化）	利润分配表（手工）
净利润总额	9			
盈余公积	0			
未分配利润累计	8			
上交集团利润	0			
未分配利润	17			

图 4-19 原料公司利润表

资产负债表

流动资产	期初数	预测	信息化	手工	负债	期初数	预测	信息化	手工
货币资金	50				长期负债	50			
应收账款	20				短期负债	0			
在制品	8				集团贷款				
产成品	6				应付账款	0			
原料	3				应缴税费	2			
其他应收款	0				应付股利				
其他流动资产					其他负债	0			
流动资产合计	97				负债合计	52			
非流动资产					所有者权益				
厂房/仓库	30				实收资本	90			
无形资产	20				盈余公积	0			
生产经营设备	12				年度未分配利润	17			
在建工程	0				所有者权益总计	107			
固定资产合计	62								
资产总计	159				负债与所有者权益总计	159			

图 4-20 原料公司资产负债表

产品市场数据，分析竞争对手，制订或调整本年度战略。

② 参加订货会议

参加订货会议是指在竞争订单之前，原料公司营销总监根据市场预测数据、公司在各级市场的地位、上一年 R 系列产品销售结果、市场竞争态势、公司发展规划等市场因素，提出本年 R 系列产品销售计划方案。全体团队成员进行讨论，决策出最终的广告投放方向与额度。

③ 竞争订单

竞争订单是由各个集团的原料公司参与并相互竞争获取订单。各原料公司派出营销总监参加签单会议，按照市场地位、广告投放、竞争态势、市场需求等条件，通过网络进行签单。

④ 订单记录

客户订单签约后,需要进行记录整理。营销总监通过管理系统查看订单后,负责分类统计,具体包括产品品名、数量、所属市场等信息,通过系统交给采购部门。

⑤ 集团订单

原料公司集团订单是组装公司采购部门向其下达的订单。首先必须保证完成集团订单,原料公司在生产能力充沛情况下,可以承接外部订单。订单包括产品名称、需求数量、到货时间、单价等信息。

2. 运营管理

原料公司运营管理是原料公司本年经营工作的主要内容,主要分三部分:年初运行、季度运行、年末运行。运营管理由原料公司CEO主持,团队成员各司其职,各负其责,有条不紊,按照原料公司运营流程执行工作任务。

随着企业经营的深入,经营范围的扩大,市场结构的变化,每完成一项工作任务系统会将各项活动进行记录,流程运行到企业的每个岗位时都有该岗位需要决策的问题。

(1) 年初运行

年初运行主要有四项工作,即年度预算制订、集团年度规划会议、预算审批、支付应付款。

① 年度预算制订

集团经营目标已经明确,集团订单和市场订单合同已经通过管理系统下达,原料公司团队要为完成全年经营目标制订出科学合理的预算方案,包括资金预算方案、贷款方案、市场投资方案、专卖投资方案、运输方案、信息化方案等。

公司各主管部门按季度预测上报所需资金,由财务总监编制预算表、预算利润表、预算综合费用表、预算资产负债表。

② 集团年度规划会议

集团年度规划会议是由集团CEO主持,集团各子公司CEO参加的预算协调会议,主要内容是协调各公司预算内容,审议各公司预算,协商集团贷款方向与金额。

注意:集团贷款的数额和时间申请是在年初预算表中提出。

③ 预算审批

经过销售公司、组装公司、原料公司协商,对各公司的预算内容、贷款方向、贷款金额没有异议时,集团公司通过并下达预算执行方案。

注意:销售公司、组装公司、原料公司三方有一方不同意预算方案时,必须重进行编报,重新召开集团年度规划会议。

④ 支付应付款

应付款包括两项内容,即所得税和广告费。依法纳税是每个企业及公民的义务。财务总监按照上一年度利润表的"所得税"一项的金额,做好管理系统记录工作,并从现金库中取出现金,放置于沙盘的"税金"位置处。广告费是原料公司争取订单时所支出的全部广告费用,财务总监按照支出总金额,从现金库中取出现金,放置于沙盘的"广告费"位置处。

(2) 季度运行

季度运行是原料公司全年每个季度需要完成的工作流程。

① 季初现金

财务总监查看管理系统,根据上季度末的现金余额核对本季度初的现金余额。

第一季度现金账面余额是上年末库存现金减去年初广告费支出和税金支出后的余额。

② 集团融资贷款

集团贷款是企业在预算中向集团申请的发展资金,资金可以在本年任何一个季度申请获得,也可以不申请,但获得的总贷款金额不能高于预算申请贷款额度。

③ 支付短期贷款

财务总监查看管理系统短期贷款。如果原料公司已经有短期贷款,财务总监将向支付方向移动一格。移至最后一格时表示短期贷款到期,应还本付息。

④ 申请短期贷款

短期贷款每季度可以申请一次。可以申请的最高额度可用以下公式表示。

申请短期贷款最高额 = 上一年所有者权益×2 - 已获得短期贷款 - 已获长期贷款

由财务总监负责申请,申请到贷款后,现金放入现金库中,取一个空桶放入贷款凭证,置于沙盘短期贷款第四账期处。

⑤ 厂房出售/租赁

原料公司资金不足时可以出售厂房,按厂房价值等价出售,但不能立刻得到现金,需要经过四个季度的应收账期。如果出售厂房,当年必须支付租金。

财务总监通过管理系统发布出售指令后,管理系统完成出售工作,出售厂房后,财务总监将出售厂房应收款凭证放入沙盘应收款项目第四期处。

⑥ 扩大产能

扩大产能是指为增加产品产量需要投资新的生产设备,运营总监通过系统申报投资设备型号、数量、用途等信息,财务总监根据每季度投资要求,从现金库中支付投资款。

运营总监将新增加的生产线标识放置于沙盘生产中心内,此时生产设备不能使用,运营总监将与设备安装周期数相同数量的空桶放置于上面,代表安装周期,每季度都放入等值现金,表示本周期投资完成。

每周期投资额 = 设备总购价/安装周期

全部空桶都装有相同的现金后,标志投资完成,放置设备所要生产产品型号标识,可在下一个季度使用此设备生产产品。

⑦ 原材料入库

原料公司生产系列产品需要原材料 R,采购总监只有在提前期内签订原料订单,本季才能有此项入库工作。签订原料订货合同不用支付货款,下一季度供应商将原料运来时需要收货付款。

采购总监将原料订单区内的空桶放入原料库中,申请原料款,支付给供应商,在空桶中放入相应原料。财务总监从现金库中取出现金交给采购总监支付原料款。

⑧ 原料订单

采购总监根据预算采购计划,决定采购原料的数量,在管理系统中填写采购计划,包括品名、数量等信息。下达订单后,采购总监将装有订单计划的小桶放置于对应的原料订单处。

⑨ 成品下线

生产总监查看生产管理系统,将已经生产完工的产品从生产线上转移到仓库。并将沙盘中还没有加工完成的产品向完工方向推进一格。

⑩ 旧生产线

此项工作指已经没有产品在线生产的设备如何处理,有三种选择:继续使用、淘汰和转产。继续使用就表示本季度可以在设备中投入新原料继续加工生产。

淘汰生产线和生产线转产业务流程与组装公司相同。

⑪ 更新生产

更新生产是指新增的生产线、没有在制品的生产线、已经成功转产的生产线,投入原料进行生产的工作。生产总监按照产品结构向采购总监领取生产产品所需的原料,采购总监通过管理系统将原料从原料库中取出放置于生产中心;生产总监同时向财务总监申请产品加工费,财务总监从现金库中支取加工产品所需现金;生产总监将加工费分别放入空桶并加入原料(一个组合代表一个产品),放置于生产线第一周期里。

⑫ 现货市场买卖产品

每季度有一次发布买卖信息的机会,企业销售部门可以通过网络发布产品买卖信息,即产品品名、数量、售价、总价等信息。产品售出后,出售现金会通过电子交易系统自动进入现金库。财务总监核对后在沙盘现金库中放入相等的现金。

⑬ 向组装公司订单交货

销售部门根据组装公司订单要求,将已经完工的产品按订单交付给组装公司。通过组装采购验收后,组装公司财务部门通过管理系统按订单总金额支付全部货款。

⑭ 向市场订单交货

营销总监通过管理系统,检查成品库中成品数量是否满足客户订单要求,如满足需要,按照客户订单要求,交付给客户合同约定数量产品。客户按订单收货,并按订单上约定条件支付货款,若为现金付款(0账期),营销总监直接将现金交给财务总监置于现金库中;若为应收账款,营销总监将应收凭证交给财务总监置于沙盘应收账款相应账期处,并在管理系统做好登记。

⑮ 更新应收款

财务总监查看管理系统中应收款情况,将原料公司沙盘中应收款向收取方向移动一格,当到达1Q时表示应收款到期。

⑯ 到期应收款收现

财务总监查看管理系统中到期应收款记录,可以将原料公司沙盘中到期应收款凭证换成现金,现金放入现金库中。在资金出现不足,且不具备银行贷款的情况下,可以采用贴现的方式,将应收账款变成现金。

⑰ 投资新产品研发

原料公司按照集团战略规划及销售公司计划,需要研发新产品,必须投入研发费用。每季度的研发费用在此项工作流程中一次性支付。新产品研发完成后,下一季度可投入生产。

按照年初预算制订的研发计划,生产运营总监通过管理系统申请研发资金,放置于产品研发对应位置的空桶内,财务总监通过系统支付研发费。

注意:产品研发投资完成,生产总监领取相应产品的生产许可证。下一季度可以生产该产品。

⑱ 支付行政管理费

管理费用是原料公司为了维持经营而发放的管理成本,包括办公费用、人员工资、培训费等。由财务总监从现金库取出 1M 放入沙盘管理费中。

⑲ 信息化投资

根据企业需要完成的信息化投资,可以有多种选择,如果选择财务信息化建设,投资完成后,财务人员将不需要手工编制报表,报表将由系统自动生成。

⑳ 本季出入库合计

盘点原料公司本季所有产品出入库数量。

㉑ 本季库存合计

盘点原料公司本季末产品库存数量。

㉒ 其他现金收支

登记正常收支以外的现金营业收支项目。如额外损失、贴现损失等。

㉓ 季末现金

每季度末,原料公司应对现金、库存、仓库、在途物品等进行盘点,并将盘点结果与账面结果存数核对。

注意:以上 23 项工作每个季度都要执行。

(3) 年末运行

① 更新长期贷款

更新长期贷款:如果企业有长期贷款,财务总监将装有贷款凭证的小桶向还款方向移动一格;当移动至贷款期限时,表示长期贷款到期,由财务总监按照凭证数额从现金库中取出现金归还银行。

支付利息:长期贷款的借贷规则是在贷款期限内每年付息,到期还本。当年如果没有到期,需要向银行支付贷款总额的 10% 作为利息。由财务总监从现金库中取出长期贷款利息置于沙盘的"利息"处。

② 申请长期贷款

长期贷款只能在年末申请,可以申请额度为:上一年所有者权益的 2 倍减掉已贷短期贷款和已贷长期贷款后的余额。贷款申请成功后,将现金放入现金库中,同时将凭证放入小桶中长期贷款处。

③ 支付设备维护费

年末,只要有生产线,无论是否生产都要支付每条生产线 1M 的维护费。财务总监通过管理系统记录,从现金库中取出现金,置于销售公司沙盘上的"维护费"处。

④ 资产减值(折旧)

财务总监通过管理系统记录,从现金库中取出现金,置于组装公司沙盘上的"折旧"处。

⑤ 生产中心购买/租用

由于种种原因企业将生产中心出售后,此时可以根据现有资金的能力选择购买或租用。购买时由生产总监从财务总监处取出物流中心原价值等值现金,将生产中心购回,并中心价值处放入持有凭证;租用时,由财务总监从现金处取出 5M 置于原料公司沙盘上的"租金"处。

⑥ 新市场开拓

根据战略规划营销总监向财务总监申请开拓新市场所需资金,放置在原料公司沙盘市场开拓准入处,等待开拓完成后,可以换取市场准入许可证。

⑦ 认证投资

营销总监根据市场规划向财务总监申请认证投资所需要的资金,放置在认证投资对应的位置,财务总监支付现金,等待投资完成后将现金换成认证标识。

⑧ 信息化维护费

信息化建设成功每年需要投入一定资金,对信息化进行升级与维护。由信息总监申请资金,财务总监从现金库中取出1M,放置于原料公司沙盘信息化维护费中。

⑨ 年末结账

计算、核对现金余额并与现金库现金核对。编制各类报表,反映企业当年经营情况。报表包括综合费用明细表、利润表、资产负债表。

同样,企业财务管理工作既体现在对公司运行需要资金的预算上,也体现在结账、财务报表的完成,由此标志本年运营工作结束,所有数据不得更改。

企业召开年度总结会议,CEO召集团队成员,通过经营数据分析经营状况,总结得失,为明年经营进行谋划。多组织企业运营操作管理界面如图4-21所示。

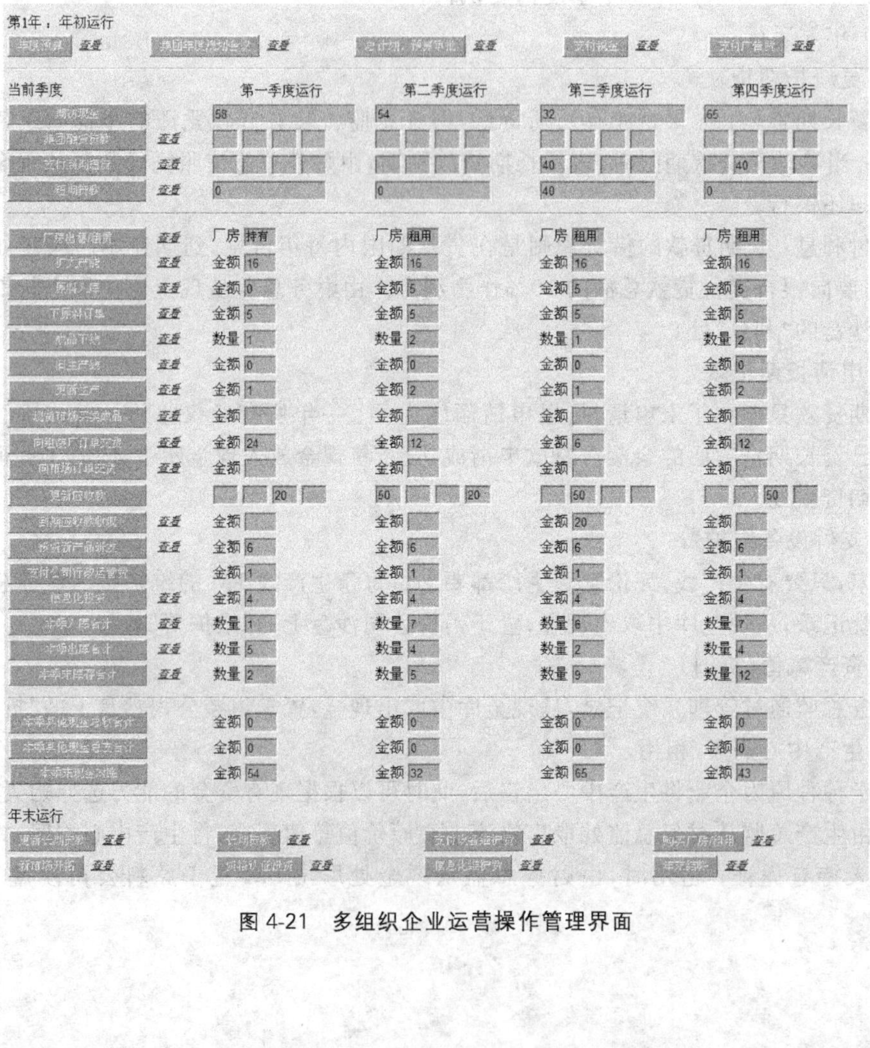

图 4-21 多组织企业运营操作管理界面

思考题

1. 经营中你所在公司作资金预算了吗？为何企业经营需要进行资金预算？
2. 在你所经营的企业中你认为钱花在哪些地方了？哪里的决策导致资金使用率不高？原因是什么？
3. 在企业模拟经营中，你所在的企业生产能力如何计算？
4. 在企业模拟经营中你认为最难的地方是哪里？
5. 你的最主要的竞争对手是谁？你是根据什么进行判断的？

第 5 章　企业经营中的问题分析

本章学习目标
1. 了解公司经营中可能出现的问题
2. 了解分析公司经营活动的方式与方法
3. 了解相关的经营管理知识及其运用
4. 了解企业经营中各部门的协调关系

企业经营中会遇到各种各样的问题，既存在战略方面的问题也存在经营方面的问题。而其中一些问题在 ERP 沙盘模拟经营中也有所反映。另外，模拟中学生还会经常犯一些错误，我们希望通过分析，来帮助同学更好体会 ERP 沙盘模拟课程的精髓，并希望通过课程中的问题来反映现实经营的一些问题。

我们将企业模拟经营中可能遇到的问题归为对企业经营的理解不够清晰，对决策与企业获利能力没有详细分析，不敢用企业筹资来的钱或者不敢贷款，市场信息分析不透或信息分析不全，企业内生产线产能计算不清晰，团队合作不到位等六大方面的问题。

5.1　对企业经营的理解

5.1.1　如何理解企业经营

1. 经营的本质

企业经营最早是由法约尔提出的，他认为经营包含六大基本活动：①技术活动（生产、制造、加工）；②零售活动（购买、销售、交换）；③财务活动（筹集和利用资本）；④安全活动（保护财产和人员）；⑤会计活动（清理财产、资产负债表、成本、统计等）；⑥管理活动（计划、组织、指挥、协调、控制）。同时他指出，管理活动又渗透到其他活动中。而企业通过经营活动最终来实现企业的目标。从这个最基本经营活动出发，我们看到，企业经营的本质就是要利用企业所能利用的各种资源来实现企业目标。

在 ERP 沙盘模拟经营中，我们会发现，在整个经营周期内，同学们经历了企业经营中的生产活动、零售活动、财务活动和管理活动，大家精诚合作，详细计算，步步为营，但实际情况却是和最初制定的企业目标相距甚远，所有者权益并没有多少提高。是什么原因导致的呢？我们用图 5-1 所示进行分析。

从图 5-1 中可以看到，企业的资本由两部分组成，一部分是负债融资，包括长期负债和短期负债；另一部分是股东权益，包括股东初创企业的原始资本和企业经营获得的未分配

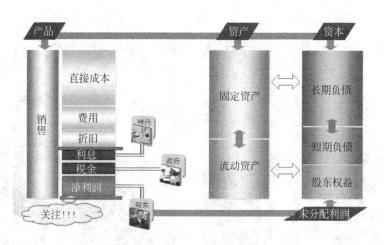

图 5-1　企业资产与资本关系

利润。企业通过多种渠道获得资本之后(在 ERP 沙盘模拟经营中以银行贷款来体现融资渠道),可以购置厂房、设备等进行生产加工活动,这部分的生产资料我们称之为固定资产。固定资产是不断重复投入生产环节,可以反复使用,其价值以折旧方式逐渐体现。而余下的资本,构成企业的流动资金,也称之为流动资产,用于企业经营中的原材料的购置、各种经营管理费用的支出等。流动资产的形态是不断转换的,一个典型的方式体现在:资金形态转换为原材料形态,然后通过在线加工转为在制品形态直到成品形态,最后通过销售再转换为资金形态,期间必然发生各种人工、管理等经营费用,即固定资产与流动资产投入到企业经营的各环节。从图 5-1 中可以看出,从资本到资产只是其形态发生了转变。这就构成了"资产=负债+所有者权益"这一著名的恒等式,这也是在资产负债表中,左边与右边一定是相等的。而企业通过向市场提供合适的产品和服务,获取利润,而股东关注的是权益的增加,即从初始投入通过企业经营能够获得多少的增量。因此,企业整个经营活动中关注的是通过各种资源的合理利用来获取利润,使股东权益实现最大化。

2. 企业经营关注——开源与节流

从图 5-1 中看到,股东权益的增长来自未分配利润,而未分配利润则是净利润中的一部分。一个基本逻辑关系式:"股东权益—未分配利润—净利润—毛利—销售收入"。

因此,销售收入的增加是关键要素。有一个最基本的公式:"利润=收入-成本"。这里收入即为销售收入,而利润则是毛利,还需要扣除银行贷款利息、上缴税金等。注意,想增加毛利不能仅仅关注销售收入的增加,忽视了企业对材料费用、管理费用、人工费用、研发费用、销售费用等各项经营成本与费用的控制,这些要素又构成企业经营的成本。由此,我们得出结论:增加利润的方法来自开源与节流,开源即通过多种方法努力扩大销售,节流则是通过管理效率的提升来降低成本。图 5-2 和表 5-1 能够清晰反映出企业开源与节流的基本思想与基本做法。在 ERP 沙盘模拟课程中,同学们应着重从开源和节流两个角度考虑问题,这也是企业经营首先要考虑的问题。

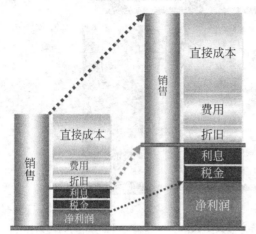
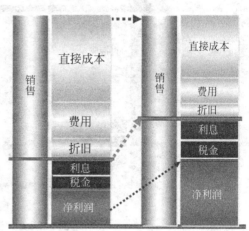

图 5-2 企业开源节流思路

表 5-1 开源与节流的做法

开	源	节	流
开拓市场	扩大市场范围	直接成本	原材料费用
	进行品牌认证		加工费
	合理广告投入		生产组织
增加品种	研制新产品	可变成本	广告费用
	研究竞争对手		租金维护费用
	盈亏平衡分析		行政管理费用
扩大产能	改进生产装置	增加毛利	收益大的市场
	增加新生产线		盈利大的市场
	研究生产组织		竞争对手分析

3. 零售企业的开源与节流

对于商科院校的学生而言，需要更多地了解零售企业的经营状况。大型零售企业多以连锁经营的组织方式来实现规模的扩张和效益的提升。图 5-3 所示较为清晰地描述了如何考虑零售企业的开源节流。开源可从营业内与营业外两个方面考虑：通过商品结构与毛利结构的调整提升单价、提升毛利、提升效率（人效、时效、坪效等），增加营业内收入；通过积累和丰富门店资源，通过上游供应商进行价值转换，特别是品牌供应商的大力支持，来增加门店的收入；通过多元化经营及同业、异业联盟，挖掘营业外收入资源。在增加营业收入的同时，必须考虑如何降低经营、管理、财务等方面的费用支出，管理重点放在节约人员成本、能源成本及控制营业中的各种损耗上，特别是控制商品损耗。

传统的管理思想是：成本＋利润＝售价。但是随着市场竞争的加剧，市场渐渐成为主导者，价格是由市场说了算的，因而，经营的观念要转变为：售价－成本＝利润。从数学上看这个公式没什么两样，但是从企业经营角度看其经营的观念转变了，转变为关注市场，关注消费者，并需要不断检查自己，消除经营过程的可能导致的成本增加的费用，这样才能确保企业的盈利。

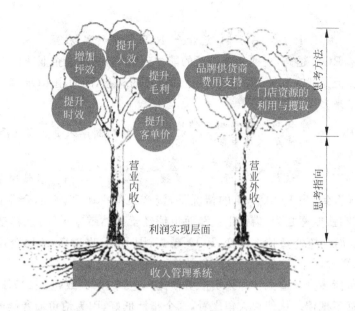

图 5-3 零售企业的开源与节流

随着社会经济的快速发展,零售企业已成为决定市场的第三种力量——零售力。第一种力量是消费者的认可能力,消费者一旦认可,企业的产品或者品牌即根植于消费者脑中,企业就有了生存和发展的空间;第二种力量,产品需要经过经销商强力的推广,多通路通向消费者,因而有"渠道为王"的说法;而第三种力量则是终端的零售力,如果货架空间与实体店面不能提供给消费者良好的购物环境,最终也无法实现销售。零售终端直面消费者,对消费者的购买行为起着确定性的作用。现在的零售企业,竞争激烈,同质化现象严重,面临租金、人工成本不断提升的压力,企业转型、突出自身优势、形成差异化经营迫在眉睫。零售企业经营获得成功的要素归结为八项内容:地点、商品、价值、人、沟通、系统、物流、协力厂商,如图 5-4 所示。只有巩固五边形,即有良好的地

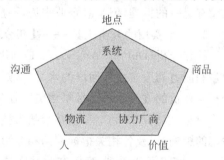

图 5-4 零售业成功的八大重点

理位置,提供给消费者良好的商品,与消费者进行良好的沟通,实现消费者价值,才能让企业获利。通过强化三角形,有良好的技术支撑,企业才能够长久发展。

5.1.2 如何评价企业经营绩效

1. 企业经营绩效评价指标

企业的经营是通过资产的各项活动来体现的。其活动情况如何?怎样评价其活动的好坏?前文中已经分析了股东权益最大化实际是通过利润与成本的控制来实现的。而经营活动的资产来自企业的负债,换句话说我们的企业是依靠负债进行经营的。可以通过分析两个关键指标资产收益率(Return On Assets,ROA)和净资产收益率或权益收益率(Rate of Return on Common Stockholders' Equity,ROE)来评价企业经营绩效。这两项指标在

3.6.4 小节中也有分析。

$$ROA = 净利润/总资产, ROE = 净利润/权益$$

资产收益率 ROA 越高,说明企业经营的能力越强,也就是说企业花费1元的资产能带来更多的利润。但是股东们真正关心的是他们自己的利益,因而用 ROE 来反映股东花费1元的投资能够带来多少的收益。

$$ROA = \frac{净利润}{总资产} = \frac{净利润}{销售额} \times \frac{销售额}{总资产} = 销售利润率 \times 资产周转率$$

$$ROE = \frac{净利润}{权益} = \frac{净利润}{总资产} \times \frac{总资产}{权益} = ROA \times \frac{1}{1 - 资产负债率}$$

从上面公式看到,当 ROA 一定的情况下,资产负债率越高,表明企业更多地在用"别人"的钱为股东赚钱或称之为"借钱生钱",而负债经营必然带来风险,这就是财务决策中的财务杠杆效应;而当资产负债率不变,ROA 越高,则 ROE 也越高,表明企业的经营能力越强,给股东带来更大回报,这就是经营杠杆效应。

到底企业负债多少合适呢？如果资产负债比率达到100%或超过100%,说明公司已经没有净资产或资不抵债。从债权人角度看,这个指标低好,因为怕负债者偿还不了借款。从股东角度看,利用别人的钱生钱,当然负债比率高是好事,因为他们可以用较少的投入获得企业的控制权。而从经营者角度看,最关心的是在充分利用借入资金给企业带来好处的同时,尽可能降低财务风险。可见,在企业管理中,资产负债率的高低不是一成不变的,从不同角度考虑,债权人、投资者(或股东)、经营者对其要求各不相同。另外,还要看国际国内经济大环境是顶峰回落期还是见底回升期以及管理层是激进者、中庸者还是保守者,所以多年来也没有统一的标准,但是对企业来说,一般认为,资产负债率的适宜水平是40%～60%。

2. 一个实用的分析工具——杜邦分析

杜邦分析(DuPont Analysis),是利用各种主要财务比率指标间的内在联系,来评价公司赢利能力和股东权益回报的水平,从财务角度对企业财务状况及经济效益进行综合系统分析与评价的方法。该法最早由美国杜邦公司使用,故以此命名。该体系是以净资产收益率为龙头,以资产净利率和权益乘数为核心,重点揭示企业获利能力及权益乘数对净资产收益率的影响,以及各相关指标间的相互影响作用关系,如图5-5所示。

从图 5-5 可以看到,净资产收益率是杜邦分析的核心指标。一般投资人投资一家公司,目的是希望该企业能够给他带来更多的回报,这是投资人最为关心的指标。这个指标是由总资产收益率与权益乘数相乘得到的。总资产收益率又受到销售净利率与总资产周转率的影响。销售净利率反映的是销售收入的收益水平,而总资产周转率反映的是总资产的周转速度,这个指标的分析,可以判断出公司资金周转出现的主要问题。可见,扩大销售,降低成本是提高企业销售净利率的根本途径,同时也是提高企业资产周转率的必需条件和途径。

权益乘数(总资产与总权益资本的比值),表示了企业的负债程度,也表明了公司利用财务杠杆进行经营活动的程度。这个指标越高,说明公司资产总额中的越多的部分是通过负债形成的,这样的企业会面临较高的财务风险,但公司也会有较多的杠杆利益。反之,这个指标越小,公司财务越稳健,负债越少,但获得的财务杠杆利益也相对减少。

小知识：财务杠杆原理是指由于企业存在固定性财务费用,导致企业息税前利润(EBIT)的微量变化引起股东每股收益(EPS)出现大幅度变动的现象。也就是,企业负债经

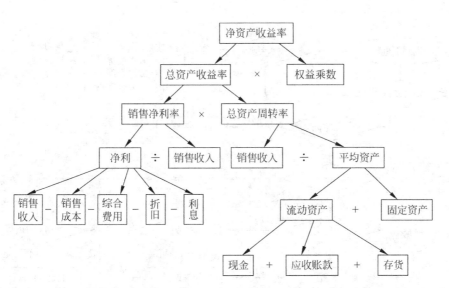

图 5-5　杜邦分析图

营时,企业负担的利息水平随着银行借款规模和利率的确定也就固定下来。企业盈利水平越高,扣除债权人拿走固定利息后,投资人(股东)得到的回报也就愈多。相反,企业盈利水平越低,债权人照样拿走这一固定的利息,剩余给股东的回报也就愈少。当盈利水平低于利率水平的情况下,投资人不但得不到回报,甚至可能倒贴。

财务杠杆能够获得财务杠杆利益的根源在于:当企业全部资金利润率高于借入资金利息率时,企业通过负债融资所创造的营业利润在支付利息费用之后还有剩余,这个余额可以并入到自有资金收益中去,从而提高自有资金收益率。但是,当企业全部资金的营业利润率低于借入资金利息率时,通过负债融通的资金所创造的营业利润还不足以支付利息费用,就需要从自有资金所创造的利润中拿出一部分予以补偿,在这种情况下投资人的收益就会下降。

杜邦分析也有其局限性。杜邦分析只包括了财务方面的信息,关注的是企业短期的财务结果,容易导致公司管理层忽视企业的长期发展目标。同时分析方法也没有关注影响企业发展的其他因素,如品牌、顾客、技术创新等。

5.2　决策与盈利

5.2.1　如何决策

在 ERP 沙盘模拟经营中,各家模拟企业都会在具体经营前制定好自己的发展战略,也就是做好一个较为完整的六年规划,也可能做了财务的资金预算,也想了办法开源节流,也可能做了物料规划计算,但模拟经营的结果还是在亏本,还是不能赚钱。这也许是因为参与经营的同学已经有了一些管理知识,但还不会用系统的分析方法来分析企业经营问题。如何能够更好体现企业的经营决策过程呢?图 5-6 可以帮助我们训练系统分析和从哪些方面进行决策。

图 5-6 是一个简化的系统分析思考图。可以看到,系统分析依然是从利润开始,一方面

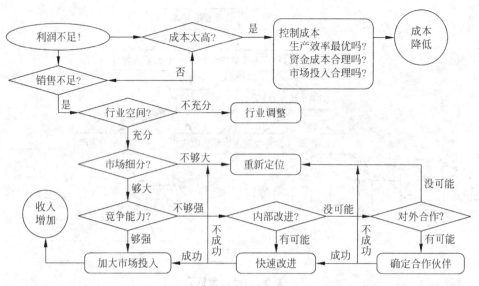

图 5-6　系统分析与战略调整

分析销售情况,一方面做成本控制分析。不管哪个方面的分析,都需要企业经营者对自己的企业实际情况做出决策。有时候可能前期战略制定得很完善,但是后期市场环境发生了变化,或者是竞争对手的战略发生了变化,企业经营者就需要根据实际情况进行相应的调整。因而,决策变得至关重要。

在 ERP 沙盘模拟经营中并非只有一家公司在从事某产品的生产,在决策制定过程中还有许多竞争对手,他们的一举一动同样会对你所在公司产生影响。在实际课程中,我们希望大家把目光看得长远一些,制定长期战略计划,而具体经营中更需要随时关注对手。另外,在经营过程中难免出现失误,找出问题的原因后必须进行系统分析与思考,从一点开始,逐步分析,来及时调整公司经营战略,改变经营方针,适应新的情况。这是一个系统思维分析方法的训练过程。

5.2.2 如何分析企业盈亏

1. 损益平衡分析

在 ERP 沙盘模拟经营课程中,经常会出现的问题是:亏钱的时候不知道哪里亏钱,赚钱的时候不知道怎么赚钱!

要回答这两个问题,需要知道企业经营中"损益平衡点(BEP)"的概念。这是损益平衡分析的一个好工具。学会用损益平衡分析了,自然而然就能得出企业生产销售量为多少才能赚钱。

损益平衡分析法又称盈亏分析、保本点分析或量本利分析,是通过考察产量、成本、利润三者之间的关系及盈亏变化的规律来为决策提供依据的方法。

生产一个产品过程中包含各种成本,可以把其分成固定成本和变动成本,固定成本与销售产品的数量没有关系(即使生产一个产品也需要投入的费用),比如折旧、维护费、利息等。而变动成本则是随着生产产品的数量递增的,典型的是产品的原材料、加工费等。

企业处于保本经营时,即达到盈亏平衡,此时销售收入等于总成本。

其中:

$$销售收入 S = 价格 P \times 产量 Q$$
$$总成本 C = 固定成本 F + 变动成本 VQ$$
$$损益平衡点产量(Q^*) = \frac{固定成本}{单价-单位变动成本}$$

它们之间的关系绘制如图5-7的分析模型所示。企业不赚钱的原因,是盈亏平衡点太高,换句话说就是销售量不足或成本太高!盈亏平衡点越低经营安全性越好!

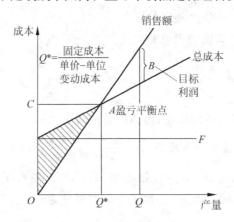

图5-7 量本利分析模型

上述公式中,销售收入扣除变动费用后称为边际贡献。边际贡献是进行产品生产决策的一个十分重要的指标。通常,边际贡献又称为"边际利润"或"贡献毛益"等。企业成本中有很大部分是固定成本,这部分成本不论产量如何都必须耗费,企业生产的产品首先要弥补这部分固定成本,只有存有结余,换句话说只有存在边际贡献,企业才有可能继续弥补变动成本,并有可能盈利。一般认为只要存在边际贡献,这个产品就可以生产,边际贡献越大越好。边际贡献是作为产品为企业盈利所做的贡献。这个在产品定价决策中也非常重要。在产品定价决策中,首先必须保证边际贡献不为负数,其次再考虑,全部产品的边际贡献必须足以弥补固定成本,并有一定的余额。而在特殊定价中,边际贡献保持正数是接受定价与否的底线。

2. 零售企业盈亏分析

由于零售企业经营的商品种类繁多,企业本身并不加工,而是通过门店有形空间的展示,通过各种促销活动,最终使消费者购买商品。对于零售企业如何计算其损益平衡点呢?可以将上述公式转换为营业额的确定,即通过确定完成多少营业额来确定是否达到损益平衡。公式为:

$$BEP = \frac{固定成本 F}{1-变动成本率} = \frac{F}{1-V/S}$$

其中 F 是固定成本,V 是变动成本,S 是营业额。对于零售企业来说,营业费用大都是固定成本,商品进货成本是变动成本,非固定的营业费用,例如:广告费、包装费、杂费、消耗品费等属于变动成本。因此损益平衡点的公式即是:

$$BEP = \frac{固定成本}{1-(进货成本率+变动成本率)} = \frac{固定成本}{毛利率-变动成本率}$$

由该公式可知,毛利率愈高,营业费用愈低,则损益平衡点越低。对于一家 200 平方米左右的超市,假设其毛利率是 20%,每年的固定费用平均是 200 万元,变动费用率 3.5%,则 BEP 约等于 1212 万元。也即该超市每年营业额达到 1212 万元时,损益即可平衡,低于该营业额则亏本,高于该营业额则赚钱。

零售企业一个非常重要的指标是毛利。毛利、毛利率、费用率的关系如下:

① 毛利:售价－进价＝毛利

② 毛利率:毛利率 $=\dfrac{\text{毛利}}{\text{销货净额}}\times 100\%$

③ 费用率:费用率 $=\dfrac{\text{店铺费用总额}}{\text{销售总额}}\times 100\%$

④ 利润＝毛利－费用

⑤ 净利＝利润－税金

损益平衡点对实际营业额的比率,称为损益平衡点比率:

$$\text{损益平衡点比率}=\dfrac{\text{损益平衡点营业额}}{\text{实际营业额}}\times 100\%$$

损益平衡点比率愈低愈好。日本《钻石周刊》曾刊出损益平衡点比率的安全尺度为:60% 以下超安全;60%～80% 为安全;80%～90% 要注意;90% 以上处于危险;100% 以上就要破产。

依上述标准来看,损益平衡点在比率 90% 时,经营十分危险,在这个经营水平上如果销售额降低 10% 以上,就要亏损了。

经营环境变化莫测,景气循环周而复始,遇到竞争激烈或行业不景气时,业绩往往会下降,若降到损益平衡点以下将亏本,因此损益平衡点比率也称做不景气抵抗力。抵抗力愈强愈好,也就是比率愈低愈好。

此外,也可用经营安全率来代替损益平衡点比率,其定义是:

$$\text{经营安全率}=1-\text{损益平衡点比率}$$

按前面所述损益平衡点比率的安全尺度,经营安全率的安全尺度为:40% 以上超安全;20%～40% 安全;10%～20% 要注意;10% 以下危险;负数(0 以下)破产。

5.3 资金的管理

企业经营离不开资金的使用,但是自有资金总是有限的,融资是现代企业经营的一项非常重要的职能。在 ERP 沙盘模拟经营课程中,往往看到现金库中还有很多现金时,心中窃喜;或者还有现金但是破产了;或者该贷款时不敢贷或使劲贷,怕不够用,等。这些归结起来就是资金的管理问题。企业资金管理分为两块,一是资金来源,二是资金使用。

5.3.1 企业为何要贷款

许多同学认为因为贷款会产生利息,不论是长期贷款还是短期贷款,都会造成企业利润的减少,也就是说贷款会有很大风险,因此,宁可不扩大经营,小规模生产,也不愿意使用贷款,运用充足的资金来扩大企业生产规模。

在前面分析企业经营绩效时有资产收益率(ROA)和权益报酬率(ROE)两个指标。

ROA一定的情况下,负债率越高,ROE就越高,就表示企业在用别人的钱赚钱,是一种"借鸡生蛋"的做法,在财务上称之为财务杠杆效应。但是,太高的负债率又会导致财务成本过高,一旦经营出现不可预知的状况会导致难以想象的后果。如果在资产负债率不变的情况下,ROA越高,则ROE也会越高,说明企业的经营能力强,这便是经营杠杆效应。所谓杠杆,就是使用很小的力气可能产生很大的效果,借用别人的资金可以为投资者带来更多回报,但同样也会导致企业严重亏损甚至破产。财务杠杆固然可以在赚钱时将这个数字放大,同样的,在亏损时这个数字也会因为财务杠杆的因素而放大。但是,如果仅仅只是考虑为避免风险,企业用自有的一点资源进行运作,就会导致在经营中需要的花费无从着手。

在ERP沙盘模拟经营课程中,各家公司均需要考虑购置设备、投入市场推广、广告投入、产品研发、设备维护等多方面费用,而这些费用的开支需要企业管理者做好财务预算,用足可能的贷款政策,发挥财务杠杆和经营杠杆的作用。当然在企业经营时,在前述分析中已经给出一个经验数据,即企业负债的比率的范围。不管怎样,企业经营者需要做到大胆规划,精细计算,既要用好别人的钱,也要估计自己可能的风险。

5.3.2 企业怎样融资

企业的经营离不开资金的运作。在ERP沙盘模拟经营课程中只采用了银行贷款和高利贷的方式进行融资。银行借贷是企业融资中最为典型的一种方式。资金可以说是企业体内的血液,是企业进行生产经营活动的必要条件,没有足够的资金,企业的生存和发展就没有保障。现实中的企业资金来源方式有多种,一般称为融资。

企业融资是指企业从自身生产经营现状及资金运用情况出发,根据企业未来经营与发展策略的需要,通过一定的渠道和方式,利用内部积累或向企业的投资者及债权人筹集生产经营所需资金的一种经济活动。换句话说,企业融资主要渠道:一是内源融资,即企业的自有资金和在生产经营过程中的资金积累部分;二是外源融资,即企业外部资金的来源,主要包括直接融资和间接融资两类。直接融资是指企业进行的首次上市募集资金(IPO)、配股和增发等股权融资活动,所以也称为股权融资;间接融资是指企业资金来自于银行、非银行金融机构的贷款等债权融资活动,所以也称为债务融资。由于我国证券市场正处于发展阶段,很多中小企业并不能直接到证券市场进行融资,所以更多的融资渠道来源于银行及非银行金融机构的债权融资。由于银行借款没有利润要求权,所以对风险大的企业或项目不愿借款,哪怕是有很高的预期利润。相反,实力雄厚、收益或现金流稳定的企业是银行欢迎的贷款对象,从而导致很多中小企业贷款困难,使得民间借款风气盛行。

因此,在ERP沙盘模拟经营中,将银行借款作为一种主要的融资方式,同时引入了高利贷的形式,其目的是让学生了解企业经营离不开资金的使用,而资金的使用是有成本、有风险的,如何根据自己企业的经营规模确定融资方式是企业高层领导者财务决策的一项重要内容。

5.3.3 怎样做财务预算

在ERP沙盘模拟经营课程中,模拟公司每年都会召开经营会议,财务总监需要汇报这一年度企业根据公司的战略制定出使用资金的情况,这就是财务预算。

每一年在新年度规划会议上,许多同学会忽略使用现金预算表这张工具表,使得每一年的运营都是"跟着感觉走",很大程度上依赖于运气。这便是"哥伦布式管理":走的时候,不知道去哪儿;到的时候,不知道在哪儿;回来的时候,不知道去过哪儿。

现在思考另一个问题:现金越多越好吗?答案是:错!

在现金够用的情况下,是越少越好。因为,企业的资金只有以下几个来源。一是股东资本。而股东是希望经营者拿着这些钱去赚钱的,钱闲置着也不会自己生钱。也有可能是销售收入,这和股东资本是一个道理,需要用这些钱去赚钱。二是融资贷款,但是这是有财务成本的,即使是利率最低的短期贷款其利率也是5%,如果赚的钱没有利息多,那就是在亏钱。表5-2为现金预算表。

表5-2 现金预算表

季度 项目	1	2	3	4
期初库存现金				
支付上年应交税				
市场广告投入				
贴现费用				
利息(短期贷款)				
支付到期短期贷款				
原料采购支付现金				
转产费用				
生产线投资				
工人工资				
产品研发投资				
收到现金前的所有支出				
应收款到期				
支付管理费用				
利息(长期贷款)				
支付到期长期贷款				
设备维护费用				
租金				
购买新建筑				
市场开拓投资				
ISO认证投资				
其他				
库存现金余额				
要点记录 第一季度: 第二季度: 第三季度: 第四季度: 年底小结				

从表 5-2 中可以看到,其结合了企业经营流程表的费用支出部分设计了一些流程。可以发现,表中几乎全部都是资金的流出项目,如果进行贷款融资的话则要面对支付利息、损失权益这个问题,仅仅只有"应收款到期"为现金的流入项目并不损失权益。因此,在每年初的年度规划时财务预算显得尤为重要,应该对企业的资金做好通盘预算,并做好每一季度的要点整理,保证企业有足够现金运作而不断流,合理地安排资金使用,同时还需要降低资金成本,这样才能做到"未雨绸缪,有备无患"。

日常活动中也有许多是需要做财务预算的,举个最简单平常的例子:在学生会工作的同学通常都需要组织这样那样的活动,活动计划则必然要做,而其中很重要的一部分则是预算。在哪个节点,要用多少钱,都要交代清楚。不可能口说无凭报个数字。

在 ERP 沙盘模拟经营课中,还有一种情况是企业还有现金,但是破产了,此时很多经营者会一脸的茫然。这里要说明破产有两种情况:一是权益为负值,二是资金断流(ERP 沙盘模拟经营课程中设定企业的破产条件,ERP 沙盘比赛中采用)。企业还有资金但仍破产了必然权益为负值。这里的权益是指所有者的权益,是企业投资人对企业净资产的所有权,是企业的资产总额减去一切负债后的剩余资产。权益与资金是两个概念。从短期看,权益和资金是矛盾的,资金越多,需要付出的资金成本也越多,反而会降低本年权益;长期看,两者又是统一的,权益高了,可以从银行借更多的钱,借钱可以扩大再生产,"钱生钱",但是没有权益就不能借到更多资金,必然影响企业经营(参考本课程银行贷款规则)。所以在企业经营初期,贷款贷多少,如何将资金使用在合适的地方,是每个公司经营过程中必然考虑的一个大问题,也就要求公司必须做好资金规划,做好资金使用预算。

5.4 信息与市场

企业经营离不开市场研究与分析。市场是由具有需求的(现实的和潜在的)顾客构成的。企业往往会面对很多市场,但往往只关注其中自己所能进入的市场。在 ERP 沙盘模拟经营中,很多同学不注重研究市场,不关注对手,只知道埋头苦干、闭门随想。

市场提供了各种各样的信息。在当今世界,信息已经成为一种最重要的、不可或缺的资源,与物质材料和能源并称为人类社会的三大支撑力量和必需品!信息同样是企业经营的重要因素和宝贵资源。在企业的四大流动性要素中,信息流举足轻重,对人流、物流、资金流起着主导和支配作用。据调查,美国每生产 1 美元产品,其中信息处理成本占总成本的比例是:1935 年为 15%,1955 年为 25%,1975 年为 36%,1995 年为 49%,而某些知识密集型产业已高达 60%~70%。

在多数情况下,信息并不形成企业产品实体,这与人力不构成产品实体的道理是一样的。从本质上说,任何可以被数字化(编码成一段字节)的事物都是信息。信息对不同的消费者有不同的价值,不管信息的具体来源是什么,人们都愿意为获得信息付出代价。信息被用户(企业或者个人)从市场上购买后转变成用户的信息资本,成为企业经营的要素之一。当今社会,特别是信息技术的发展,使得每个人每个企业每天能够接触到大量的信息。赫伯特·西蒙曾说:"信息的丰富产生注意力的贫乏。"当今信息问题不在于信息的获得困难,而是信息的过量和超载,注意力成为稀缺资源。要在无数的信息中将人们的注意力吸引到自己企业的特定产品,以获得产品的最高效益,企业不仅在产品的设计、文字和印刷上增加成本投入，而且还要借助大众传媒来大肆宣传产品，企业同样花费了大量的不断增加的注意力购买成本。这个问题在 ERP 沙盘模拟经营课程中也得以体现，通过对市场信息的分析和判断，来初步训练学生的信息分析能力并使其寻找自己企业最合适的市场和产品。

5.4.1 市场在哪里

在 ERP 沙盘模拟课程中，经常会出现在某个市场投放广告后，在选择订单的环节又放弃这个市场了。或者是非常盲目地在某个市场投放大量广告费。许多同学在进行企业运作时只顾自己的运营，完全不研究信息、市场与对手，仅仅按照自己的感觉来完成。这些现象的一个根本原因是学生没有认真去研究市场所提供的信息，不知道自己企业的市场在哪里。

在 ERP 沙盘模拟经营课程中，市场预测是各企业能够得到的关于产品市场需求预测的唯一可以参考的有价值的信息，对市场预测的分析与企业的经营战略和经营目标、营销方案的策划息息相关。在市场预测图中发布了近几年关于行业产品市场的预测资料，包括各市场、各产品的总需求量、价格情况、客户关于技术及产品质量的要求等，如图 5-8 所示。

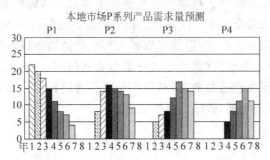
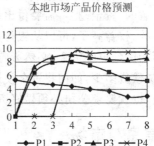

图 5-8　市场预测图

图 5-8 是 1~8 年本地市场 P 系列产品预测资料，由左边的柱形图和右边的折线图构成。柱形图中的横坐标代表年数，纵坐标上标注的数字代表产品数量，各产品柱形的高度代表该产品某年的市场预测需求总量。折线图标识了 1~8 年 P 系列产品的价格趋向，横坐标表示年，纵坐标表示价格。

从图中可以看出，P1 产品的市场需求是逐年走低，价格也在逐年下降；P2 产品市场需求较为稳定，价格变化较大，第一年和第二年上升幅度较快，后面几年又快速下降，下降幅度大于 P1 产品；P3 是从第二年开始，前两年市场需求很低，后几年增加，价格始终在高位运行；P4 产品从第四年才开始上市，价格还要高于 P3 产品。可见 P3、P4 可以认为是高端产品，需要投入较大，但是前期的 P1、P2 作为低端产品，市场始终也有需求。作为经营者，就需要考虑怎样的产品组合更适合自己的企业。只有确定了企业要进入的市场，才能够有的放矢做好财务预算，做好生产计划，做好营销策划。

确定卖什么产品，进入哪个市场，在做好市场预测分析之后，还有一个方法就是通过市场细分（参见第 3 章内容）选择自己的目标市场，如图 5-9 所示。

只有了解市场，结合自己的加工能力，才能制定针对不同市场、不同对手的广告策略。才能做到"知己知彼，百战不殆"。同时也不能因为想做"市场老大"而狠砸广告费用，也不能想省广告费而少投广告。前者可能因资金的短缺对企业的长远发展产生影响，后者则不能

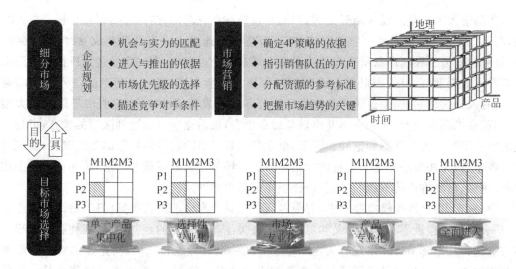

图 5-9 目标市场选择

确保拿到足够订单获得利润而造成企业亏损。

ERP 沙盘模拟经营课程利用市场中产品未来的走势作为信息分析的典型,一个根本目的是训练学生思考问题时的逻辑架构,企业应该获取的信息是多方面的,我们只需要从中找出自己认为是最适合企业需求的信息,并作为企业经营决策的基本要素,帮助企业做出决策。但是同学往往在学习过程中总是将企业经营各要素间的关系割裂开,专业课程所学知识与综合训练的思维能力并不能很好地结合,而 ERP 沙盘模拟经营课程则能够较好训练学生系统思考与分析判断的能力。

5.4.2 竞争对手在哪里

现实生活中,一项好产品的出现会立刻引来模仿者和竞争者,因为市场是开放的,消费者总是从多种选择中进行比较作出判断,企业间的竞争不可避免。但是你会判断你的竞争对手吗? 在 ERP 沙盘模拟课程中,几家企业从一开始就设定为竞争对手,但是在不同的市场其对手却可能是不一样的。怎么判断呢? 在此引入产品生命周期理论来说明。

从一项新产品的设计、生产、销售,到用户使用,什么时候会有企业的竞争者出现呢? 产品生命周期一般要经过如图 5-10 所示的开发期、投入期、成长期、成熟期和衰退期,因此,产品生命周期是指产品从投入市场到最终退出市场的全过程。

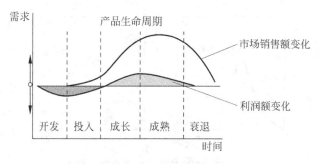

图 5-10 产品生命周期

产品进入市场是从投入期开始的,产品开发是在企业内部进行,包括研究过程。投入时期,产品已经上市,并通过企业的宣传推广,可能会迅速进入成长时期和成熟时期,达到顶峰,最后会被另一种新产品所取代从而退出市场。这个过程中,有的产品会经历很长阶段也没有进入衰退期,而有的产品这几个时期却很短。一般来讲,当一项新产品进入市场的时候,会有人去关注它,而当这款产品市场反映较好进入成长期的时候,说明市场需求很大很旺盛,就会出现竞争者,而且会不断出现新的竞争者,最后竞争也会达到激烈的状态,市场的规模也在不断扩大最终达到饱和。因而,企业经营者不可能只盯住自己的经营状况,要随时关注竞争者,关注市场变化。信息的收集是关注市场最重要的手段和方法,关注竞争对手在产品、价格、市场推广等方面的表现,以便于我们作出判断。

但是,在 ERP 沙盘模拟经营中,有很多同学就只会自己埋头做决策(只当做课程作业完成,不去理解课程设置本身的意义和目的),不去关注其他企业的经营情况,往往就会表现出在市场选择订单环节突然发现有人在和你争夺同一个目标顾客。因此,企业的管理者需要通过实地调查或其他途径了解同行业竞争对手的情况。例如,对手研发了哪些产品? 开拓了哪些市场? 生产能力如何? 资本结构如何? 课程中可以利用相互的交流和物理沙盘的观察来判断。

这里要注意将产品生命周期与产品的使用寿命区分开来。产品的生命周期是指产品的市场寿命或经济寿命,即产品在市场上生存的时间。其寿命的长短主要由市场因素来决定,如科学技术的发展水平和产品更新换代的速度,消费者偏好的变化,竞争的激烈程度等。产品的使用寿命指产品的自然寿命,是指产品从投入使用到损坏直至报废所经历的时间,其寿命的长短受产品的自然属性、产品的使用强度、维修保养程度以及自然磨损等因素的影响。

并不是所有的产品都遵循这个规律。有的产品投入速度快,衰退速度也快;有的产品经历了很长很长的成熟期阶段;有的产品进入衰退阶段后,再凭借强有力的促销活动和重新定位又回到了成长阶段。图 5-10 所示的产品生命周期曲线适用于一般产品生命周期的描述,另外还有风格型、时尚型、热潮型和扇贝型产品的生命周期,称为特殊的产品生命周期,如图 5-11 所示。

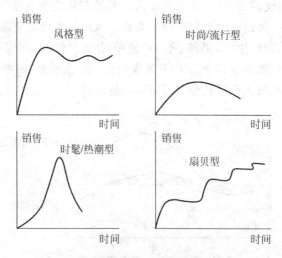

图 5-11 特殊的产品生命周期曲线图

风格,是一种人类生活基本但特点突出的表现方式。风格一旦产生,可能会延续数代,根据人们对它的兴趣而呈现出一种循环再循环的模式,时而流行,时而又可能并不流行。时尚,是指在某一领域里,目前为大家所接受并且欢迎的风格。时尚型的产品生命周期特点为刚上市时很少有人接纳(称之为独特阶段),但接纳人数随着时间慢慢增长(模仿阶段),终于被广泛接受(大量流行阶段),最后缓慢衰退(衰退阶段),消费者开始将注意力转向另一种更吸引他们的时尚。热潮,是一种来势汹汹且很快就吸引大众注意的时尚,俗称时髦。热潮型产品的生命周期往往快速成长又快速衰退,主要是因为它只是满足人类一时的好奇心或需求,所吸引的只限于少数寻求刺激、标新立异的人,通常无法满足更强烈的需求。扇贝型产品生命周期主要指产品生命周期不断地延伸再延伸,这往往是因为产品创新或不时发现新的用途。

5.5 企业生产能力分析

企业经营的两项关键职能是产品制造和市场营销。在分析市场基础上,了解了市场需求可能的规模以及竞争对手的情况,自然而然也需要清楚自己有多大的生产能力能够去满足这个市场的需求。产能分析成为关键。在实际课程学习中,经常会出现拿到订单而不能完成订单的按时交货,或者有加工能力却原料准备不充足不能按时生产导致延迟交货等现象。

5.5.1 如何计算产能

在 ERP 沙盘上,有四种生产线,手工线、半自动线、全自动生产线和柔性线。不同生产线投资不同,加工能力亦不同,产能计算也不一样。ERP 沙盘已将产品加工能力简化,加工周期都以季度为计算节点。手工生产线,加工周期长,年产能就很低,但投资较少。全自动生产线和柔性线,加工周期短,生产能力强,但是投资较大。如何取舍,必然涉及投资、产能、市场相互匹配的资源整合问题,而其中产能计算非常重要。

许多同学容易在产能计算上出现失误。最容易出现的问题在于手工线及半自动线这种生产周期大于 1 期(即 1 个季度)的生产线上。在这种生产线上生产产品时,容易造成第 1 期上线的时间没有计算,或者在第 4 期再生产时,被计算成下线产品。图 5-12 是一张各条生产线一年的产能示意图。

图 5-12 列出了所有可能的产能状态。按照图 5-12 提供的计算所示,我们可以计算出本企业一年内总共可以生产的产品和数量。但是,这并不是一个一成不变的数字。因为,由于转产、紧急采购、紧急加建生产线、向其他企业采购等方法均可以满足企业所需要的产品以保证订单的交付。但是无论如何产能的精确计算一定是选择订单的基础和前提。

企业的生产能力与市场需求之间也会经常出现问题。从企业内部看,生产能力越大,特别是大批量生产,制造成本越低,产品应该越具有竞争优势。但是市场上,消费者的差异性和个性化,导致需求的多样性,这与企业内部大批量生产是相互矛盾的。对于产品市场的需求,通过市场信息的分析作出基本判断,并确定企业生产的品种与数量。当企业生产能力不

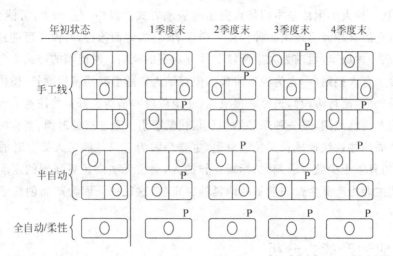

图 5-12　各生产线产能示意图

足时,一方面改善内部生产设备的加工效率,另一方面可采用外包、委托加工等方式获得产品足够的数量;当企业生产能力过剩时,一方面通过市场分析获得新的产品生产或者将设备出租,总之,设备不足不能给企业带来好的经济效益,而设备的闲置却是企业资源的最大浪费。

5.5.2　如何计算采购提前期

制造企业加工产品,需要根据市场需求来确定企业自己的生产能力,并根据生产能力确定产品原材料的储备。由于不同企业有不同的产品组合(这是因为要面对不同市场提供不同的产品),而不同的产品其产品零件构成(物料清单)和原料提前期也有不同。准确计算各产品的采购提前期,是保证当期生产的关键。

在 ERP 沙盘模拟经营课程中,原料不是即买即用的,每一种产品的原料都需要提前做好准备,比如 R1、R2 需要提前 1 期购买,R3、R4 需要提前 2 期购买(规则确定)。而产品的各种原材料配比也不相同,往往导致同学们在原料订单上计算不准,不仅会造成"需要生产时没有原料"导致浪费一个周期的生产时间,更有可能造成"需要支付购买原料时没有现金"的尴尬局面导致企业经营亏损。

现在假定企业有手工线、半自动线和全自动线各一条,以生产 P4 为例,来计算 P4 的生产计划与原料订购计划。P4 的物料清单(BOM)为 1 个 R2、1 个 R3 和 2 个 R4,如图 5-13 所示。表 5-3 为 P4 生产计划与原料订购计划。

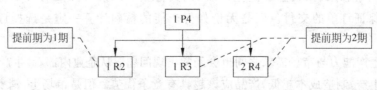

图 5-13　P4 零件结构(物流清单)

表 5-3 P4 生产计划与原料订购计划

状态		期数 1	2	3	4	5	6
手工线	产品下线并开始新生产			√			√
手工线	原料订购	R3+2R4	R2		R3+2R4	R2	
半自动	产品下线并开始新生产		√		√		√
半自动	原料订购	R2	R3+2R4	R2	R3+2R4	R2	R3+2R4
全自动	产品下线并开始新生产	√	√	√	√	√	√
全自动	原料订购	R2+R3+2R4	R2+R3+2R4	R2+R3+2R4	R2+R3+2R4	R2+R3+2R4	R2+R3+2R4
合计		2R2+2R3+4R4	2R2+2R3+4R4	2R2+R3+2R4	R2+3R3+6R4	3R2+R3+2R4	R2+2R3+4R4

注:年初生产线有在制品在1期末位置。

从表中可以看出,手工线第 2 期下一个产品,必须提前在第 1 期订购原料 R3 和 R4,在第 2 期订购 R2,才能保证第 3 期上线一个新产品 P4 的生产。同样,半自动线如果在第 4 期生产产品,就必须提前在第 3 期订购原料 R2 和第 2 期订购 R3 和 R4。

此表清晰地显示了每一期(这里的期就是季度的概念)需要的原料量,同时可以很容易地推算出每一期原料的订货量。不过在实际的操作中,还需要考虑库存、转产、加工费等其他的因素。只有做到精确计划才能最大限度地降低企业运营成本,使股东权益最大化。

事实上,不论是单个的企业还是以集团方式组成的多家公司,公司的经营所需要考虑的问题都在本章中反映出来,只是我们这里是以单组织方式为例进行分析。同学们可以按照这样的分析思路去思考你所在的集团公司的运营。

5.6 团队合作

5.6.1 怎样融入团队

企业经营的每个环节是连续的统一的,是一个整体,某一个环节出现问题都会影响到企业整体的经营战略和经济效率。企业是由一个个部门组合而成,是由不同人员在不同岗位相互配合来共同完成企业的目标。管理就是希望获得"1+1>2"的效果,资源的整合首先是人员的合作。团队合作成为本课程最核心的教学目的。课程学习本来是个体的独立活动,但是课程学习的目的不仅要学习者获得一定的知识,更重要的是让学习者融入团队,并学会与他人的沟通、交流、合作。

许多同学都抱着"这只是一门实训课程,来混个学分"的态度来完成这门课程的学习,表现出团队合作不够,只有少数人在努力经营的情况。例如只有CEO的扮演者或者财务总监或者营销总监的扮演者在努力,其他人则抱着"混学分"的态度。这种心态导致了团队在分工、交流、合作等方面表现欠佳,企业经营决策出现问题也就是很正常的现象。随着市场竞争的日益激烈,企业更加强调团队精神,建立群体共识,以达到更高的工作效率。特别是遇到大型项目时,想凭借一己之力去取得卓越的成果,将是非常困难的。单打独斗的时代已经结束了,取而代之的是团队合作!团队合作就是竞争力!我们也正是通过ERP沙盘模拟课程演绎企业经营需要团队的合作共同实现经营目标,这也是学生跨入社会必须面对的问题。

团队的组成不是一个人,如何融入团队,和其他成员共同努力、精诚协助是件看起来很容易的事情,可事实却大相径庭。团队,除了要依靠卓越的领导者,每个成员也都是使团队不断融合的不可或缺的一分子。

在2004年6月,一个由一群超级巨星组成的拥有20年来NBA历史上最强大、最豪华阵容的湖人队在总决赛中对阵14年来第一次进入总决赛的活塞球队。几乎所有人都认为活塞要战胜湖人是不可能的。

但是最终结果是湖人队以1∶4败下阵来。其实在赛季之前火箭队的训练师法尔松来看姚明时早就预言到了这个结果。他说:"因为场地上只有一个篮球,沙克、科比、卡尔、'手套'都要去拿它,一旦到了最关键的时候谁该拿这个球呢?"整个球队如同一盘散沙,其战斗力自然大减。反观活塞队,因为知道对手的强大,整个团队团结一心,产生了"1+1>2"的效果。这是典型的明星员工的内耗和冲突造成整个团队平庸的例子,在这种情况下,1+1的效果小于2。众多的精英分子共处一个团队中产生太多的冲突,最终的效果还不如一个人的单打独斗。

中国古典名著《西游记》中唐僧4人这个团队,其成员要么个性鲜明,难以管理,要么缺乏主见,过于平庸。单就是这么一群人,克服了重重困难,完成了取回真经的任务。

其实在这个团队中,作为领导的唐僧,虽然缺乏果断和精明,但是有着坚定的信念,在途中不断感化着众徒弟。孙悟空是团队中的明星员工,其桀骜不驯,逞强好斗,但是能力高强,也对团队有着深厚感情,为完成目标尽心尽力。猪八戒在团队中起着"润滑剂"的作用,虽然好吃懒做,但是也起着承上启下的作用。沙僧是团队中最不可或缺的角色了,他任劳任怨,起着保持团队稳定的作用。

GE公司前执行总裁杰克·韦尔奇提出过一个"运动团队"的概念,团队要区别对待每一个成员,使其个性特长不断地发展并发挥出来。高效的团队是由一群有能力的成员组成,他们有共同的目标并有实现这个目标的能力。而且团队之间能够良好合作,才能出色地完成任务。

星巴克从一家西雅图的街头小咖啡馆开始,发展到今天遍布全世界30多个国家和地区的近万家咖啡店,除了它在打造其品牌上的独到策略之外,团队建设是其维持品牌质量和公司不可替代的竞争力的关键所在。星巴克以每一家店为单位组成团队,倡导平等快乐工作的团队文化。他们的逻辑是:只有顾客开心了,才会成为回头客;只有员工开心了,才能让顾客成为回头客。而当二者都开心了,公司也就成长了,持股者也会开心。快乐回报的团队文化成为星巴克获快速持续发展的最重要手段。这种文化体现在:①领导与员工是平等的,哪怕是公司总部的高层管理者,到门店巡查的时候也会与店员一起上班,做咖啡,清洗杯碗,打扫店铺甚至洗手间;②每个员工在工作上都有较明确的分工,但每个人对店里所有工种所要求的技能都受过培训,在分工负责的同时,又有很强的不分家的概念;③鼓励合作,奖励合作,培训合作行为。通过多种方式让每个员工都能时时体会到合作是公司文化的核心,是受到公司管理层高度认可和重视的。

微软是以创造团队文化闻名的公司。以项目小组的形式来开发电脑软件是由微软首创的。微软的产品是电脑软件,专业性强,需要知识的积累与不断创新,还要求不能有差错。在这种情况下,公司打造了平等、充满争论的团队文化,在思想的交锋中产生创新的火花,在不同视角的争辩中创造最独特完美的产品,如项目小组有名的"三足鼎立"结构:软件设计员、编程员、测试员,三种人员互相给彼此挑刺,挑刺得越多,最后的产品就可能越完善。而项目小组的成员大家都平等,组长也没有特别的权利,主要担任沟通协调的角色,解决任务冲突、人员冲突、时间冲突,使大家愉快配合,按时将产品完成。合作、创新精神在微软的产品项目小组中得到充分体现。

IKEA(宜家家居)是世界上品牌知名度最高的公司之一,而它所创建的团队文化更是独具特色,为他人称道,也是它成功的关键所在。宜家只是一个家居用品店,每个人的工作内容都不复杂,每个人都能胜任他人的工作,没有人是不可取代的。员工间的互相磨合和默契,积极向上、彼此信任和欢乐的团队气氛成为宜家团队建设的关键。宜家家居是瑞典的公司,公司文化在很大程度上折射出瑞典的民族文化:平等、低调、朴实、现代。为了鼓励团队成员间的高度融合和协作,公司并不给每个员工明确的岗位说明,相反,要求团队成员自己商榷讨论决定谁负责什么,整个团队该如何运作最为有效等。团队的领导人也没有特殊的头衔,与他人平等,起协调沟通的作用,理顺团队并让每个人都能充满乐趣地工作。这样在任何人忙不过来的时候,都会有暂时空闲的人主动来帮忙,见缝插针,让顾客得到良好满意的服务。

以上这些案例,说明成功的企业管理需要优秀的团队。任何企业组织都是由一个个团队组成的,团队的工作内容可以不同,团队成员的知识结构可以不同,团队成员的相互合作、相互的理解、相互的信任则是团队融合的关键要素。

5.6.2 如何规划自己的学习与职业发展

曾经有企业做过关于营销经理的成长路线,发现有一定的规律可遵循,特别是在营销类职业技能方面,有显著的阶段性特征。经过分析企业营销岗位的成长路径可以简化如图 5-14 所示。

从这张路径图上可以看出,如果在校期间能够有清晰的职业规划,对未来的发展将有所帮助。

对未来将要从事的职业有兴趣,有兴趣才会去关注,能主动学习,有意去培养这个职业所需的基本素养。因此,在大学四年中需要做好自己职业规划。图 5-15 是大学四年学生生活成长的不同轨迹,这里仅仅是提供给大家一个参考。怎么度过还需要自己认真思考!

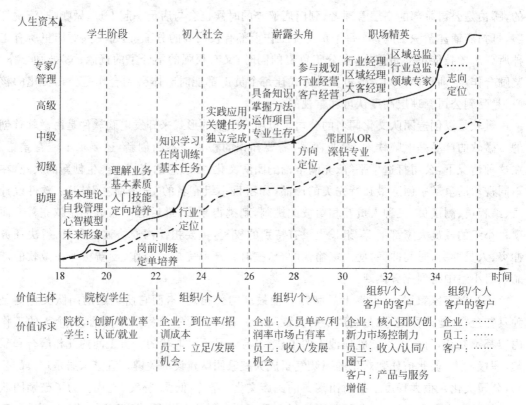

图 5-14 企业营销岗位成长路径

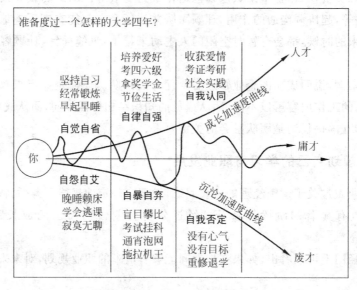

图 5-15 大学四年的成长轨迹

思考题：

1. 关于企业经营活动，在模拟经营决策中，你认为最为困难的决策是什么？为什么？
2. 你认为大学生适合去创业吗？你觉得创业需要具备什么样的条件？
3. 任何组织不论做什么工作都需要团队成员的密切合作。从这门课程中你体会到什么？
4. 你对自己大学四年做过怎样的规划？

附件1 市场预测图

市场预测图

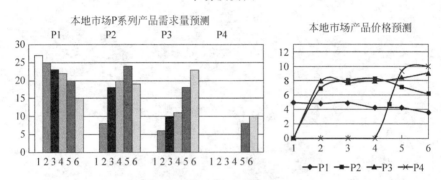

本地市场将会持续发展，对低端产品的需求可能要下滑，伴随着需求的减少，低端产品的价格很有可能走低。后几年，随着高端产品的成熟，市场对 P3、P4 产品的需求将会逐渐增大。由于客户对质量意识的不断提高，后几年可能对产品的 ISO 9000 和 ISO 14000 认证有更多的需求。

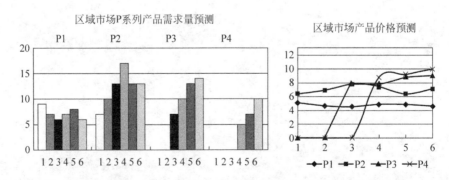

区域市场的客户相对稳定，对 P 系列产品需求的变化很有可能比较平稳。因紧邻本地市场，所以产品需求量的走势可能与本地市场相似，价格趋势也应大致一样。该市场容量有限，对高端产品的需求也可能相对较小，但客户会对产品的 ISO 9000 和 ISO 14000 认证有较高的要求。

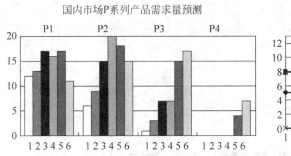
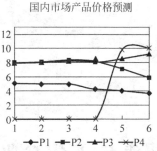

因 P1 产品带有较浓的地域色彩,估计国内市场对 P1 产品不会有持久的需求。但 P2 产品因更适合于国内市场,估计需求一直比较平稳。随着对 P 系列产品的逐渐认同,估计对 P3 的需求会发展较快。但对 P4 产品的需求就不一定像 P3 产品那样旺盛了。当然,对高价值的产品来说,客户一定会更注重产品的质量认证。

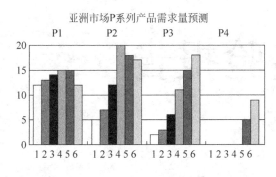
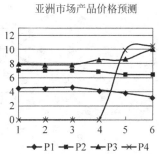

这个市场一向波动较大,所以对 P1 产品的需求可能起伏较大,估计对 P2 产品的需求走势与 P1 相似。但该市场对新产品很敏感,因此估计对 P3、P4 产品的需求量会发展较快,价格也可能不菲。另外,这个市场的消费者很看重产品的质量,所以没有 ISO 9000 和 ISO 14000 认证的产品可能很难销售。

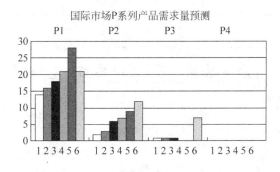
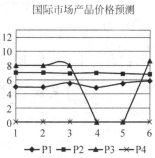

P 系列产品进入国际市场可能需要一个较长的时期。有迹象表明,对 P1 产品已经有所认同,但还需要一段时间才能被市场接受。同样,对 P2、P3 和 P4 产品也会很谨慎的接受。需求发展较慢。当然,国际市场的客户也会关注具有 ISO 认证的产品。

实验报告 1　ERP 企业经营决策沙盘模拟

实验报告

小　　组：_____

成　　员：_____

角色扮演：☐总经理　☐营销总监　☐生产总监　☐财务总监
　　　　　☐采购总监

实验一　公司组建

【实验目的】
学员相互介绍,组建公司。让学员分别扮演企业组织中不同角色,明确工作职责,明确公司经营目标,设计公司徽标,体验团队合作。
【知识准备】
公司经营决策的基本知识。
【实验要求】
① 组建公司;
② 确定总经理角色及相关岗位角色;
③ 召开经营会议;
④ 确定公司名称、发展目标、绘制组织架构图、设计公司徽标,确定公司使命与远景,明确公司发展战略目标,并由总经理代表公司发言。
【实验纪律】
① 关闭手机铃声;
② 发布信息时,请保持安静;
③ 中途离开须通知老师;
④ 沙盘道具按规定摆放,实验结束整理交与教师,不得随意带出教室。
【实验过程】
【步骤一】公司名称设计
【步骤二】公司徽标设计与说明
图标说明
【步骤三】公司组织架构图
【步骤四】岗位分配登记表

职位	姓名	专业	特长

【步骤五】岗位说明书
根据自己所扮演的岗位填写说明书。

【步骤六】公司使命与目标
公司使命：   公司宣传口号：   公司战略目标：

实验二 公司经营起始年-第6年经营报告

【实验目的】
在学习竞争规则的基础上进行公司经营，并测算公司经营成果。
【知识准备】
① 市场信息收集与分析、市场规模预测、市场营销相关知识；   ② 生产运作知识；   ③ 资金流分析与企业经营业绩指标相关知识；   ④ 企业经营决策相关知识；   ⑤ 成本控制与相关财务指标分析知识。
【实验要求】
按照教师指导进行相关实验。
【实验纪律】
① 关闭手机铃声；   ② 发布信息时，请保持安静；   ③ 中途离开须通知老师；   ④ 沙盘道具按规定摆放，实验结束整理交与教师，不得随意带出教室。
【实验过程】
公司需要在总经理带领下，完成每一个经营环节与经营步骤。各职能部门负责人各司其职，大家共同协商，在明确公司战略目标的前提下，制定出每一年的经营目标，较好使用内外部资源，最终完成经营任务。 　　在经营过程中，需要根据企业运营表的每一步骤认真执行，做到沙盘盘面与表中数据相对应，最后提交企业财务报表。 　　连续完成起始年至第6年度的企业运营。

【起始年运营】

起始年运营记录

企业经营流程								
请按顺序执行下列各项操作	执行完一项操作，CEO请在相应的方格内打勾。							
	财务总监（助理）在方格中填写现金收支情况。							
新年度规划会议								
参加订货会/登记销售订单								
制订新年度计划								
支付应付税								
季初现金盘点（请填余额）								
更新短期贷款/还本付息/申请短期贷款（高利贷）								
更新应付款/归还应付款								
原材料入库/更新原料订单								
下原料订单								
更新生产/完工入库								
投资新生产线/变卖生产线/生产线转产								
向其他企业购买原材料/出售原材料								
开始下一批生产								
更新应收款/应收款收现								
出售厂房								
向其他企业购买成品/出售成品								
按订单交货								
产品研发投资								
支付行政管理费								
其他现金收支情况登记								
支付利息/更新长期贷款/申请长期贷款								
支付设备维护费								
支付租金/购买厂房								
计提折旧								
新市场开拓/ISO资格认证投资								
结账								
现金收入合计								
现金支出合计								
期末现金对账（请填余额）								

订单登记表

订单号										合计
市场										
产品										
数量										
账期										
销售额										
成本										
毛利										
未售										

产品核算统计表

项目＼产品	P1	P2	P3	P4	合计
数量					
销售额					
成本					
毛利					

综合管理费用明细表

单位：百万元

项目	金额	备注
管理费		
广告费		
保养费		
租金		
转产费		
市场准入开拓		□区域　　□国内　　□亚洲　　□国际
ISO 资格认证		□ISO 9000　　□ISO 14000
产品研发		P2(　　)　　P3(　　)　　P4(　　)
其他		
合计		

利润表

项　目	上年数	本年数
销售收入	35	
直接成本	12	
毛利	23	
综合费用	11	
折旧前利润	12	
折旧	4	
支付利息前利润	8	
财务收入/支出	4	
其他收入/支出		
税前利润	4	
所得税	1	
净利润	3	

资产负债表

资　　　产	期初数	期末数	负债和所有者权益	期初数	期末数
流动资产：			负债：		
现金	20		长期负债	40	
应收款	15		短期负债		
在制品	8		应付账款		
成品	6		应交税金	1	
原料	3		一年内到期的长期负债		
流动资产合计	52		负债合计	41	
固定资产：			所有者权益：		
土地和建筑	40		股东资本	50	
机器与设备	13		利润留存	11	
在建工程			年度净利	3	
固定资产合计	53		所有者权益合计	64	
资产总计	105		负债和所有者权益总计	105	

说明：学生正式运营是从第 1 年到第 6 年。所有运营表格重复上述起始年内容，每个小组同学复制上述表格并完成相应的运营记录。

实验三：公司经营回顾与总结

【实验目的】
总结你所在模拟公司的经营得失，提升自己对企业经营的感悟。
【实验要求】
结合你在实验中所在的公司和所扮演的角色进行分析和回顾（要求结合运营和财务数据分析），并重点总结经验和教训。要求涵盖以下内容： 　　（1）对经营规则的理解以及对组建企业的认识； 　　（2）企业的战略及经营目标； 　　（3）企业预算、战略部署的制定与实施等； 　　（4）企业资金链的管理； 　　（5）产品研发、产能规划、成本核算等； 　　（6）企业的财务指标分析，例如资产回报、股东权益回报等； 　　（7）对于团队协作的认识； 　　（8）自己从课程中获得的收获。
【企业经营回顾与总结】

实验报告 2　多组织企业模拟经营沙盘

实验报告

组　　号：_____
原料公司：_____
所在学院：_____
组装公司：_____
所在学院：_____
销售公司：_____
所在学院：_____
集团公司：_____
所在学院：_____
指导老师：_____
实验时间：_____

【实验目的】
　　通过实战演练，掌握以下几点：
　　1. 思考如何在企业战略与运营中不断创新；
　　2. 对多组织企业战略和关键成功因素清晰了解；
　　3. 用全局战略的眼光看待业务的决策和运营；
　　4. 用全局与局部策略方法改进公司创造价值的能力；
　　5. 能找到企业运行状况的"关键环节"；
　　6. 把握适时调整企业方向的"能力"。
　　体验并总结：
　　1. 如何在岗位中做出正确而有效的决策？
　　2. 怎样保证全局、局部业务与战略的一致？
　　3. 如何构建好岗位的管理系统？
　　4. 怎样全面提升供应链下集团的综合竞争力？

【实验要求】
1. 组建企业团队，分别安排集团、组装公司、原料公司、销售公司的管理层，并指定 CEO、CFO、CMO、COO 等角色；
2. 了解集团的组织结构和经营现状；
3. 熟悉集团、组装公司、原料公司、销售公司的运营规则。

【实验环境】
1. 先行团队模拟企业经营平台；
2. 先行团队模拟企业经营系统；
3. 用户手册。

【实验内容】
　　注意：结合你在实验中所在的公司和所扮演的角色进行分析和回顾（最好能结合运营和财务数据分析），并重点总结经验和教训。要求涵盖以下内容：
　　1. 对经营规则的理解以及对多组织供应链企业的认识；
　　2. 企业之间的战略协同以及企业发展定位；
　　3. 企业预算、战略部署的制定与实施等；
　　4. 企业资金链的管理；
　　5. 产品研发、产能规划、成本核算等；
　　6. 企业的财务指标分析，例如资产回报、股东权益回报等；
　　7. 对于企业团队管理的综合认识。

第1年经营回顾
原料公司：
一、市场预测

二、现有生产能力

三、采取措施
四、经验与教训
组装公司： 一、市场预测
二、现有生产能力
三、采取措施
四、经验与教训
销售公司： 一、市场预测
二、采取措施
三、经验与教训

集团公司：   一、预算管理   二、融资管理   三、团队协作
第1～6年经营回顾(不同公司均需要从以下几方面进行总结,而且每经营完一年总结一次)
原料公司：   一、市场预测   二、现有生产能力   三、采取措施   四、经验与教训
组装公司：   一、市场预测   二、现有生产能力   三、采取措施   四、经验与教训
销售公司：   一、市场预测   二、采取措施   三、经验与教训
集团公司：   一、预算管理   二、融资管理   三、团队协作
【实验总结】

原料公司：

一、作业成绩

第0年	第1年	第2年	第3年	第4年	第5年	第6年	平均分

二、体验与总结（这里不能仅仅只做表面文章，需要用数据说话。）

三、请谈谈模拟经营集团企业与单个企业的不同之处。

组装公司：

一、作业成绩

第0年	第1年	第2年	第3年	第4年	第5年	第6年	平均分

二、体验与总结（这里不能仅仅只做表面文章，需要用数据说话。）

三、请谈谈模拟经营集团企业与单个企业的不同之处。

销售公司：

一、作业成绩

第0年	第1年	第2年	第3年	第4年	第5年	第6年	平均分

二、体验与总结（这里不能仅仅只做表面文章，需要用数据说话。）

三、请谈谈模拟经营集团企业与单个企业的不同之处。

集团公司：

一、作业成绩

第0年	第1年	第2年	第3年	第4年	第5年	第6年	平均分

二、体验与总结（这里不能仅仅只做表面文章，需要用数据说话。）

三、请谈谈模拟经营集团企业与单个企业的不同之处。

实验成绩：

原料	组装	销售	集团

批阅老师：

参考文献

[1] 池丽华,伊铭.现代管理学(第二版)[M].上海:上海财经大学出版社,2008.
[2] 池丽华,朱文敏.市场营销学[M].上海:立信会计出版社,2011.
[3] 周勇,张大成,池丽华.商业营运管理[M].上海:立信会计出版社,2010.
[4] 王新玲,郑文昭,马雪文.ERP沙盘模拟高级教程(第二版)[M].北京:清华大学出版社,2009.
[5] 王新玲,柯明,耿锡润.ERP沙盘模拟学习指导书[M].北京:电子工业出版社,2011.
[6] 孙德林,黄林,黄小萍.创业基础教程[M].北京:高等教育出版社,2012.
[7] 赵树.工商管理模拟[M].上海:上海财经大学出版社,2005.
[8] 刘洋.ERP沙盘模拟[M].北京:北京理工大学出版社,2012.
[9] 邹德平.ERP沙盘模拟[M].北京:清华大学出版社,2011.
[10] 张前.ERP沙盘模拟原理与实训[M].北京:清华大学出版社,2013.
[11] 董惠良,李相波.会计学基础模拟操作[M].上海:立信会计出版社,2009.
[12] 樊晓琪.ERP沙盘实训教程及比赛全攻略[M].上海:立信会计出版社,2009.